精准投资

管清友的投资思维课

管清友 著／**如是金融研究院** 出品

中信出版集团 | 北京

图书在版编目（CIP）数据

精准投资：管清友的投资思维课 / 管清友著 . --
北京：中信出版社，2019.4（2020. 5 重印）
ISBN 978-7-5217-0217-0

I. ①精… II. ①管… III. ①投资经济学 IV.
① F830.59

中国版本图书馆 CIP 数据核字 (2019) 第 041369 号

精准投资——管清友的投资思维课

著　　者：管清友
出版发行：中信出版集团股份有限公司
（北京市朝阳区惠新东街甲 4 号富盛大厦 2 座　邮编　100029）
承 印 者：北京通州皇家印刷厂

开　　本：880mm × 1230mm　1/32　　印　　张：12.25　　字　　数：257 千字
版　　次：2019 年 4 月第 1 版　　印　　次：2020 年 5 月第 3 次印刷
广告经营许可证：京朝工商广字第 8087 号
书　　号：ISBN 978-7-5217-0217-0
定　　价：68.00 元

目　录

Part 4 高级投资：大宗商品、期货、海外投资与另类资产

Part 5 投资方法论

前　言

做财富的朋友：让每个人享受投资的价值

你好，我是如是金融研究院的首席经济学家管清友。

当下，我们正站在一个财富巨变的十字路口。财富的车轮从我们眼前呼啸而过，连声招呼都不打。20 世纪 90 年代，万元户还是凤毛麟角。现在，百万富翁已经不是什么新鲜事儿。早在 2016 年，中国家庭的户均资产就超过了 100 万，并且还在以每年近 10% 的速度增长。

中国现在一年创造 80 多万亿 GDP（国内生产总值），大概相当于 7.7 个英国、11.4 个韩国，也相当于我们改革开放头 20 年创造财富的总和。这意味着，我们过去 20 年才可能积累的财富，现在一年之内就能搞定。

这种史无前例的变化让人心潮澎湃，也让人备感焦虑。

你会因为一个选择一夜暴富。假设 10 年前你有 1 万元，如果只是存成银行定期，那么今天你有 13 000 元。但如果你选择了买茅台酒，那今天就有 4 万元。如果你买了格力的股票，那今天就至少有 10 万元。如果你中间买了比特币，那你已经变成资产过亿的富豪了。

当然，你也会因为一个选择血本无归。同样是这 1 万元，如果你在 48 元的时候买了中石油的股票，到现在你已经只剩 1 600 元。如果你在 2015 年大家最看好乐视的时候买了它的股票，那不到 3 年你就只剩下 1 300 元。这还不是最惨的。如果你当年买了泛亚或者 e 租宝的产品，现在已经血本无归。

在这个财富巨变的时代，选择永远比努力重要，一个靠谱的投资决定可能让你少奋斗十年，甚至改变你的一生。

回到 10 年前，很多人会觉得自己投资很成功，因为在那个时代根本不需要选择，只要买房就可以了。现在完全不一样了，投资品的种类越来越多，投资的环境也越来越复杂，选择越来越难。

那如何才能做出一个理性而正确的选择呢？

唯一的方法是建立独立思考的逻辑体系。巴菲特曾经说过一句话，假如你有大量的内部消息，一年之内你就会不名一文。意思就是，如果你总是依赖内部消息，而不去独立思考，早晚会全部亏掉。

这本书将会从投资的一般规律讲到趋势预测，从总体的投资分析框架讲到各类投资品的实际应用，希望传递给大家一种系统的思维方式。这不仅有助于你的投资，也会给你的人生选择带来帮助。

一是机会思维，从投资中学会果断出击、把握机会。查理·芒格说过，如果你从我们的投资决策里剔除掉最好的那 15 个，我们的表现其实非常一般。大师们的投资并不是百发百中，而是把握住了几个关键机会，一战成名。生活中也是一样，10% 的选择可能会决定你 90% 的人生。有时候这种选择是很痛苦的，比如对 10 年前在北京借钱买房的人来说，现在来看，这个关键的选择改变了他们的一生。

二是风险思维，从投资中学会处变不惊、控制风险。投资的核心能力不是追求收益，而是如何控制风险。成功的投资者一定是优秀的风险管理者。风险管理的核心就两个：一是在事前留好安全边际，二是在事后及时止损。美国共同基金之父罗伊·纽伯格创造了连续68年不亏损的奇迹，秘诀就在于他在投资中严格执行10%的止损原则。这让他成功避开了多次股灾，包括1929年和1987年两次世纪大股灾。

选择比努力更重要。只要坚持学习，你会惊喜地发现，原来财富是可以掌控的，原来你也可以享受投资的价值。

最后，欢迎加入这场投资的旅行，让我们一起学习享受投资、享受人生。

Part I

搭建你的投资思维框架

认清投资趋势

新工具：全面认识你的上万种投资武器

经济的发展不仅带来了更多的消费选择，也带来了更多的投资选择。就像买车一样，过去人们买车基本都买桑塔纳，现在从一般的家用车到顶级豪车，从小轿车到SUV（运动型实用汽车），各种品牌应有尽有。投资同样也在发生巨变，过去房子几乎是唯一的投资选择，现在的投资品有成千上万种，有高收益的，也有低收益的，有股权的，也有债权的，有国内的，也有海外的，有实体的，也有数字的。在踏上投资的战场之前，我们有必要先来认识一下未来的投资武器。

投资品有很多种分类方法，综合投资风险、投资收益、投资门槛、投资难度以及大众的熟悉程度，投资品可以分成三大类：首先，是基础投资，包括股票、基金、固定收益投资；其次，是中级进阶投资，包括房地产、实业投资、黄金；最后，是高阶另类投资，包括大宗商品期货、海外投资、另类投资等。

基础投资品种是最常见的，因为发展最为成熟，也最常用，门槛比较低，大部分人应该都买过，但可能所知不多。

第一种是股票，股票是最具长期投资价值的投资。股市是经济的晴雨表，长期来看，经济一定是发展的，所以股票一定也是有长期投资价值的。众所周知的投资大师基本上都是靠投资股票发展起来的，比如巴菲特、彼得·林奇。从历史数据看，美国近 100 年股票投资的平均年化收益率在 10% 以上，收益 13 000 多倍。A 股（人民币普通股）虽然指数没有太大的增长，但主要是因为烂股票拖后腿，好股票的涨幅也是十分惊人的。根据机构测算，2007 年低点以来，涨幅 10 倍以上的股票超过 200 家，涨幅 5 倍以上的超过 1 000 家。当然，收益与风险永远是对等的，股票同时也是短期风险最大的投资，被套是家常便饭，稍有不慎就可能遭遇连续跌停的悲剧。

第二种是基金，基金是最省心的投资。在同样的收益要求下，借助基金投资人员的专业能力，理论上基金投资风险会小一些，投资者更加省心。

基金本身并不复杂，简单说就是集合投资者的资金交给基金经理，由专业的基金经理来进行资产配置，最后将获得的收益按比例进行分成。不同的基金经理具有不同的投资组合，大致可分为保底型、稳健型和激进型三类，投资者可根据自己的风险偏好进行选择。

FOF（基金中的基金）是一种全新的基金产品，通过专业机构筛选出合适的基金组合，可以进一步分散投资风险。

第三种是固定收益投资，固定收益投资是最表里不一的投资。固定收益投资有很多定义，我们指的是广义的固定收益，主要是那些通过显性或隐性的方式承诺一个固定收益率的投资品。这类投资简单粗暴，看上去风险最小，一般门槛也不高，所以成为大众最喜欢的投资品种之一。数据显示中国投资者固定收益类产品配置比例高达60%，远远高于海外投资者20%左右的配置比例。这其中最常见的就是银行理财和P2P（个人对个人），但其实大部分人完全没搞懂固定收益的含义，固定收益不等于没有风险。表面上看，固定收益投资承诺的是固定收益，但实质上是一种债务。别说收益可能达不到，最后血本无归的大多数是固定收益产品，比如一些P2P。

中级进阶的投资品种，第一种是房地产，房地产投资是最特殊的投资。房地产不单是一种投资，更是一种消费，大部分人买房确实赚了钱，但最初的目的肯定不是赚钱，而是为了生活。所以对房地产投资要特殊对待，不能只看财务上的收益，还要看能给生活带来什么好处，这也是学区房贵的原因。

第二种是实业投资，实业投资是最受政策鼓励的投资，也是所有投资的根本。2017年是金融监管的元年，未来投资的一个核心理念是去伪存真，回归本源。这个最真实的本源就是实业。政府一系列的政策调整都是在鼓励经济脱虚向实。有的人可能觉得自己又不办企业，学习实业投资没用，这是极端错误的。学习实业至少有两个好处，一方面，这是所有资产的基础，不懂实业，你就无法深入把握股票、基金等一系列投资；另一方面，对实业的理解可以让你更好地选择职业，规划人生。

第三种是黄金，黄金投资是最难定性的投资。黄金是一种特殊的投资品，它既是一种商品，也是一种货币，更是一种金融资产。大多数时候，黄金都被当作一种避险资产，每当大战爆发、政策突变、货币贬值的时候，黄金都会有机会保值。但避险资产也不是没有风险的，美联储偶尔的一句表态，就可能让黄金价格上蹿下跳。你可能没买过金条，但你还有很多方式可以投资黄金，这本书也会教给你。

最后介绍一下高级另类的投资品种。

第一类是大宗商品期货，这是最诱人的投资，但也是最危险的投资。大宗商品期货的核心是约定以某一价格在未来买卖某种商品的权利，期货的价格就是这个权利的价格，如果看对了商品涨跌的方向，就能获得非常诱人的收益，如果看错了，也可能血本无归。因为期货采取的是保证金制度，交易者无须像购买股票那样缴纳 100% 的资金，一般只要缴纳大概 10% 的保证金，杠杆极高。在我看来，这是一朵带刺的玫瑰，投资者千万不要被迷惑了。

第二类是海外投资，海外投资是最奢侈的投资。海外投资不只是投资，更是一种生活方式，一种身份的象征。发达国家的海外资产配置比例普遍在 10% 以上，中国可能连 1% 都不到，这当然有政策上的原因，但主要还是理念上的原因。近年来海外投资增长很快，由此带来的医疗、教育、休闲等福利是投资者必须了解的。

第三类是另类投资，这是最新奇的投资。一般我们所说的投资都是金融产品，但现实中很多有保值增值或者实用功能的东西，也可以用来投资。比如名人字画、文物、宝石、邮票、钱币，甚至数字货币等等，齐白石的《山水十二条屏》能拍到 9 亿元，比特币从不到 1 美分涨到 2 万美元，你没有理由不关注这些新工具。

新环境：投资改变命运的概率越来越大

在英文里，财富和命运是一个单词（fortune）。过去人们总是天然地认为，财富是命中注定的东西，不可能改变，而现在我们已经进入一个财富巨变的新时代。2018 年是改革开放 40 周年，如果把中国经济比作一个人的话，那么现在他已经逐步进入中年阶段。这不是说我们的经济变差了，中年不惑反而可能是好事。但是，中年人和年轻人面临的问题的确是不一样的。

第一，收入结构变了，以前主要是工资性收入，未来主要是投资性收入。中国人 40 年前还没什么积蓄，只能靠工资性收入，大家关注的是一年赚多少钱；现在逐渐有积蓄了，投资性收入就变得越来越重要，大家会更关注如何用钱生钱。2017 年全国居民人均工资性收入仅增长 8.7%，而人均财产净收入增长 11.6%，尤其对很多新中产来说，投资性收入可能早已超过了劳动性收入。最直观的例子是，中国的家庭户均资产在 100 万元以上，而人均工资性收入只有 14 620 元，即便户均按 5 万元工资算，只要你把投资的收益率做到 5%，就可能会超过你的工资收入。

第二，支出结构变了，以前主要是消费性支出，未来主要是投资性支出。经济学中有一个概念叫恩格尔系数，指的是基本的食品消费支出在总支出中的比重，中国的恩格尔系数已经降到 30% 以下，达到发达国家水平。这意味着，解决温饱之后，我们的大部分收入仍需要去做广义的投资性选择。

投资在生活中的比重越来越大，意味着通过投资改变人生轨迹的概率也越来越大。当然，这种改变不是单向的，既有可能向上，也有可能向下。尤其是未来十年，越来越多的机会和风险将会出现，就看你如何去应对。

先说向上的可能。我坚信，投资机会一定会越来越多。

第一大机会来自国家的改革。所谓新时代，核心就在于改革，不管是从决策者的气魄，还是客观的环境来看，这次改革很可能会超过20世纪90年代的高度和力度。上一次改革浪潮催生了一批万元户，这次改革也一定会造就更多的百万富翁。

第二大机会来自经济的转型。结构性供给侧改革一定会带来经济结构的积极变化，有变化就会有机会，比如产业结构的调整，医疗、养老、文化、旅游等服务业，以及移动互联网、新能源、生物医药、金融科技等新型技术产业，都会带来一批投资机会。又比如区域结构的调整，一些城市和地区可能会面临人口流失，而另一些城市可能成为新的北、上、深。

第三大机会来自技术的创新。技术创新是财富的最终源泉，也是中国经济新时代最重要的基调。十年前中国市值最大的企业是工商银行和中石油，现在已经变成了腾讯和阿里，未来中国会有越来越多的腾讯和阿里出现，而且过去普通投资者几乎没有渠道投资BAT（百度、阿里、腾讯）这些独角兽企业，随着国内资本市场的发展和上市门槛的调整，投资者将有更多的机会直接去投资新技术企业。

第四大机会来自消费的升级。随着中国人均GDP不断接近10 000美元，中国已经变成一个新中产国家，中国的老百姓正在越来越多地跨入新中产阶层。新中产的核心特点就是关注生活品质，注重消费升级。从雪花膏到雪花秀，从奥拓到奥迪，从海马到宝马，新的需求必将催生新的行业、新的公司、新的资产，这中间蕴含着无限的机会。

围绕这些大机会还会衍生出各种各样的小机会，抓住几个就足以改变一生。但是，机会永远伴随着风险，这个时代的投资风险也越来越多。

第一大风险来自市场的过度创新。市场的优点是利于创新，缺点是无法控制创新的方向。大部分创新是正面的，但总有一些人会钻监管的漏洞，违规开展一些披着投资外衣的非法金融活动。如果没有受过专业培训，投资者只是凭着惯性思维去思考，就有可能重蹈泛亚和 e 租宝的覆辙。再加上现在新兴的投资品越来越复杂，即便是专业投资者可能都很难完全搞清楚其中的风险，更别说散户了。

第二大风险来自货币环境的收紧。过去货币宽松、大水漫灌的时候掩盖了很多金融风险，也埋下了很多金融隐患。从 2016 年开始，央行在货币市场逐步加息，未来可能会进一步加息，整个货币环境已经从过去的宽松转向稳健偏紧。央行这么做的目的是防范未来进一步滋生金融风险。但问题是，过去的金融风险和泡沫怎么办？当货币环境收紧、利率上行的时候，必然会有很多金融产品资金链吃紧，甚至陷入兑付危机，这对于投资者来说是致命的。

第三大风险来自监管政策的变化。一个投资品的表现好坏除了要看其自身条件，还必须考虑外部的监管环境。有时候一个政策的变化可能就会彻底改变一类资产的走势，比如当房地产遭遇严厉限贷的时候，需求就会随之萎缩，房价可能就涨不动了；又比如假设未来学区房的政策突然取消了，之前买的学区房就一下子从香饽饽变成了烫手山芋。

第四大风险来自投资者的过度自信。经济的新时代，一定意味着投资的新时代。伴随着人口、产业、政策和市场的巨大变化，各类投资品的投资逻辑和过去相比都完全不一样了。比如房子过去更像是一种无风险的金融投资品，闭着眼睛买就是了，现在提出房住不炒之后，投资房子肯定需要重新审视。又比如过去股票市场一直喜欢讲故事，讲估值，现在随着监管越来越严，机构投资者越来越多，A股其实越来越看重公司的基本面，中国的股票市场正在向着价值投资迈进。假如还沉溺于过去，就意味着被无尽的风险包围。

新模式：散户思维将被抛弃，未来属于机构投资者

中国股市和发达国家股市最大的区别，是投资者结构。中国是以散户为主，而发达国家股市是以机构为主。两个数据可以说明中国A股的资金有多散：一是A股共有自然人投资者1.34亿人，非自然人投资者33.82万人，也就是说个人投资者占比高达99.75%；二是账户资产量低于50万元的中小投资者占比高达75.1%。这使A股具有明显的散户市场特征：换手率高、炒作性强、暴涨暴跌，这些A股的标签大多是散户的“功劳”。

在这个散户自己造就的市场里，最受伤害的恰恰是散户。大家常说的股市“721法则”便是很好的写照，无论牛市还是熊市，长期来看，70%的散户赔钱，20%的散户保本，10%的散户赚钱。即使是在2017年的慢牛行情中也表现得十分明显，不计新股的话，2017年沪深两市市值增加了3.92万亿元，人均盈利2.94万元，但七成散户仍是亏损的。不过，机构投资者却表现不俗，全年混合型以及股票型基金

共计盈利达 2 793 亿元。

同样的市场，同样的规则，同样的标的，却有着如此巨大的差异，主要原因是散户和机构的操作模式有很大不同。

第一是基础逻辑不同。机构投资者更喜欢选择有安全边际、高分红、稳定增长的好股票，做真正的价值投资。散户往往抱着投机的心理追逐热点股票，短线炒作，追涨杀跌，牛市一哄而上、熊市一哄而散。这根本不是投资，而是在靠运气投机。

第二是资金规模不同。虽然散户数量巨大，但是从资金体量来看，机构投资者具有绝对优势，更有话语权。

两者逻辑不同，风格迥异，自然结果也有天壤之别。经过 2008 年和 2015 年两次大熊市的惨痛教训后，投资者已经越来越意识到散户思维的缺点，机构投资者占比近年来不断提升。随着未来资本市场改革的逐步深入，市场环境越来越复杂，散户思维将加速被抛弃，机构投资者在 A 股市场会越来越重要。

A 股市场将在历史、市场和人民的选择之下，逐步进入机构主导的新时代。

为什么是历史的选择？因为纵观全球的成熟市场，全都是以机构投资者为主，机构化是全球资本市场上百年来的历史经验。

美股是全球最大最成熟的股票市场，在美国三大证券交易所里，个体散户的日均成交量仅占总成交量的 11%；相比较而言，中国 A 股成交量近 90% 由散户贡献，机构投资者只占了 10% 左右，市场成熟度方面还有较大的提升空间。

美国也是从我们这种市场形态一步步走过来的。美股市场的 200

多年就是一段逐步机构化的历史。1945 年时美股超过 93% 的份额是由个人家庭直接持有，这显然是一个以“散户”为主体的市场。但经历过美国经济滞胀和石油危机后，散户投资者骤减，散户的资金也涌入共同基金市场，交由专业投资机构打理。

与此同时，机构投资者开始蓬勃发展起来。到 20 世纪 80 年代，美股基本形成了以机构投资者为主体的市场形态。背后的原因很多，包括家庭投资手段的多元化、发达的寿险体系和共同基金的大量入市。相比之下，只有区区将近 30 年历史的中国 A 股市场还只是一个蹒跚学步的孩子，尚处于规范发展阶段。

为什么是市场的选择？因为中国的市场环境和过去不一样了，新环境必然会催生更多的机构投资者。

从国际环境看，金融全球化以及我国资本市场对外开放不断深入，A 股市场纳入 MSCI（摩根士丹利资本国际）新兴市场指数，加上沪港通、深港通和 QFII（合格的境外机构投资者）的扩容，外资进入 A 股市场的渠道越来越多，资金在 A 股市场和国际市场两个池子之间的流动越来越方便。由于国外主要是机构投资者，所以国际化实际上提高了 A 股市场的机构投资者比例。

从国内环境看，养老基金已入市。体量大、期限长的养老基金是资本市场的重要“水源”，也是机构资金的重要组成部分。20 世纪 80 年代初，美国推出养老基金 401（k）计划。401（k）计划在税收、账户转移等方面优势明显，并且可以投资多种资产，很快成为美国诸多雇主首选的社会保障计划。而半数的养老金可以用来配置公募基金，由此开启了 80 年代美股的“大缓和”周期。有研究显示，在过去 30

多年里，作为美国股票市场最大的机构投资者，养老金持有市值占总市值的比例在40%至55%之间。我国正在进入“老龄化社会”，养老基金会越来越重要，养老金的配置多元化也是必然趋势，这给股市留下了巨大的想象空间。

为什么是人民的选择？经济学有一个基本原理，个体的理性会带来集体的理性，但资本市场并非如此，散户投资者基于个人理性的选择，往往会带来集体非理性的结果。散户思维最大的缺点是太注重短期投机，追涨杀跌的过程中很容易买在高点、卖在低点，成为被割的“韭菜”，只有极少数的个人投资者可以跑赢市场。但他们也主要是靠运气，如果观察的时间足够长，他们一定是亏损的，这不是个人能力问题，而是人性的规律。投资是违反人性的，没有一个人可以永远战胜人性。

综上所述，可以判断得出总体趋势是机构投资者的比例在逐年上升。随着投资者结构的变化，A股市场的投资风格也在不断变化，散户思维越来越吃亏，机构化投资越来越有效，2017年的价值白马行情就是很好的佐证，市场正在用脚投票。

散户未来只有两个选择，要么把资金交给机构管理，要么系统学习机构投资者的方法。频繁买卖、追涨杀跌的散户思维显然已经不能适应现在的市场了，只能从战术上进行调整，摒弃散户思维，向机构化投资靠拢。

新理念：拒绝投机跟风追泡沫，价值投资站上风口

巴菲特说过，退潮的时候，才知道谁在裸泳。反过来，涨潮的时

候，如果大家都在裸泳，你会怎么选择呢？大多数人一定不会选择穿上厚重的泳衣，以免被大家甩在身后。这就是过去价值投资在中国一直不受重视的原因，因为价值投资者最核心的理念就是绝不裸泳。

改革开放的头30年是工业化时代，中国经济主要还是靠实体创造财富，毕竟那个时候，我们还享受着史无前例的人口红利和全球化红利。但从2009年开始，情况就变了。

以2009年的4万亿为起点，中国经济进入了一个金融化时代，创造财富的主要动力从实体产业转向了金融泡沫。4万亿其实不是一个确切的数字，只是那一轮大规模刺激政策的代称。从对数据的分析和实际调研情况来看，当时的刺激规模可能超过10万亿元。

2009年，中国新增人民币贷款9.6万亿元，同比多增4.7万亿元。仅仅一年的时间，我们把新增人民币贷款翻了一番。一剂猛药下去，经济的确反弹了，但货币的闸门也就此打开。

2009—2016年间，中国的广义货币总量M2从47.5万亿激增到167.7万亿，增长了3倍还多，年均增速高达16%，而同期GDP平均增速仅为8.2%，货币已经远远跑在了经济的前面。经济学告诉我们，货币是水，经济是池子，当池子的扩张速度跟不上注水速度的时候，必然会带来两种结果：

一是经济的泡沫化。2015年，中国金融业占GDP的比率达到创纪录的8.5%，不仅远远超过十二五规划5%的目标，也远远超出了大部分发达国家，比如美国只有7.2%，日本只有4.4%。这并不是说明我们金融业有多发达，而是说明我们的金融泡沫太严重了。

二是资产的泡沫化。尤其是从2014年新一轮货币宽松以来，大量的流动性逐次流进各类资产，在金融监管不到位的背景下，泡沫一个个吹起：2014 年的债券牛市，2015 年的股票牛市，2016 年的房地产和商品牛市，各类资产泡沫层出不穷。

泡沫化带来了一个很直接的后果：很多人靠投机跟风一夜暴富，而价值投资变得更加无人问津，市场风气变得越来越浮躁。不过，这种现象正在发生根本性的逆转。如果说 2009 年 4 万亿是泡沫化的起点，那么 2016 年中央史无前例地提出的“抑制资产泡沫”就是要给这轮泡沫化画上句号。泡沫时代正在离我们远去，一个尊重市场、回归本源的价值时代已经到来。

这个判断的逻辑非常简单，泡沫没有破不破的问题，只有破灭时间早晚的问题。而现在，到了泡沫破灭的时候了。

这个判断，是基于以下四个角度的考量做出来的：

一是外部环境变了。过去是全球性的超级货币宽松。除了零利率，还有史无前例的大规模 QE（量化宽松），也就是注入大量资金的量化宽松。现在随着美国和全球经济的复苏，尤其是美联储在 2015 年底加息之后，全球性的货币宽松已经结束，全球货币开始边际收紧。

二是政策导向变了。过去宏观政策的导向是一切为 GDP 服务，刺激政策不断，而现在，“抑制资产泡沫”“防范经济金融风险”“供给侧结构性改革”已经替代“稳增长”成为主基调。

三是货币环境变了。虽然央行稳健货币政策的基调八年未变，但过去央行执行的实际上是宽松的货币政策，尤其是 2014 年开始的连续降准降息。现在货币政策已经彻底回归稳健，从这两年的货币市场加息来看，甚至都有些偏紧，总之大水漫灌的时代一去不复返了。

四是监管环境变了。国务院2017年成立了金融稳定发展委员会，过去金融的第一任务是发展，因此在很多领域监管是比较宽松的，尤其是对一些创新型业务。但现在的金融监管空前加强，节制资本、打击寡头、严控债务、消灭通道，监管套利的时代彻底结束了。

当金融王气黯然收紧的时候，一个泡沫都跑不了。2015年的股灾，2016年的债灾，2017年的房价下跌，泡沫正在一个个破掉，剩下的也只是时间问题。过去几年大家总不屑于分析基本面，不屑于做价值投资，现在真的要重新审视价值投资的意义了。

翻开任何一本经典的投资学教程，主流的投资理念只有一种，那就是价值投资。所谓价值投资，就是通过分析资产的内在价值，在价格被低估时买入，然后相对长期地持有，获取超额收益。

那么，价值投资是不是就不看短期了？并不是。虽然长期来看，价格是由价值决定的，但短期内价格会围绕着价值波动，出现与价值的背离，这种差距就是投资机会。价值投资更关注内在价值，长期持有具有增长潜力的资产，价格也会随价值水涨船高，从而获得可观的收益。

可能有人还对价值投资存在顾虑，认为中国的资本市场有中国特色。但我还是坚信价值投资时代已经到来。原因有两个：

第一，价值投资在长期内是可以跑赢泡沫的。泡沫投机多是把握稍纵即逝的机会，交易起来短平快，这个难度其实是很大的，因此投机的成功率并不高，我们看到的成功案例只是偏误样本。价值投资恰恰相反，更关注资产的持续增长机会，追求复利效应。这不仅能熨平短期的价格波动，而且还能获取可观的稳定收益。“股神”巴菲特持续看好可口可乐，在可口可乐股价被低估时，拿出 1/3 的投资组合来配置可口可乐股票，10 年赚了 10 倍，并多次在公开场合声称，将永远持有可口可乐的股票。国内也有这样的神话，“万科最牛散户”、第一大个人股东刘元生在 1988 年万科股份化改造之初买入 360 万元的万科股票，20 多年专注一只股票，穿越若干牛熊循环，最后变成 57 亿元，增长近 1 600 倍。

第二，价值投资能适应中国的资本市场，回归本源的政策实际上为价值投资打下了基础。价值投资其实是舶来品，最早提出这种理念的是巴菲特的老师、著名投资大师格雷厄姆。所以很多人认为舶来品不适用于中国，投资是要分市场的，中国 A 股市场不成熟不规范，价值投资很难适用。其实不然，哪怕是 A 股也是可以使用价值投资的。近的看 2017 年的价值股行情，远的看近十年涨幅前十的股票，全部都涨了几十倍，比如华夏幸福十年涨了 90 倍，三安光电涨了 45 倍，东方雨虹涨了 37 倍，科大讯飞涨了 36 倍，等等。而这些牛股都是业绩好的价值股，营收复合增长率平均为 31.3%，净利润复合增长率平均为 45.5%，这就是价值投资最好的案例。

价值投资说起来容易，做起来难。近十年的十大牛股也有很大的波动，10 只股票中有 9 只曾遭遇腰斩，所以价值投资也要耐得住寂寞。

只有将这种理念内化成自己的投资信仰，才能挖掘出具有潜力的优质资产，并坚定地长期持有，也只有这样，才能最终享受到价值投资的价值。

用对投资方法

从 1 万到 1 亿：如何寻找下一个爆发的投资品？

大部分人学习投资的逻辑，最终目的都是找到最有价值的投资机会，尤其是像比特币那样从 1 万到 1 亿的暴富机会。从经济学的角度来说，风险和收益是对等的，有多高的收益就有多大的风险，暴富是极小概率事件，但我们依然可以通过专业的逻辑分析来无限接近这种理想的结果。

不管经济好坏，每个时代都会有属于它的风口。2008 年的房子，2013 年前的茅台酒，2015 年的比特币，2016 年的大宗商品，只要能抓住这些风口，搭配合理的交易方式和时机，投资就有可能创造 1 万到 1 亿的奇迹，至少也可以让财富增长得比大部分人快。

那么如何去寻找投资的风口呢？根据经验，好的资产是有共性的：

第一，从需求的角度看，大众的需要是硬道理。只有抓住了大众最实在、最迫切的生活需求，才有可能成为一个好资产。那么，大众到底最需要什么呢？20 世纪 80 年代刚刚改革开放，人民生活水平不高，解决温饱问题是头等大事，最缺的是粮食，所以粮票最值钱。90 年代开始真正的市场经济，出现下海潮，公司的概念深入人心。办公司、搞市场经济首要问题就是资本，当时最缺的就是资本，所以资本最值钱，表现的具体形式就是国内贷款的利率很高，从国外引进外资的成本也很高。21 世纪之后，随着中国加入 WTO（世界贸易组织）全球化的大浪潮，农民工进城，城镇化加速，商品房制度逐步建立起来，过去住在公房的老百姓和新进城的老百姓开始向往住上新房。这个时候人民最缺的就是房子，于是房价、地价飙升。现在人民基本的生存需求已经满足得差不多了，消费需要升级，大家缺什么呢？缺的是高质量的消费产品和服务。比如过去喝几十块钱的酒就够了，现在越来越多的人需要喝像茅台这样的高端酒，所以茅台涨价。又比如大家更重视孩子教育了，所以学区房涨价。任何一种资产会往上涨，一定是满足了人民对美好生活的向往。

第二，从供给的角度看，一定要供不应求。任何一个资产只有需求是涨不起来的，必须供不应求才能涨。比如房子，人人都想住，但为什么中国的房价能噌噌地涨，国外的房价却涨不起来？因为我们的土地不是自由供给的，房子不是你想建就能建，而国外很多地方土地是自由供给的，房子供给充分市场化，自然就不会出现咱们这种供不应求的局面。话说回来，国内有些中小城市房价也涨不动，因为供给太充足了。

第三，从市场的角度看，一定要快人一步。在大部分人还似懂非懂，甚至嗤之以鼻的时候买入，因为这个时候估值相对合理。巴菲特曾说过一句投资的至理名言：在别人恐惧的时候贪婪，在别人贪婪的时候恐惧。投资很多时候是违反人性的，赚小钱要顺势而为，但赚大钱很多时候要逆势而为，学会与大多数人为敌。这个道理其实很容易理解，一个资产如果已经妇孺皆知，还怎么吸引新的买家呢？它的价格一定已经处于高点，不管这个资产基本面有多好，价格太高也会让它失去投资价值，因为买进去你很可能会成为接盘侠。举个简单的例子，大家都知道茅台是家好公司，它的业绩确实好，但股价 100 元的时候可以买，等到 700 元的时候，就风险大于收益了。

第四，从情绪的角度看，基本面好不一定能涨，要想真正涨起来还得有导火索。资产涨起来都是很快的，有时候一年、一个月甚至几天的时间就可以涨几倍。那么问题来了，这么短的时间内，这些资产本身真的突然变好了这么多吗？显然不是。就像一颗炸弹一样，火药是早就装好的，关键是得点燃导火索，要不再猛的火药也永远不会爆炸。对于投资来说，这个导火索是什么呢？最常见的是某一项政策的变化。比如房子一直很稀缺，但得等到限购限贷的政策突然放松了，房价才会涨。又比如银行股一直估值不高，但可能得等到金融监管细则落地，利空出尽了，它才能涨。

第五，从风险的角度看，好的资产一定有很厚的安全垫。通俗点说，即便表现不理想，跌也跌不到哪去。安全垫有很多种，一种是本身的成本就不高，比如 8 000 元买的房子，即使从 8 万跌到了 7 万，依然是赚钱的。还有一种是资产本身有一定的现金流，相当于有保底收益，即便价格暂时跌了，也可以持有等待，比如像上汽、格力这样盈利特别好的公司，每年都有五六个点的股息分红，即便股价短期跌了，对投资者来说也不算亏，可以先吃分红，等股价回升的时候再卖掉。其实房子也有这个特性，不仅持有房子没有成本，即便房价跌了，还可以把房租出去拿房租，也亏不到哪去。房子的安全垫是其他资产不可比拟的，这也是房价能长期上涨、涨多跌少的重要原因。

上面介绍了一些筛选好资产的方法，但就算找到了风口，也不意味着可以一飞冲天。台风来了猪都会飞只是一个玩笑，真正飞起来还得靠有力的翅膀，这个翅膀就是投资的方式，或者说交易的方式。最重要的是建立金融思维，学会利用杠杆。之所以很多人靠买房赚了大钱，不只是因为房子涨得多，还因为买房逼着大家学会了运用杠杆。

杠杆到底有什么用？假设一个房子价值 100 万，你有两种方式去购买，一种是全款 100 万，另一种是首付 20 万，贷款 80 万，贷款的利息是 5%。假设两年之后房子从 100 万涨到 200 万，那么两种方式的收益率各是多少？第一种，100 万变成 200 万，很容易算出收益率是 100%。第二种，两年利息大概 8 万，也就是说贷款一共需要还 88 万，200 万扣掉 88 万还有 112 万，20 万的本金变成 112 万，收益率是 460%。一个收益 100%，一个收益 460%，不同的杠杆带来了完全不同的收益。

当然，并不是说高杠杆、高收益就一定适合。因为杠杆越高，风险也就越大。这一方面要看原始资本，另一方面还要看风险承受能力。如果你的资金不多，能够承受一定的风险，那就选择加一点杠杆；如果你的资金很充足，又不愿意承受太大的风险，那就选择相对稳健一些，控制杠杆。

总的来说，好资产是有规律可循的，按照上面总结的规律去找出好资产，然后再根据个人情况，选择合理的交易方式去抓住机会，这样才有可能实现从 1 万到 1 亿的财富跨越。

看中国国情：你还在盲目学习巴菲特吗？

中国有很多巴菲特的信徒，我的一位基金经理朋友就是巴菲特最铁杆的粉丝之一。有意思的是，他虽然最崇拜巴菲特，但在市场上最不想做的就是巴菲特。原因是，他认为中国的市场实在太独特，巴菲特的大部分理论都有些水土不服。

这不能怪我的朋友浮躁，因为过去这些年市场的确如此。在中国做投资，不管是投资股票、房产，还是其他任何资产，都必须先理解中国国情，认清中国与其他国家的区别。

一是政策环境不同。在中国，政策的影响力远远大于国外。因此在国内做投资时，需要格外关注政策动向。国外尤其是发达国家的市场化程度较高，市场较为独立，不会轻易受到政策的影响。以股市为例，中国股市是有名的政策市，政府的政策调整或主流媒体的相关言论，有时会彻底改变股市的运行方向。比如2015年股市最疯狂的时候，证监会突然宣布彻查杠杆配资，打得各家机构措手不及，政策从疯狂加杠杆到骤然去杠杆，市场方向也随之急转直下。

更麻烦的是，政策有时也会给投资者带来巨大的心理落差。比如上轮牛市之初，《人民日报》曾刊文4 000点才是A股牛市起点，给予投资者强烈的牛市预期，甚至让大家开始幻想突破1万点，而不久之后的结果却非常惨烈。

相比之下，国外的市场相对独立和自主，政府影响和干预极少，分析起来就容易得多。

二是监管体系不同。国内外金融发展阶段不同，市场成熟度和对应的监管体系有很大差异。总体而言，发达国家的市场发展得早，金融监管体系也较为成熟，市场相对有序。以P2P为例，美国比中国发展得早得多，美国证券交易委员会从2008年便开始严格监管P2P行业，实行高门槛准入。除此之外，还有州级部门的配合监管，在严控额度的同时要求 P2P 机构和融资人及时进行信息披露，确保整个过程清晰透明。

与美国相比，我国的 P2P 起步要晚得多，直到 2012 年才进入爆发期，相关的监管体系在大部分时间内都是空白，这才导致泛亚、e 租宝等跑路违约事件频频发生。直到 2017 年尾大不掉时，银保监会等部门才密集出台 25 份相关政策文件，对 P2P 产品进行规范监管，而这个时候很多投资者已经掉坑里了。

有些人指责 P2P，把 P2P 妖魔化，其实问题不在于 P2P，这种模式在很多发达国家都有，是一种很正常的金融形态，只不过很多机构当时钻了监管的空子，变成了非法集资。我们在做任何投资之前，如果不能认清中国市场的特殊监管环境，就很容易掉到坑里。

三是参与主体不同。国外成熟资本市场的投资者以机构为主，而中国明显以散户为主。

机构和散户的投资理念是完全不一样的。机构注重价值投资，追求长期收益和时间复利，而散户具有明显的投机心理，经常追涨杀跌、短线操作。不同的参与主体、不同的投资理念，造就了完全不同的市场风格。国外市场虽然没有涨跌停，但市场自我纠错和调节的能力很强，长期来看相对稳定。而国内市场虽然有涨跌停的限制，但不管从短期还是长期来看，波动性依然很大，容易暴涨暴跌。

而且这还会造成恶性循环。当短期波动剧烈，尤其是下跌的时候，散户容易形成羊群效应，自己卖出股票的同时还要求赎回基金，导致机构被迫减仓，丧失自己的专业定价能力，变得像散户一样。尤其是公募基金出于短期基金排名的考虑，可能被迫在低价做出斩仓等非理性的散户行为。本来机构投资者就少，还经常被迫散户化，这是中国市场缺乏理性的一个最主要原因。

四是投资工具不同。发达国家的投资工具相对丰富齐全，而国内尚处于金融初级阶段，投资工具还在不断补充和完善的过程中。以房地产投资为例，房地产是中国居民最喜闻乐见的投资标的，但在中国，投资房地产的渠道十分有限，大多是直接购买实物房地产，这样不仅成本高，流动性差，而且需要承担房价波动带来的巨大风险。

而国外投资房地产有许多新玩法，最常见的是房地产信托投资基金，也就是所谓的 REITs。REITs 的本质是房地产的证券化，将流动性较差、资金门槛较高的实物房地产，转化成易于流通、成本较低的标准化证券资产。以 REITs 为例，投资者可通过购买 REITs 份额持有项目公司股权，从而享受和房地产实物投资一样的权益。这种方式不仅降低了准入门槛，对应的风险也随之下降。

由此可见，工具的不同会导致完全不同的资产配置策略。

五是市场质量不同。同一种投资品在国内外的质量也不尽相同，这主要归因于国内外市场基础制度的差异。

以股市为例，国内外的股票发行及退出机制都有明显区别。在 IPO（首次公开募股）发行制度上，美国股市采用“注册制”，只要符合上市发行的条件并依法进行信息披露即可，监管部门仅发挥一般监督功能。中国股市采用“核准制”，除了需要满足基本条件外，还需要经过监管部门起决定性作用的审批流程。

在退出机制上，美国股市同时采用了财务退市和市场化退市两种标准，优胜劣汰，充分发挥市场的资源配置功能。而中国股市的退出标准相对单一，只有连续三年亏损这一条，未能充分发挥市场的选择功能。

在“大进大出”原则的指导下，美国股市经过上百年的发展，大浪淘沙后现有3 000多家上市公司，相对优质，适合进行价值投资。而中国股市不到30年的历史现也有3 000多家上市公司，但其资质参差不齐，出现了不少财务造假上市、欺诈发行退市的案例。

六是交易机制不同。交易机制会直接影响交易行为，进而影响整个投资逻辑。比如房地产在中国的交易成本很高，主要是交易环节税费重，变相抬高了房价。更典型的是股票市场，美国股市实行T+0制度，可以即买即卖；中国股市实行T+1制度，当天买入，第二个交易日才能卖出。

美国股市允许做空，只要看对走势，哪怕是股价下跌也能赢利；中国股市没有做空机制，只有股价上涨的时候才能实现赢利，容易被操控。交易单位也不一样，美国股票没有交易单位限制；中国股票最小交易单位为100股，对于那些像贵州茅台一样的高价股买一手就需要好几万元，限制了部分投资者的参与。

美国股票没有涨跌幅限制；中国股票有10%涨跌停板制度。交易手续费也不同，美国的手续费以交易笔数为基准，与交易金额无关，而中国的手续费与交易金额挂钩；因此美国投资者对交易频次更加敏感，中国投资者更加关注交易金额。

总之，中外投资市场在政策环境、监管体系、参与主体、投资工具、市场质量和交易机制等6大方面存在巨大差异，国内市场相对国外还不够成熟，直接生搬硬套巴菲特的理论一定会出现水土不服，因此在中国做投资一定要形成中国特色的投资方法论。

看经济周期：经济形势好的时候该买什么？

对很多投资者来说，最烦恼的可能不是遭遇风险，而是错过机会。比如，有的人在2008年股市大跌后手握现金什么都不敢买，眼看着黄金从2008年的每克160元一路涨到2011年的每克380元；再比如，在2014—2015年做多螺纹钢期货的人，眼看着股市债市双牛，但螺纹钢价格几乎腰斩。

你可能认为这些投资失误的人是运气差，其实不是。他们是因为缺乏对经济周期的基本判断，缺乏对大类资产轮动的基本常识。什么叫大类资产轮动？简单来说，就是在不同的经济周期，大类资产的表现是不一样的，经济好和经济差的时候会有不同的资产站上风口。

很多个人投资者不了解这些规律，导致经常“踩到坑里”。机构投资者对于经济周期和相应的大类资产选择，是有一套完整的方法论体系的。这也是机构投资者能够战胜个人投资者的原因之一。

一个完整的、从上至下的、包括所有资产品类的投资判断框架应该包括三个层面。

第一个层面是判断经济大势。经济好还是不好，在股票、债券、房地产、外汇、大宗商品、黄金等大类资产层面应该怎么选；第二个层面才是某类资产里具体怎么挑选，比如股票里买什么行业，房地产里买哪类城市，债券是买国债还是信用债；第三个层面是最终的投资标的，比如股票，某个行业到底买哪一个公司，某类城市中具体买什么地段，债券的国债里具体买哪个期限的国债，等等。

美国的研究结果显示，第一个层面的大类资产配置对于整个投资收益的贡献基本达到了九成。也就是说，经济形势的判断与大类资产的选择基本已经确定了你的输赢。

首先，我们来看一下，在经济形势好的时候应该买什么大类资产。

第一步，我们需要先明白经济形势好的定义。这种好可以从两个角度来衡量，一个是真实的经济运行的好，一个是虚拟的投资情绪的好，二者大多数时候是同时存在的。经济真实的好体现在几个方面：一是 GDP 增速很快，通胀率温和，比如保持在 2%~3%；二是实体投资活跃，可以观察房地产投资、基建投资增速；三是消费旺盛，可以观察社会消费品零售总额增速。这种真实的好会导致企业与个人的收入增加，整个经济产出各个链条中的企业盈利整体改善，更有勇气承担风险，从而传递成金融投资的风险偏好提升，也就是投资情绪的好。

第二步，确定了经济形势好之后，选择资产的核心方法是什么？在经济向好的大形势中，投资的核心在于选择那些可以直接分享经济增长红利的大类资产。这类资产的价格基本面会伴随经济运行而走高，通过买入这些资产就可以间接享受经济增长的红利；投资情绪的向好意味着更多的资金会去配置这些资产，买的资金多，这些大类资产价格还会额外获得一定的追捧溢价。

第三步，什么资产可以最为直接地分享到经济增长红利呢？答案是股票与大宗商品。

先来看股票。股票是如何定价的呢？简单来说，股价就是这家公司未来盈利现金流的折现。因此在经济向好的形势中，整个经济的固定资产投资与消费的欣欣向荣，会直接体现在整体企业盈利的改善上。利率不发生变化的前提下，企业会越来越赚钱，因此其股份的价格就会走高。

那么，同样是股份，上市公司股份与非上市公司股份哪个更好呢？显然是上市公司股份更好。一方面，A 股的上市公司几乎都是各个行业最为优质、营运效率最高的领头羊企业，也就意味着这些企业的盈利改善更为明显。另一方面，A 股上市公司由于信息披露更为完全、买进卖出的流动性更好、定价更为公允，上市公司股票是可以直接分享到经济增长红利的资产。

接下来说大宗商品。大宗商品价格的核心是供需，简单来说，需求大于供给的时候，价格就会上升；需求小于供给的时候，价格就会下降。在经济向好的形势中，经济需求强劲，比如固定资产投资、消费等旺盛，会直接拉动对大宗商品的需求。供给方面，由于大宗生产企业需要先有盈利才能资本扩张，产能的形成有一定的滞后，整体呈现需求大于供给的情景，大宗商品价格走高。经济越好，价格越高。因此，大宗商品也是可以直接分享到经济增长红利的资产。

以上两类资产的走势已经经过验证，从国外经验来看，最为著名的就是美林证券 2004 年提出的投资时钟理论，它们通过梳理美国三十余年的经济周期与大类资产表现得出结论：在经济向好的形势中，股票和大宗商品的表现是优于债券、现金与黄金的。国内经验来看，虽然国内证券市场起步较晚，目前各大类资产价格可追溯的有效价格历史尚没有海外发达国家的时间长，但整体依然是符合此经验的。比如2004—2006年中国经济形势向好，GDP以平均每年12%左右的速度增长，那段时间的南华工业品指数增长了2.6倍、A股上证综指增长了6倍，二者都是史无前例的牛市。

最后用两句总结：第一，三层面投资框架是个人投资者逐步拥有机构投资思维的最为重要的起点，一切的细分投资产品的理解与配置都应该放在这个框架中来思考；第二，经济形势好的时候一定要去追逐可以分享经济增长红利的资产，即股票和大宗商品。

经济形势不好的时候买什么？

经济形势不好要区分几种类型。虽然略微复杂，但我们还是可以按照经济形势好的时候的框架来思考。首先，经济形势不好如何定义，有哪几种类型？其次，不同类型之下，选择资产的要义是什么，应该买什么资产？

第一步，我们先来区分，经济形势不好如何定义，有哪几种类型？

经济形势不好的描述包括三个部分。第一个，是实体经济运行的不好，包括实体投资、消费与经济增长的全面疲软，具体可以看GDP增速、固定资产投资增速、社会消费品零售总额增速；第二个，是物价的不稳定，包括物价下跌的通缩和物价快速增长的通胀，具体可以看每月公布的CPI（居民消费价格指数）和PPI（生产价格指数）数据；

第三个是投资情绪的不好，也就是金融投资的风险偏好大幅下滑，这个可以直接观察 A 股市场的表现。

从这些指标入手，可以看出三个部分的不同组合，就会形成三种典型的经济弱周期。第一种是经济形势通缩式的不好，包括经济不好、物价下滑的通缩、投资情绪不好，但还不至于全面恐慌。第二种是经济形势通胀式的不好，包括经济不好、物价快速上涨的通胀、投资情绪不好但也还不至于全面恐慌。第三种是恐慌式的不好，包括经济不好、物价无论涨跌，金融投资的恐慌情绪浓厚，大多是经济危机状况。

第二步，三种类型之下，选择资产的要义是什么，应该选择什么资产？

第一种类型，也就是经济通缩式的不好中，由于物价下跌，需求不好，企业都将面临营收下滑与亏损，从而进一步打压企业实体投资的扩张，加剧了经济的不好，这是一个经济的内在循环。一般而言，宏观的货币政策出于逆向调节的目的必须要终止这种负向循环，因此会放松货币，通过货币供给的增加来改善物价的下跌，从而修复企业的盈利。

在经济通缩型不好的情况下，选择资产的方法，是在所有资产盈利都降低的情况下，去追逐可以价格反向走高的，同时分享货币宽松红利的资产，也就是债券。

债券的定价核心，是未来约定的利息及本金偿还的折现价值。分子端的利息和本金在债务生成之时就已经明确约定，不会再存在变动。因此分母端的折现利率就成为关键因素。利率越高，债券价格越低，因为一样的本金折现金额会变少；利率越低债券价格越高，因为一样的本金折现金额会增加。这样看起来比较烦琐，其实核心就是一条，利率走高，债券价格会下跌；利率走低，债券价格会上升。

通缩型不好的背景下，首先，债券的定价会上升，经济不佳的时候，意味着企业借钱扩张投资的动能会弱化，利率就会下滑，债券价格因此就会上升。其次，债券可以分享到货币宽松的红利，如果此时货币宽松，就意味着宏观体系中钱更多了，利率会进一步下滑，债券价格进一步上升。

第二种类型，在经济通胀式的不好之中，经济增速已经开始下滑，但物价还在高速增长，就是典型的滞胀形态，会严重冲击居民家庭与社会稳定。一方面居民的支出端由于物价飞涨面临购买力下滑，另一方面居民的收入端由于经济增速下滑，失业率上升或者薪金减少造成购买力大幅降低。一般而言，宏观的货币政策出于逆向调节的目的要控制物价飞涨，因此会收紧货币，通过货币供给的减少来抑制物价的上涨，从而平稳居民的支出端，维护社会稳定。

在这个类型中，选择资产的要义是抗通胀，同时这个资产可以尽量躲避货币紧缩的冲击，也就是黄金。

黄金的一个重要属性是硬通货，也是最为原始的硬货币，即便在各国已经纷纷拥有各自信用货币的情况下，黄金储备仍然是各国政府硬通货储备中重要的一部分。当物价飞涨，通胀压力增加的时候，不管哪国货币，都会面临购买力被侵蚀的风险。在这个时候，黄金硬通货的属性和抗通胀能力就凸显出来。同时，由于政府在对抗通胀时，大概率会选择货币政策紧缩，所有金融资产都将面临水落船低的下跌，黄金可以躲避货币紧缩的冲击。

第三种类型，也就是恐慌式的不好的情况下，经济不好是大基调，此时无论通胀是涨跌，更为重要的是金融投资的恐慌情绪浓厚。一般来说，经济危机时都是这样的情况，所有资金都在撤离，大家对于经济危机的持续时间和范围都非常悲观。

在这个类型中，选择资产的要义是避险，因为资金在撤离全部资产，恐慌情绪带来的金融资产的踩踏效应会错杀一切资产——那么最佳的选择是现金类资产。

当经济处于经济或金融危机当中，恐慌情绪浓厚，此时由于各个部门的资产负债表都面临较大的冲击，都有强烈的资产变现欲望，在恐慌情绪中，整个金融投资市场，就将是一场大家纷纷离场夺门而出的场景。在这个过程中，所有资产的理性定价逻辑都将会被破坏，变现是第一位的，也就是华尔街所说的“cash out”（套现）。在这样的恐慌之中，现金虽然本身没有任何收益，但却可以躲避一切下跌风险，数害相权取其轻，现金为王。

总结如下：经济不好的时候，债券、黄金、现金是整体表现更为优异的资产。如果经济是通缩式的不好，那么债券最优；如果是通胀式的不好，那么抗通胀的黄金最优；如果是危机状态的恐慌性不好，那么避险的现金是最优选择。

看政策方向：如何从《新闻联播》里发现投资机会？

不管什么投资，总会受到政策和市场的双重影响。长期来看，市场的无形之手发挥着决定性作用。短期来看，政策的有形之手也会对投资产生至关重要的影响。尤其是在中国，我们的市场还不够成熟，政策对投资的影响比任何一个国家都要大。在中国做投资不仅要学习金融学，还要学习新闻学，学会看《新闻联播》，才能看清大势，找准方向。那么，怎么从政策中发现投资机会呢？

首先，我们要理清中国的政策体系。从决策机构来看，政策分为三个层面：

一是中央层面。最重要的是党中央的会议，五年一次的党代会，比如十九大是最需要关注的。除此之外，每年还有多次的中央政治局会议、中央深化改革委员会、中央各领导小组会议，其中最需要关注的是每个季度一次的中央政治局经济工作会议，这个会议主要是总结上季度经济形势，确定下一季度的政策定调。接下来是国家的会议，也就是每年 3 月初的两会。此外，国务院每周还有例行的常务会议。

二是部委层面。过去我们常说，在经济领域最重要的是一委一部一行三会。一委指的是发改委，一部指的是财政部，一行是中国人民银行，国务院机构改革之后，三会变成两会（银保监会、证监会），另外还增加了金融稳定发展委员会。除此之外的部委也经常发布一些重要的产业和区域政策，比如工信部主导的中国制造 2025，国资委主导的国企改革，交通部主导的交通基础设施建设等等，都会带来相应的投资机会。

三是地方政府层面。大的政策方向是中央制定的，但每个政策怎么落实，地方政府有一定自主权。比如房地产政策，中央出台房地产调控之后，各地是否限贷，如何限贷是地方自主制定的。又比如区域发展政策，除了中央的三大战略之外，地方政府也会提出一些特色区域发展战略，比如山东的半岛蓝色经济区战略。

中央、部委、地方实际上是我们观察政策的三个窗口，但找到了窗口还不够，我们还要透过窗口发现投资机会。中国每年出的政策不计其数，让人眼花缭乱，但要想找到重点，其实很简单，直接关注每天的《新闻联播》就好。《新闻联播》相当于中央替你做了一次筛选，只留下最重要的一些大政策。

如何衡量这些大政策里是不是有投资机会呢？总体来说，可以从以下四个维度去判断：

第一个维度是宏观政策。宏观政策是一切政策的基础，决定了市场的大方向。如果宏观政策把握不好，其他具体政策看得再准也没用。观察宏观政策最好的指标是中央政治局召开的经济工作专题会，每年4次，分别在4月底、7月底、10月底、12月初召开。这有点像券商每年的季度策略会。政治局经济工作专题会的主要内容，就是总结上一季度经济形势，同时给下季度的宏观政策定基调，这里面需要重点观察的，是有没有什么转折性的表述。比如，2016年7月的政治局会议首次提出抑制资产泡沫，这种话从来没有在中央层面出现过，我当时就判断政策要转向收紧。果不其然，12月的中央经济工作会议对货币政策的定调，就从稳健变成稳健中性，货币市场开始启动加息，货币类资产受益，但其他各类资产都受到冲击，尤其是债市出现了债灾。

第二个维度是金融政策。金融监管政策会直接影响金融机构的行为，进而影响市场。最重要的是中央对于金融工作的定调。比如2017年4月26日《新闻联播》报道“政治局集体学习维护金融安全”，总书记亲自主持学习，这是中央层面第一次把金融安全提到这么高的高度。7月15日的《新闻联播》又花了足足15分钟的时间，来报道全国金融工作会议和设立国务院金融稳定发展委员会，这都是金融大整顿的信号，就看你够不够敏感。如果看懂了，就应该抓紧时间避险，像创业板这样的风险资产，肯定会受到显著冲击，2018 年 2 月的暴跌实际上也和这一系列去杠杆的政策有关。

第三个维度是区域政策。国家层面的区域战略可能会给该地区相关的投资品带来巨大的机会。一类是基建、房地产等建设概念股，另一类是总部或大部分业务在当地的属地概念股。最典型的就是雄安新区的案例。2017 年 4 月 1 日，《新闻联播》播报了设立雄安新区的新闻，不仅把雄安新区与深圳特区、浦东新区比肩，而且首次使用了“千年大计”这样的重词。这种政策一方面很重磅，另一方面又很突然，市场一定会给出剧烈的反应。果不其然，雄安概念股连续一字涨停，尤其是基建和地产相关的冀东水泥、华夏幸福等 7 只股票，连续 4 个交易日涨停。2017 年还有一个重要的区域战略，就是 4 月左右公布的粤港澳大湾区，引发了广深当地的地产、基建及其他龙头企业的连续上涨。

第四个维度是产业政策。长期来看，产业支持政策不一定能真正让产业强大起来，但中短期来看，产业支持政策通过资金扶持、政策倾斜和产业配置，对相关的企业是有明显提振作用的。比如 2014 年 6 月 4 日，《新闻联播》聚焦量子通信，引发了量子通信概念行情；2015 年 4 月 16 日，《新闻联播》报道了大疆无人机，虽然大疆并未上市，但之后大疆无人机供应链概念股大唐电信、欣旺达、兴森科技以及无人机概念股雷柏科技、宗申动力等 5 个个股都受到明显提振。2017 年 7 月 20 日，《新闻联播》播报国务院印发《新一代人工智能发展规划》，这种系统规划等于给人工智能行业一个长期利好，川大智胜、科大讯飞、汉王科技、赛为智能等股票都有明显上涨。

在中国，看政策方向做投资是一门必修课，而不是选修课。总的来说，中国的政策比较复杂，每年可能大大小小有上万个政策文件，但我们可以通过《新闻联播》这个窗口抓住关键，从中央、部委、地方三个层级，筛选出重要的宏观、金融、区域政策和产业政策，由此来分析其中的投资机会，规避相关的投资风险。

看数据分析：如何从数据信号中捕捉投资机会？

专业机构投资者最日常的一项工作就是数据分析。这可能是机构投资者最与众不同的能力。数据分析是一门系统的学问，包罗万象，我们按照数据分类来讲一下分析方法及案例。

总的来说，和投资相关的数据分为三大类：宏观的经济数据，中观的产业数据，微观的企业数据。每一类数据都会有一些同步指标和领先指标，吃透了这些数据，不仅能抓住投资机会，还能规避风险。

先说宏观的经济数据。宏观的经济数据主要包括三种，一是经济增长数据，二是通胀数据，三是流动性数据。这三种数据放在一起共同刻画出了经济的基本面。

第一个是经济增长数据，这可能是大家最熟悉的宏观数据。每个人都知道 GDP，但其实关于经济增长的数据有很多，GDP 对专业投资分析并不是最重要的，因为 GDP 频次太低，每个季度才公布一次，而且相对滞后，等看到数据的时候，经济可能早就变了样。最重要的指标就是 PMI 指数，也就是采购经理指数。PMI 指数领先 GDP 指标几个月，是研判经济走势最及时的指标。从绝对值来看，PMI 指数 50 是荣枯分水线，当指数大于 50 时意味着制造业扩张，反之则意味着收缩。从相对走势来看，PMI 指数的回落或回升，表明经济周期的收缩或扩张。PMI 指数和大类资产配置尤其是股票市场关联度较高，特别是周期性的制造业，如建材、家电、钢铁以及建筑装饰等板块。比如 2017 年中国制造业 PMI 指数总体走势稳中有升，年均值为 51.6%，高于荣枯线，这说明全年的制造业表现还是很强劲的，比如建材行业净利润增长率高达 56.72%，这也带动了相关板块的表现，中国建材集团旗下的北新建材、中国巨石涨幅均超过 100%。

第二个数据是通胀数据，也就是大家经常听到的 CPI 和 PPI。CPI 主要衡量终端的生活用品价格，反映的是老百姓的日常生活，一般认为 CPI>3% 就处在高通胀阶段，欧美国家的 CPI 长期在 0~3% 之间波动。PPI 主要衡量的是工业品的价格，包括电力、煤炭、水等能源材料和工业原材料，可以反映企业生产和投资的情况。

PPI 和 CPI 不能孤立看待，两者之间的差值，对于分析经济和投资周期，具有重要指示意义。通胀理论很复杂，记住一条基本逻辑就可以：一般 PPI 相对 CPI 持续上涨，意味着企业有更多利润，对投资股市是利好消息。2006—2007 年、2012—2015 年 PPI 和 CPI 差值上行，所以是买股票的好时机，数据也表明股票的回报率相对较高；反之，PPI 和 CPI 的差值下跌时，说明经济需求疲弱，CPI 低迷，但原材料价格持续上涨，买商品回报率高于股票。2002—2005 年和 2016 年开始就是这样的情况。总结来说，增长和通胀的搭配决定了经济周期，高增长低通胀的复苏周期，适合买股票；低增长低通胀的通缩周期，适合买债券；低增长高通胀的滞胀周期，适合买大宗商品。

第三个数据是流动性数据，包括量和价两个方面。数量指标包括M2、信贷、社会融资总量等数据，由于中国的金融体系以银行为主，所以最需要关注的是信贷，信贷刺激意味着实体流动性扩张，对投资的影响非常直接。最典型的就是4万亿时期，2009年人民币贷款增加9.59万亿元，同比多增4.69万亿元，也就是说在一年时间里贷款激增将近一倍，而一般年份的增速也就在10%左右，这种货币宽松不光在中国，在国外也是很罕见的。结果必然是风险资产暴涨，尤其是和实体流动性直接相关的房地产和股市，按照统计局的数据，当年全国新房成交价格涨幅达到24%，实际上很多城市的房价都接近翻倍。2016年房地产暴涨也是这样的逻辑，2016年新增贷款总量虽然不大，但其中高达44.8%用于房地产贷款，房价不涨才怪。

价格数据就是利率，利率有很多种，可以重点关注三种：一是短期的货币市场利率，核心是七天逆回购利率，最直接体现了金融体系内的资金面情况，所谓的钱荒就是这个指标暴涨。央行通过逆回购投放基础货币，如果这个利率上调意味着央行在收紧货币。二是中期的贷款利率，每个季度央行会公布一次数据，直接影响企业和个人的融资成本，对房地产有直接影响，比如2014年开始房贷利率不断下调，刺激房价涨了两年。现在房贷利率上行，房价就涨不动了。三是长期的国债到期收益率，一般把它看作长期的无风险利率，当无风险利率下行的时候，意味着流动性宽松，经济预期疲弱，金融资产会有比较好的表现，比如2014年开始无风险利率大幅下行，催生了2015年的股票大牛市。

再说中观的产业数据。中观的产业有很多，数据也很繁杂。总的来说，任何一个产业的数据都可以分几个维度，一是供给和需求，二是数量和价格，三是短期高频和长期低频。以大家最熟悉的房地产为例，一是关注反映需求的数量指标，这个既有相对低频的月度数据，比如全国商品房销售面积，也有相对高频的日度数据，比如 30 个大中城市商品房销售。二是关注反映供给的数量指标，比如每月的新开工面积以及待售面积，前者反映供给的增量，后者反映供给的存量。三是反映供需平衡的价格指标，包括统计局的 70 城房价数据和市场上的百城房价等等。从逻辑上讲，销售领先于价格，供给变化相对较慢，短期可以通过销售数据去预测房价。比如在 2016 年“930”楼市调控后，销量开始出现环比下滑，不久之后很多地方房价就出现下跌，到 2018 年底时跌幅甚至已经超过 10%。长期还要结合供给数据，比如大部分城市销量在 2015—2016 年都出现回升，但很多城市房价没涨，就是因为库存太高，京沪深房价涨得多，是因为库存很低，销售一回暖房价当然暴涨。

最后说一下微观的企业数据。企业数据直接反映它的经营状况，对个股的影响最为直接。可以重点关注三个维度，一是公司的销售数据，反映其收入情况，尤其需要关注核心产品的销售。二是公司的利润率，反映其将收入转化为利润的能力，这涉及成本控制、费用管理等企业经营能力。三是公司的估值，也就是在目前的经营情况之下，其股价是否处于合理价位。

电影票房就是电影相关公司的核心产品销售数据，从这里面能挖出不少投资机会。比如《战狼 2》的票房达到 56.8 亿后，其电影票房保底方北京文化直接涨停，出品方和发行方包括富春通信、光线传媒、中国电影都出现一波跳涨。

利润率数据方面以茅台为例。茅台的产品毛利率5年一直维持在90%以上，而A股市场上白酒行业的平均毛利率在66%左右。这样的公司在长期来看，一定是有正收益的。市场不好的时候它最抗跌，比如在股灾期间茅台跌得最少，恢复得最快，而市场复苏的时候它涨得最快也最猛，短短几年时间茅台股价已经增长了好几倍。

估值方面以港股为例。港股的整体市盈率在8~10倍左右，股息率却能够达到6%~10%，整体估值长期偏低，原来内地和香港市场相对隔离的时候，港股的这种折价是合理的，但在沪港通和深港通的刺激之下，一定会出现修复，所以2016—2017年港股出现牛市，消化了与A股间的折价。

以上诸多数据只是数据分析的冰山一角。必须注意的是，任何一种数据都没有绝对的规律，规律本身也是在动态变化的，所以数据分析只能是投资的一种参考，真正的投资还需要结合各个维度的信息来进行系统分析。

识别并控制投资风险

从1亿到1万：如何避免财富的断崖式缩水？

投资最难的技术不是赚取收益，而是控制风险。如果做不好风险管理，积累再多的财富都可能化为乌有，从 1 万到 1 亿可能需要一辈子，但从 1 亿到 1 万有时却只需要一瞬间。

机构投资者经过长期的实践检验，形成了投资范围和仓位的严格限定，比如，银行在投资债券的时候，只能投 AA 级以上债券，又比如保险投资单一股票不能超过总资产的 5%。这些风控措施让机构一般不至于血本无归。

但个人投资者不仅投资知识不完善，而且缺少投资纪律，很容易把鸡蛋放在一个篮子里，最后竹篮打水一场空。所以，避免财富断崖式缩水的第一课，就是要学会识别有风险的篮子。

前些年监管相对宽松，金融创新产品不断涌现，而且形式越来越复杂，别说一般个人投资者看不明白，很多专业机构投资者都是雾里看花。

我们总结了过去 20 年的投资大案，主要的投资陷阱有以下六种：

一是 P2P 非法集资。它们在互联网平台上，以高收益为诱饵，虚构项目信息，设立资金池，借新还旧，找权威人士站台背书，空手套白狼。比如 e 租宝号称是由集团下属的融资租赁公司与项目公司签订协议，然后在 e 租宝平台上以债权转让的形式发标融资，融到资金后，项目公司向租赁公司支付租金，租赁公司则向投资人支付收益和本金。但是根据 e 租宝总裁张敏在被关押期间交代，“e 租宝就是一个彻头彻尾的庞氏骗局”，利用假项目、假三方、假担保三步障眼法来制造骗局，其超过 95% 的项目都是虚假的。

二是交易所非法集资。不同于 e 租宝空手套白狼，交易所非法集资往往有一定的实物和商品，但是会通过控制操作平台价格，包装产品，非法吸纳资金。如昆明泛亚通过金属现货投资和贸易平台，自买自卖，操控平台价格，维持泛亚的价格比现货市场价高25%~30%，每年上涨约20%，制造交易火爆的假象，然后借此包装所谓“日金宝”等诱人的高收益产品。但实际上每年涨价20%只是为了让交货商不交保证金，并没有带来实际增量资金，投资者年化13.5%的日金宝理财收益，都是自己的本金或者新增投资者的本金，当新增资金放缓或者停止进入时，整个体系就会崩盘，投资者基本血本无归。

三是实体项目非法集资。与前两种非法集资套路相似，只是投资标的不同。实体项目非法集资表面假借实体项目进行融资，但实体项目的资质往往是包装出来的，金玉其外败絮其中。如2007年规模高达200亿的蚁力神案，当时他们要求缴纳1万元保证金，领取2大1小三箱蚂蚁在家养殖，14个半月后，公司约定对蚂蚁进行回收，退还全部保证金并支付3 250元劳务费，看似稳赚不赔，但实际上大部分的蚂蚁并没有实际的功效，最终蚁力神资金链断裂，企业破产，蚂蚁无人回收，投资者连保证金都难以追回，更别谈劳务费了。

四是外汇交易诈骗。中国法律规定大陆不得设立公司组织公民炒外汇，国内能够炒外汇的正规渠道只有银行。不少国内外汇交易平台打着国外监管的旗号行骗，常见的手法是通过做市商机制进行后台操控：在数据上造假，有的根本没有参与外汇交易；在交易时滑点，使下单的点位和最后成交的点位有差距；甚至直接干扰交易，影响交易正常进行。如2017年6月，IGOFX外汇平台总代理卷款跑路，近40万名投资者约300亿元被骗。实际上投资者的资金进入该平台后并没有真正参与外汇交易，平台通过伪造交易数据，让投资者获得“盈利”，实际上是新开户投资者的资金。

五是数字货币陷阱。比特币的暴涨让人们对数字货币充满幻想，但实际上，真正有应用价值的、基于区块链技术的数字货币只是极少数，大多数数字货币是毫无实际应用价值的庞氏骗局。如某数字货币M宣称让投资者有机会参与电影投资，共享票房收益。在一系列宣传的诱导下，成功募资50亿元，但几个月之内价格已经归零，官网也打不开了，所谓的电影投资都是虚构的。

六是消费返利骗局。消费返利原本是一项常见的促销手段，如今却经常被包装成投资骗局。比如被央视曝光的人人公益，号称消费者、平台、商家三方共赢，消费者每在平台上消费100元会有99元分期返还，平台将剩余1元用作公益，商家把消费额的固定比例交给平台也可分期返利。实际上，平台的返利并不是现金而是一种虚拟币爱心豆，真正取现的时候非常复杂，时间很慢，到最后根本取不出来。

这些不靠谱的投资品都有几个共性：

第一，一般承诺固定收益。不管这些不靠谱的投资品具体形式如何，销售人员在向投资者推销的过程中一般会强调不会亏损，保证固定收益。但这只是理想化的，安全性和收益率是无法兼顾的，有收益必定有风险。

第二，收益率一般偏高。越不靠谱的投资品收益越是高得惊人，以中晋为例，号称有10%~25%甚至40%的高收益，远超过市场平均收益率。有一个简单的判断标准：承诺超过10%收益的短期产品基本上是骗局。

第三，底层资产不清晰。任何一种金融产品，不管包装得多复杂，也一定有一个底层的实体资产，否则这个产品就是无源之水。底层资产不清楚，一定是基础薄弱，上层产品随时都会坍塌。

第四，初期回报还不错。大部分骗局的背后是借新还旧、庞氏融资，这意味着初期必须让资金先滚动起来，要让初期投资者尝到甜头，让他们去宣传，去拉新人进来。等到进来的人越来越多的时候，再卷款跑路，这对集资方是最有利的。

普通投资者常犯的五大错误

投资之难在于市场瞬息万变，“看不见的手”左右摇摆，充满不确定性。即便是最牛的投资大师，也承认市场永远是不可能准确预测的，我们只能尽力接近市场的真相。股市上的“721 法则”就是一个很好的写照，无论牛市还是熊市，能够盈利的只有可怜的 10%，而且这 10% 的人经常轮换，大部分普通投资者都是亏损的。这主要是因为与专业投资者相比，普通投资者在投资过程中不可避免地受到人性的干扰，经常会犯一些思维上的错误，最常见的是以下几种：

第一，过度交易。过度交易是指无视客观的收益和风险，过度频繁地买入卖出的行为。通俗点说，就是管不住手。大部分普通投资者喜欢过度交易，根源是存在投机思想，根本没有形成价值投资理念，只想博取短线价差收益。市场一旦出现短期波动，他们就会频繁操作，快进快出。过度交易有的危害非常明显，一方面，频繁交易需要在短时间内做出决策，会使投资者神经高度紧张，稍有不慎就会做出错误的决定，追涨杀跌，等到结果不理想时就更加紧张，容易一错再错，陷入“非理性”的恶性循环中不能自拔。另一方面，高频次的交易需要支付高昂的交易费用，影响投资收益。

美国曾有一项研究，综合 1926 年到 1999 年的股票市场状况，对比两种策略的收益：一种策略是买入一直持有，另一种策略是用最好的分析师来进行择时交易。结果显示，择时仅能够在 1/3 的时间中打败一直持有策略，说明哪怕是最专业的分析师过度操作也是很难跑赢市场的。原因很简单，股市持续上涨是极个别现象，盘整和波动才是市场常态。频繁交易往往会错过最好的时机，这也是普通投资者时常感觉一买就跌、一卖就涨的主要原因。即使少数人过度交易能够打败市场，也只是运气好而已。

第二，惯性思维。投资就像是相亲，得看得顺眼、认可其价值才会选择投进去，在这个过程中，投资者很容易受到第一印象也就是所谓的“基准锚”的影响，从而不能准确地判断未来的发展趋势，错失一些潜在的新机会。腾讯就是一个很好的例子。腾讯当年刚在港股上市的时候，还远没有今天这么赚钱，很多人大呼“看不懂”：这个以企鹅为吉祥物的科技公司真的有赢利模式吗？国际上似乎没有对标公司、没有成功经验。一直到 2012 年、2013 年，还有很多人质疑：腾讯的涨势是可以持续的吗？QQ（腾讯公司的即时聊天软件）已经在走下坡路，腾讯还能再创奇迹吗？结果给了质疑者一个响亮的耳光。伴随着移动互联网的普及，腾讯推出的社交应用微信和娱乐应用《王者荣耀》已经家喻户晓，越来越多的人想买腾讯的股票，却已是一股难求。机会永远只留给洞察先机的人。一旦你能先人一步看清大势，市场的回报是丰厚的。腾讯在港股上市时的价格是 3.7 元，现在，腾讯的股价已经超过 400 元。即便在 2014 年 6 月，腾讯的股价也不过 100 多元，如果看清了移动互联网的大趋势，看清了微信红包、《王者荣耀》背后的创新能力，依然可以从中分一杯羹。

第三，损失厌恶。普通投资者往往因为厌恶眼前的损失而导致未来更大的损失。

有一个行为经济学的概念叫作“前景理论”：同样是 10 元，赢回 10 元获得的正面情绪和损失 10 元感受到的负面情绪相比，总是负面情绪强过正面情绪，这也解释了人们为什么不愿意承担风险。人们之所以不愿意承担风险，并不是出于理性的决策，而是在短期上的心理因素。也就是说，他们根本没有理性地思考这样做是否值得，是否能够获得长期回报。

假设你手中有两只股票，一只涨了 10 元，另一只跌了 10 元。现在你急着用钱，必须卖掉一只，那么你会卖掉哪一只？调查显示，大多数人会选择卖掉上涨的股票。因为股票上涨是收益，不赚白不赚，一定要先落袋为安，却没有考虑它继续上涨的可能性。而股票下跌是损失，面临损失是大多数人不可接受的，总希望它能涨回来避免损失，如果卖掉就感觉损失永远不可挽回了。事实上正确的操作应该是卖掉跌的股票，及时止损，不然损失越来越大的概率要更高。假设投资者投资某股票 10 万元，股价跌去 20%，剩余 8 万元，这意味着股价需要再上涨 25% 才能挽回损失。在亏损 20% 的节点上没有止损的话，一旦继续下跌到只剩 5 万元本金时，需要股价上涨 100% 才能挽回损失，概率会变得更低。

第四，缺乏组合。翻开任何一本经典的投资学教材，都可以看到马科维茨的投资组合理论。所谓投资组合，就是把不同收益和风险的资产组合在一起，达到风险最小化、收益最大化的目标，通俗点说，就是“把鸡蛋放在不同的篮子里”。但遗憾的是，大部分普通投资者总是习惯于“把所有鸡蛋放在一个篮子里”，在现在这个财富巨变的时代，单一的篮子已经不可能把你的鸡蛋装好，必须学会资产的多元化配置。

构建合理的资产配置组合，能够有效降低风险，提高长期投资的收益率。不同的资产组合在一起绝不是简单的物理反应，而是有效的化学反应。就像一杯咖啡，光有咖啡豆是不行的，还要学会加糖、牛奶，既可以压住咖啡的苦味，又可以保留咖啡的醇香，这就是所谓的对冲思维，也是华尔街机构投资者最核心的能力。当然，中国目前的对冲工具还比较有限，无法做到完全对冲，但我们依然可以通过组合配置来降低资产的单一风险敞口，避免系统性崩盘的风险。

第五，盲目从众。独立思考难，独立的逆向思考更难。人们在投资中很容易受到其他投资者行为的影响，一旦市场出现什么一致行动，就不假思索地一哄而上，导致踩踏事件，也就是行为金融学里常说的羊群效应。羊群效应的结果一般就是集体阵亡，因为一旦大家蜂拥而上，资产价格就会在极短的时间内透支掉所有的涨幅，导致你一进去就买在高点。巴菲特的启蒙老师本杰明·格雷厄姆曾说过“牛市是普通投资者亏损的主要原因”，说的就是这个道理，越是在牛市的时候，普通投资者越经受不住市场大势的诱惑，盲目追涨，最后被套牢。当年48 块钱的中石油就是这样套牢了一批投资者。

投资是一场持久战，俗话说“知己知彼，百战不殆”，所以在上战场之前，我们要先了解自己的不足。总的来说，过度交易、惯性思维、损失厌恶、缺乏组合、盲目从众是普通投资者最常犯的错误。

机构投资者是如何控制风险的

投资的本质是什么？就是收益最大化，风险最小化。要么在收益固定的情况下把风险降低到最低程度，要么在风险一定的情况下最大限度获取收益。在一个理想的世界里，投资者可以通过一系列精确的计算，来做出一个最优的投资组合，这就是著名金融学家马科维茨在1952年提出的投资组合理论。

这个理论的核心就是经典的资本资产定价模型，一般我们叫CAPM模型。这个模型将一个资产的收益率划分为两部分，一部分是无风险收益率，另一部分是对承担风险的溢价补偿。无风险收益率是市场给定的共同条件，也就是说要想获得超额回报只有一种方式，就是通过承担更多的风险获得更多的风险溢价。

作为现代金融学的起点，投资组合理论长期主宰着华尔街最聪明的头脑，但2008年的金融危机让这种理论的缺陷暴露无遗。大量金融机构遭遇巨额亏损，老百姓的养老金、社保金、理财资金很多都打了水漂。建立在精密计算之上的金融大厦轰然崩塌，也让投资界开始反思，仅仅依靠一些教条的数学理论来控制风险是行不通的，关键是建立一套理论与实践相结合的风控理念，从历次危机总结的经验来看，这种理念包括五个核心要素：

第一是控制投资范围。就像我们之前反复强调的，选择比努力更重要，如果你一开始选的投资范围就是错的，那么再努力也没用。机构经过长期的实践检验，已经建立了一套适合自己的投资纪律，第一条就是严格限制投资的范围，有些资产是绝对不能碰的。

这并不是说这类资产完全没有投资价值，而是和机构的投资目标不匹配。比如银行一般不能直接投资二级市场的股票，因为它们手里的钱大多是以固定收益或类固定收益从老百姓手中借来的，经受不起二级市场的波动，尤其是向下的波动。它们一般也不会投 AA 等级以下的债券，因为不管这种债券的利息有多高，如果最后违约连本金都收不回来，这种损失是银行绝对无法承受的，严重时甚至会导致银行倒闭。

当然，大部分时候机构不会完全拒绝一类资产，而是对一些高风险资产的投资比例做出严格限制。比如根据人社部的要求，企业年金投资权益类资产的比例不能超过 30%。

对个人投资者来说也是一样，不能看到什么热门就投什么，要从自己的实际资金状况出发，考虑清楚什么情况是自己绝对无法接受的，然后再去选择风险收益比适合自己的资产。

第二是控制头寸。如果金融机构购入某一类资产，就拥有了这类资产的长头寸或者叫多头寸。如果卖出某一类资产，并约定在未来某个时点交割，就拥有了短头寸或者叫空头寸。有的人也把头寸叫作敞口，反映了对风险的暴露程度。

前面说了要合理选择投资的范围，而选中投资范围之后，紧接着需要考虑的就是每一类资产买多少卖多少，也就是保持多少头寸。控制头寸的目标就是通过合理搭配各类资产的头寸，降低对风险尤其是单一风险的暴露程度。即便市场出现重大风险，投资也能东方不亮西方亮，避免遭受毁灭性打击。

控制头寸的方法有很多，最重要的一点是设置止损线和止盈线。如果看对了趋势、做得顺手，可以在保护既得利润的基础上适当增加头寸，但超过止盈线之后意味着风险越来越大，即便后面还有空间，也要果断兑现收益，落袋为安。而如果看错了趋势，在逆市和亏损的情况下，一定要谨慎增加头寸，甚至不追加，以免越陷越深，逆市带来的心理压力是很大的，投资者很容易一错再错，雪上加霜。

还有一点很重要，就是避免在单一资产上孤注一掷，不要在一棵树上吊死。机构投资者通常会对单一资产的投资比例做出严格限制，比如保险公司投资单只股票占公司总资产比例不能超过5%，商业银行理财资金投资于单只股票的资金，不得超过单个理财产品总资产净值的5%。

第三是控制杠杆。杠杆本来是一个物理概念，字面意义上，杠杆的作用就是放大力量，就像阿基米德说的，“给我一个支点，我可以撬动地球”。在金融界，杠杆就是以一定的资本金来撬动成倍的负债，最后取得数倍数额的融资，来支撑更多的投资需求。

举个简单的例子，假设你有40万，有房子售价40万，你预期这个房子一年之后涨到60万，如果不加杠杆，用40万全款买房，那么你可以买一套，一年之后的收益是50%，但如果你再借40万，也就是加一倍杠杆，你就可以买两套房，一年之后获得120万，假设借款的利息是5%，偿还掉2万的利息和40万的本金，你还可以获得78万，收益率提升到接近100%。

当你看对趋势的时候，杠杆的作用不是简单的加号，而是乘号。但天下没有免费的午餐，当你看错趋势的时候，杠杆的作用也不是简单的减号，而是除号。就像刚才的例子，如果房价跌到 20 万，不加杠杆的情况下你损失 20 万，加杠杆的情况下你要损失 42 万，不仅本金亏完，还会欠 2 万的债。

一切的金融危机都是因为杠杆控制不当，比如 2008 年金融危机的时候，很多华尔街大投行的杠杆超过 30 倍，2015 年股灾的时候，很多场外配资的杠杆也是高得惊人。千万不要被加杠杆的收益所迷惑，其背后的风险也是致命的。

第四是控制仓位。不能把鸡蛋放在一个篮子里说的是鸡蛋应该怎么放，但在这之前其实还有一个问题，到底我们该拿出多少鸡蛋。从机构投资者的经验来看，有两点基本逻辑：一是不需要把所有的鸡蛋都放到篮子里，绝对不要满仓，留一定的流动性资金来应对风险。二是也不能把鸡蛋都留在自己手里，绝对不要空仓，很多人说这钱是我自己的，没有成本，这是典型的散户思维。只要是资金，永远是有成本的，即便是你自己的钱，不去投资就相当于放弃了一个赚钱的机会，这种机会成本也是损失。

第五是控制流动性。任何投资只有最后能够变现才是真正的收益，否则就全部是浮盈浮亏。就像比特币一样，确实看上去从几美分涨到了 2 万美元，但实际上在 2 万美元这个价格上根本卖不出去，一旦卖的人多了，价格马上就被打回原形。

总的来说，机构投资者控制风险有 5 个要素，分别是控制好投资范围、头寸、杠杆、仓位、流动性。个人投资者也可以用这样的方法来管理好自己的风险，尤其是在这个财富巨变的时代，要想获取财富首先得学会保卫财富。

Part 2

人人可买的基础大众投资：股票、基金与固定收益产品

股票篇

基础认知

股票为什么值得你长期投资？

股票是一种让人又爱又恨的资产。爱的人说股票长期收益率最高，恨的人说股票亏得最惨。股票到底是一种怎样的资产？沃顿商学院杰里米·西格尔教授的经典畅销书《股市长线法宝》里有一个小案例。

假设1802年，三个美国人手里各有1美元，但是，他们基于各自的风险偏好做出了完全不同的投资决定：第一个人害怕风险，购买黄金作为保障；第二个人愿意承担一定风险，买了风险相对较小的债券；第三个人最敢于冒险，买了风险较大的股票。如果长期持有，原来同样的1美元，到了2006年，价值分别是多少呢？

扣除通胀影响后，1美元的黄金价值1.95美元，1美元的债券价值1 083美元，1美元的股票价值75.52万美元。同样的本金，只因为选择投资标的不同，最终的结果有天壤之别。当然，最令人悲伤的是拿着1美元如果不做任何投资，1802年的1美元现金，到2006年的真实购买力只有0.06美元，贬值了99.4%，所剩无几。

这个故事告诉我们两个道理：一是投资是非常必要的，即使只是简单为了应对通胀；二是长期来看，股票的收益是最高的，是追求长期收益投资者的最佳选择，没有之一。

纵观全球各个国家的历史，股票的长期收益率确实远远超过其他资产。它不仅跑赢了国库券和债券等金融资产，还超过了房地产、艺术收藏品等非金融资产。瑞士信贷研究院与伦敦商学院合作进行了一项研究，对全球 23 个国家和 3 个不同地区、不同类型投资品的表现进行了综合评估，结果发现：从 1900 年到 2017 年，发达国家股市年回报率为 8.4%，新兴国家的年回报率为 7.4%，全球股市的收益率比国库券和债券分别高出 4.3% 和 3.2%；全球房地产实际回报率仅为 1.3%，艺术收藏品年均回报率为 2.9%，债券、房地产、艺术收藏品的回报率均不及股票。

如果从个股来看，其中一些优质股票的收益率更是高得惊人。不用说苹果、微软的例子，中国的好股票也出现了很多十倍股、百倍股甚至千倍股。比如腾讯从 2004 年港股上市到现在，复权后的股价涨了 700 多倍。又比如 A 股市场上的贵州茅台，2001 年 A 股上市发行价 31.39 元，现在复权价已超过 5 000 元，涨了 100 多倍。

当然，长期投资不仅要考虑收益率，还要考虑资产的基础特性和风险，以此来衡量投资的性价比。而股票在这些方面也有着明显的优势，投资的性价比非常之高：

一是准入门槛低。股票市场资金准入门槛较低，非常亲民。只要是成年人都可以进行股票投资操作，对本金也没有特别高的要求，只需要买够 100 股即可，最低几百元就可以参与。而房地产、私募基金等资产投资的门槛是比较高的，没有大量资金是参与不了的。

二是选择范围广。现在光 A 股就有 3 000 多只股票，涵盖各种投资主题和多个行业，既有新兴企业又有传统企业，既有政策主题又有技术主题，既有成熟企业又有初创企业，标的丰富而有趣，能够满足不同投资者的投资偏好。

三是流动性高。我国股票市场采用 T+1 制度，当天买入的股票，次日如果是交易日即可卖出。而且股票市场是一个规模庞大的标准化市场，市场交易活跃，流动性非常好，赢利后能够及时变现，也能及时止损。不像房地产、文物等非标准化资产，交易需要漫长的询价、成交和过户等程序。

四是规范性强。为什么第一个介绍股票？因为股票市场是最流行、最成熟、最公开的市场，比任何一个市场都要规范。尽管中国 A 股市场还有很多制度上的不足，但经过 20 多年的发展，也已经比其他市场规范得多了。

五是透明度高。证监会明确要求上市公司及时进行信息披露，尤其是一些重大的经营和投资变动，投资者可以及时了解上市公司的真实情况。不像一些 P2P 平台融资方信息都未公布，资金流向更是无从知晓。

六是尾部风险小。股票投资有一定的风险，但尾部风险小。股票投资一方面不会有 P2P 那样的低等骗局，公开透明；另一方面本身不带杠杆，只要不通过非法渠道加杠杆炒股，一般不会像炒期货那样血本无归。

七是底层资产优质。我国 IPO 采用核准制，我们所看到的上市公司已经经过了投行、律师、会计师和证监会的层层把关审核，是中国最优质的企业，有安全边际。而像 e 租宝等野生平台，90% 的底层资产都是虚构的，即便有，质量也不高。

股票投资有这么多优点，为什么大部分投资者，尤其是 A 股投资者会对股票嗤之以鼻，产生这么大的误解呢？这其实不是股票的错，主要是投资者打开的方式不对。从数据上看，机构投资股票的收益率还是很不错的，吃亏的主要是散户。他们错误的投资方法，导致股票没有充分发挥其价值。

一是投资理念不正确。与机构的价值投资理念相悖，散户倾向于投机追泡沫，基本上不进行基本面和技术分析，多是依赖政策和信息，热衷于听信小道消息进行投资决策，缺乏独立思考，这样没有依据的投资注定是输多赢少。

二是操作方式不成熟。短线频繁操作、过度交易是散户进行股票投资最为常见的问题。许多散户追涨杀跌乐此不疲，追涨套在了山顶上，割肉割在地板上，不仅没能取得预期的收益，还牺牲了原有股票的上涨空间，同时浪费了手续费，这样的操作方式即使在牛市也很难挣到钱。

三是投资纪律太散漫。投资是一件很神圣的事情，不仅要选择好投资标的，还需要把握好时机，所以在做股票投资时一定要有严格的纪律和原则。但是许多散户根本毫无纪律，甚至连股市的基本常识都不懂，不会顺势而为，更不会逆势思考，不看时机全仓买入，买卖全看心情，这样的投资怎么可能成功呢？

总的来说，股市是经济的晴雨表，从长期来看，中国经济一定是向前发展的，股票作为分享经济增长红利的投资渠道，一定会跑赢其他资产。再加上股票有流动性好、尾部风险小、规范透明等优势，的确是最值得长期投资的资产。

决定股价的业绩因素：一个公司的业绩是由什么决定的?

股票本质上是一种权益凭证，是一种虚拟资本。市场之所以认可股票的价值，是因为持有股票代表拥有一定的权益，既能够参与股东大会对公司经营决策产生影响，又能分享公司的分红与派息。当然，普通投资者由于持有的份额有限，参与经营决策的话语权不大，更关心购买股票后能够从中获得的投资收益。这种投资收益短期来看是股价上涨的资本利得，长期来看是股票的利润分红，这都与公司的经营业绩息息相关。

从这种逻辑出发，我们衍生出了一套基于公司盈利的股票定价理论。股票定价是一个复杂的过程，总的来说需要从过去预测未来的股利分配，再从未来计算现在，对未来现金流进行贴现。现在最常用的定价模型是股利贴现模型，也就是常说的 DDM 模型，这是一种绝对估值方法，长期来看，分红是投资者唯一的现金流，股票的内在价值等于未来预计发放股利的现值之和。根据股利发放的方式不同，股利贴现模型又分为零增长模型、不变增长模型和多元增长模型三种。

举个例子辅助说明，第一种情况，假设上市公司 A 的分红永久保持不变，则采用零增长模型，股票 a 的价值等于分红除以折现率，即固定的分红对应折现的现值；第二种情况，假设上市公司 B 的分红每年保持固定增长率，则采用不变增长模型，计算股票b的价值时，分子是第一期分红，分母是贴现率与分红年增长率的差值，实际上零增长模型是不变增长模型的一个特例，分红年增长率为0的情形；第三种情况，假设上市公司C的分红在某一时点之后的增长率为一常数，但在此之前增长率是可变的，则采用多元增长模型，分成两阶段进行计算，先对前面无规则部分直接进行贴现，再按照不变增长模型对后面部分进行贴现，两部分相加即可得到股票c的价值。

股利贴现模型虽然经典，但有一个致命的缺点，那就是要求公司最好持续有分红，可是很多股票不能满足这一要求，如近年来虽然管理层通过政策不断鼓励上市公司进行分红以回馈投资者，仍有316家公司连续5年未分红，它们要么经营亏损无力分红，要么利润已做他用，不足以分红。这时就需要使用另一种最为重要的市盈率（P/E）估价方法，这是一种相对估值方法，通过估计股票的市盈率和每股收益，间接计算出股票价格，这里我们主要关注决定股价的业绩因素——每股收益（EPS）。

每股收益是一个核心的利润指标，由上市公司当期税后净利润，扣除优先股股息后所剩余额，除以当期在外流通的普通股加权平均数量得到。这个其实很简单，可以理解为总的净利润除以总股数，就是每股对应的净利润。每股收益是发放分红股息和普通股升值的基础。每股收益可在上市公司的季度报告和年度报告中直接查询，一般在利润表的下方，还可通过Wind等数据软件的个股财务分析来查询。

接下来，分析一下每股收益的影响因素。把前面的计算公式拆借一下，你会发现净利润是每股收益的决定性因素，净利润是什么？净利润大体等于收入减去成本、费用和税收，还有一些其他收支因素。

第一个要素是营业收入。营业收入即企业从事生产经营活动所取得的收入，这取决于两个方面：一是宏观经济环境，如果经济复苏，企业的蛋糕变大，就有助于提升利润，比如2005—2007年经济两位数增长，很多企业的盈利都保持了两位数增长。二是中观行业格局变化。即便蛋糕不变大，一个企业依然可以通过竞争从中多分一部分，比如格力就是典型的例子，前几年家电市场并不景气，但格力品牌做得好，逆势获得了更大市场份额，股价照样疯涨。

第二个要素是营业成本。与营业收入相对，营业成本是企业从事生产经营活动所产生的成本，包括人工、水电、材料物料、折旧等。成本主要取决于两个方面：一是内部的经营管理，如果管理得好，一个人可以发挥两个人的作用，成本自然就低，企业利润就高。企业管理受到管理层的直接影响，所以管理层的更换通常会对股价产生显著影响。二是外部的成本环境，典型的就是2015年以来的原材料涨价，侵蚀了很多企业的利润，

第三个要素是费用。费用包括财务费用、管理费用、销售费用等，财务费用是与资金相关的费用，与利率水平关联度高，受利率政策、监管政策和信用环境影响，比如，降息能降低企业融资成本，所以股市会涨。管理费用主要是管理人员工资，销售费用是支持销售活动而产生的费用，管理费用和销售费用主要取决于企业的经营管理水平。

第四个要素是税费。税费包括税金及附加和所得税费用，与对应税收政策规定的税率直接挂钩。近几年国家一直在减税，对很多企业利润和股价是有提振的。

第五个要素是损益变动、营业外收支等其他项。这部分与企业主营业务不直接挂钩，属于非经常性因素，通常影响不大。但最近几年很多上市公司在主营业务之外开展了很多金融投资活动，因此也需要密切关注。

通过以上因素基本可以预测每股收益的趋势，得到了每股收益的数据后，有 4 种最简单的方法可以加以应用：

一是找绩优股，享受高盈利。对每股收益进行排序，越高的越有股息分红和股价上涨潜力。比如 2017 年已公布年报的 A 股上市公司中，贵州茅台每股收益最高，高达 21.56 元，贵州茅台股价在 2017 年连破 400 元、500 元、600 元和 700 元多个关口，涨幅超过 100%。

二是找垃圾股，规避风险。与绩优股相对应，垃圾股是指每股收益较低、业绩较差的股票。比如 2017 年已公布年报的 A 股上市公司中，乐视网每股收益倒数第三，为 –2.91 元，连续十几个跌停也是有因可循。

三是找龙头股，抢先机。看好一个行业肯定是买龙头，一般龙头企业的每股收益较高，近两年房地产行业每股收益排名前三的依次是华夏幸福、新城控股和万科，2018 年股市一片大跌，房地产板块整体跌幅近 25%，而这三者最高也就跌了 16%，呈现明显抗跌性。2017 年股市表现较好时，全年更是有 60% 以上的涨幅。

四是找成长股。纵向比较，如果每股收益持续增长，则该股票正处于成长阶段，未来前景可期。比如，2017 年是成长股表现较好的年份，海康威视全年净利润同比增长 27%，每股收益从 0.27 元涨到 1.03 元，全年股票涨幅超过 150%。

总的来说，每股收益是业绩的核心指标，而业绩是股价的内在基础。它能够帮助我们对上市公司有一个基础的认识，当然，每股收益也不是万能的，它代表的只是一段时间的每股收益情况，相对静止，任何一个指标都需要结合其他指标全面考量。

决定股价的估值因素：如何评估公司的市盈率

股价等于每股收益乘以市盈率，每股收益是业绩因素，市盈率是估值因素。股价和每股收益都是绝对值，而市盈率是一个比值。直观来说，市盈率就是股价与每股收益的比值，反映的是投资者为了获得公司每股收益愿意支付的溢价，或者说估值。市盈率高，既可以反映市场对这只股票未来的收益预期很高，又可以反映投资这只股票收回成本的周期比较长，反过来也是这样。

可见，市盈率是基于每股收益计算的，但是每股收益往往只有季度值和年度值，是一个相对的慢变量。因此为了及时跟踪市盈率，市场有三种主流的计算方式，第一种叫静态市盈率，是拿股票的总市值除以最近一年的年度净利润；第二种叫动态市盈率，是总市值除以最新一个季度利润的 4 倍，或者总市值除以最近半年利润的 2 倍；第三种叫滚动市盈率（TTM），第一个 T 代表滚动，第二个 T 代表 12，M 代表月，TTM 就是“滚动 12 个月”。这种市盈率的计算方式是总市值除以最近 12 个月的净利润。

不难看出，滚动市盈率相对来说最为科学，因此也是最常用的市盈率计算方式，如果要看一个公司的估值贵不贵，看这个指标就可以了。

股利贴现模型（DDM 模型），这种模型的假设是股票的现值，也就是现在的价格应当是未来股息的贴现值。换句话说，现在的价格由贴现率决定，而贴现率是预期收益率的倒数值，而预期收益率等于无风险利率加上风险溢价。进一步分拆，可以把市盈率的影响因素总结为四点：

第一个因素是无风险利率。无风险利率是投资者投资股票的机会成本，是投资者期望的最低报酬率，也是资产定价的基准。如果投资者在股票市场取得的收益低于无风险利率，那么他很有可能会选择储蓄或者其他投资方式获得高于此种利率的回报。投资者一般可以通过国债到期收益率来观察真实的无风险利率。无风险利率也受到很多因素影响。

短期来看，无风险利率受到货币政策和监管政策的双重影响。比如从 2014 年开始，以国债收益率为代表的无风险利率持续大幅下行，直接催生了 2015 年的股票大牛市。其背后的原因就是央行从 2014 年开始货币政策转向宽松，先是定向降准，然后又多次降准降息，10 年期国债下行近 200 个基点（bp），说明资金面极度宽松，由此大幅提升了股市的估值中枢，所以很多人称之为“水牛”。

中期来看，无风险利率取决于经济基本面。简单来说，经济好的时候利率会上行，经济差的时候利率会下行。比如刚才提到的 2014 年的例子，当时的利率下行除了央行的降准降息之外，还有一个关键原因，就是经济从 2014 年初开始一路下行，破了 7%，经济活动不活跃，资金的需求就少了，利率自然会下行，所以我们也叫它衰退型宽松。

长期来看，无风险利率取决于人口。人口结构决定储蓄率水平，人口老龄化会导致储蓄率下降，利率随之下行。以日本为例，日本在泡沫经济破灭后，进入了长达20多年的通货紧缩，关键原因就是人口老龄化，导致总需求不振，储蓄率下降，投资萎靡，经济基本面长期停滞。

第二个因素是风险偏好。风险偏好其实反映的就是市场情绪和预期，受到很多因素的影响。最重要的是内部的政策因素和外部的国际环境。政策方面，一些重大的政策会对市场预期产生极大的影响。比如2014年“大老虎”落马事件，体现了中央史无前例的改革决心，当时极大地鼓舞了市场，提振了大家对于未来改革的信心，为股票牛市点了最初的一把火。除此之外，十八届三中全会、十九大等重要会议，雄安新区等重大战略，都会改变市场对未来的预期，间接影响市场的估值水平。

国际方面就更复杂了，世界每天都有重大事件发生。有两类事件需要特别关注：一类是政治事件，比如英国脱欧，又比如2018年趋紧的中美贸易关系，2018年3月23日特朗普宣布600亿美元关税那天，美国三大股指集体暴跌，跌幅都超过2.4%，A股也受到波及，创业板跌幅达到1.46%。另一类是央行动态，尤其是美联储和欧央行，我在机构做研究的时候，经常熬夜去等美联储的决议，因为这个实在太重要了。美联储主席的一句话就可能改变全球市场的趋势，一次利率变动更是可以改变全球市场的走向。

第三个因素是公司的成长性，这一点一般与行业和公司的潜力挂钩。同样的利率和风险环境下，为什么不同行业、不同公司的估值是不一样的？因为市场对它们的预期不一样。对于一些传统行业及公司，它们的盈利可能现在还不错，但未来几乎确定要下降，所以市场只愿意给它一个低估值。而对于一些正在崛起的新兴朝阳行业及公司，虽然它们现在盈利低，但市场相信它们未来的盈利会持续增长，愿意给高估值，只要未来盈利起来了，估值就会回归到合理区间。举个简单的例子，阿里上市的时候都是亏损的，严格来讲都没法计算估值，但没有人会嫌它估值高，因为它的盈利前景摆在那。

从最近几个季度的市场情况来看，A 股平均市盈率在 17~20 倍这个区间上下浮动，而创业板的平均市盈率则在 45~50 倍左右，市盈率大概是 A 股整体的 2~3 倍，也就是说创业板的估值水平大幅高于主板。主要原因就是两个市场的行业分布不同，主板主要是银行、地产、重工业等传统产业，而创业板主要是科技、通信、娱乐等新兴产业。

第四个因素是市场结构。不同市场的投资主体和基础制度不同，所以形成的估值水平也不一样。最典型的例子就是 A 股和 H 股（国企股，指注册地在内地，上市地在香港的外资股）的估值差异，很多公司是在内地和香港 A+H 股同时上市，但同一个公司在两个市场的股价和估值是不一样的。有一个指标叫“AH 股溢价指数”，就是反映两地相同上市公司的差价，过去 10 年 AH 股溢价指数均值在 110~120 之间，也就是 A 股在大多数时间都相对港股有一定溢价，主要就是因为两地投资者结构、市场制度不同。但在沪港通后，投资者结构越来越接近，这种差价也越来越小了。

这些因素共同决定了 A 股的估值水平，那么目前 A 股的估值处于什么位置呢？我认为还是不贵的。2007 年以前，上证指数市盈率主要处在 20~30 倍区间。在 2007 年牛市时，上证指数的市盈率达到了最高点 70.7 倍。2015 年牛市最高点是 25 倍，目前的市盈率主要在 17~20

倍左右，相当于2005—2006年的市盈率水平，算是处在历史低位，与标普500的18.5倍接近。从中小板和创业板来看，市盈率处于中等水平。2015年牛市创业板市盈率高点突破130倍，2017年低点一度接近35倍，现在大概在40~50倍之间，高于同类型的美国纳斯达克市场，相对合理。

总的来说，市盈率受到无风险利率、风险溢价、公司的成长性和市场结构的影响，从这些角度出发，我们可以理解目前A股估值水平的变化。总体上看，泡沫已经消化了不少，现在的股票市场估值相对合理。

趋势投资法：如何根据经济形势买股票？

经济形势好的时候应该买哪几类股票

股票市场包含很多行业、很多类型的股票，即使在同一经济周期下，不同上市公司的表现也是千差万别，甚至会出现完全相反的走势。因此，在进行股票投资时，我们需要先判断经济处于什么样的大周期和小周期，然后再寻找对应周期下股票的投资思路。我们先主要介绍一下经济形势好的时候选什么股票，接下来再讲经济形势不好的时候如何选择。

先来分析一下如何判断经济形势好。一般来讲，我们可以通过经济增长和通货膨胀这两个核心指标，将经济周期分为复苏、过热、滞胀和衰退四个阶段。其中经济形势好的时候经济持续增长，包括复苏和过热两种不同的情况，不同的是复苏表现为经济持续上行、通胀下行或保持温和，过热则是经济上行，同时通胀上行或居高不下。

经济形势好的第一种表现是经济复苏，这个阶段的核心特征是GDP 指标上行，实际产出增加，同时物价指数 CPI 保持低位，企业盈利改善，股票能够切实分享企业盈利增长的红利，所以从大类资产的角度来看，股票是复苏期最值得投资的资产类别。但经济复苏又可细分为几个阶段，在不同阶段要投资不同板块的股票，有明显的轮动特征。

经济复苏前期对应的是经济萧条的末期，这个阶段应该重点关注金融股。首先，这一阶段货币政策较为宽松，资金成本相对低廉，有利于降低金融业的负债成本。其次，复苏期经济活跃，企业融资扩张的意愿比较强，而且回报也比较好，这会直接加快金融业的资产扩张，扩大金融业的营收，同时由于复苏期的企业盈利改善，金融业揽进来的资产质量和收益率也会提升。最后，经济活跃的时候股票发行、并购等金融活动增加，有利于增加金融机构的资本中介收入。复苏初期典型的就是 2015 年，央行五次降准降息，资金面相对充裕，银行、证券、保险等金融股崛起，拉开了 2015 年股票牛市的序幕。

经济复苏中期一般体现为 GDP 增速继续回升，PPI 开始回升，CPI 依然保持在低位。这个阶段市场会逐渐向周期股切换。一个最简单的方法，就是确认 PPI 指标开始进入上行通道的时候，就优选周期股，因为 PPI 触底回升意味着经济中的产能出现缺口，产能有扩张趋势，尤其是钢铁、有色金属、能源等周期性行业。它们一方面受益于经济需求回暖带来的产能扩张，另一方面受益于产能缺口带来的产品价格回升，量和价同时改善，肯定会带来企业利润率的改善。

周期股还可以再分成三类：一是和房地产相关的建筑、建材行业；二是和基建直接相关的有色金属、钢铁；三是和制造业相关的重型机械、工业机械、工业制成品，如汽车、挖掘机等。从逻辑上讲，经济复苏一般是从房地产开始，因为政策宽松主要体现为货币政策和房地产政策宽松，房地产对这些宽松政策最为敏感。房地产的政策宽松会改善地方政府的财政和土地出让金收入，地方政府有了钱，自然可以做更多的基建投资。房地产和基建投资又会进一步带动制造业的需求，典型的就是挖掘机，过去两年挖掘机卖得好的原因就是房地产和基建的拉动。

2016 年算是复苏的中期，2016 年第三季度 GDP 增速触及 6.7% 的低点，之后开始回升，PPI 指数也结束了 54 个月的连续负增长，这都是经济复苏正式启动的明确信号。随后市场表现也印证了这个逻辑，建筑建材等周期板块先开始上涨，随后钢铁板块持续上涨，最后是机械等制造业相关板块上涨。

当 PPI 指标回升乏力而且 CPI 也还保持温和的时候，经济复苏就进入后期，这个阶段具有成长性的科技股会表现更好。这是因为 PPI 增长乏力，周期性行业缺乏动能，而经济保持上行，通胀又没有风险，整个市场的风险偏好会提升，一些新技术也会涌现出来，最受欢迎的科技股就是 TMT，即科技、媒体和电信三个板块。比如 2017 年 3 月后 GDP 增速继续平稳回升，PPI 同比增速已经开始从 2017 年 3 月的 7.6% 见顶回落，但 CPI 依然非常温和，所以成长股表现很好，比如电子板块在 2017 年 3 月到 11 月上涨了 28%，龙头股“京东方”在此期间上涨了 218%。

经济复苏的后期阶段，经济增速相对平稳，CPI 有回升的趋势，投资风格会逐渐转向消费股。逻辑很简单，一方面消费需求会随着收入的提升而回暖，另一方面，基本消费需求对价格不敏感，温和通胀有助于提升消费品企业的利润空间，比如食品饮料、白酒、服装、汽车、家电、医药、旅游等。所以 2017 年尤其是后半年，食品饮料板块和家电板块都表现很好，全年涨幅分别高达 67% 和 64%，其中的龙头贵州茅台和美的集团涨幅均在一倍以上，这就是典型的复苏后期买消费的逻辑。

但当经济增长还在上行，PPI 高位徘徊，CPI 明显上行，出现通胀风险的时候，经济就进入了一个新阶段：过热。这个阶段看上去经济很热闹，但实际上企业已经开始难受了。这主要是因为 PPI 推高了企业的成本，尤其是对一些工业企业来说，原材料价格大幅上涨必然会侵蚀企业利润。此外，随着 CPI 的上行，整个金融体系的利率水平也会明显上升，如果 CPI 引起了央行的担忧，央行还会从宽松政策转向收紧政策，提升利率水平，控制通胀风险。

利率的上行显然对所有企业都是不利的。所以就像前面我们讲的，从大类资产的角度来讲，这个阶段最好不要买股票，大宗商品是最好的选择。从股票投资的角度来看，里面会有一些板块表现相对较好，具体有两类股票可供选择：一是与大宗商品相关的股票，如煤炭、钢铁、有色金属等资源股；二是通过投资消费股来分享物价上涨带来的收益，如食品饮料等依然有相对投资价值。

以上只是一个简化的周期投资方法，具体到实际操作时，A 股市场还受到监管政策、风险偏好、国际环境等外部因素的影响，我们需要结合所有因素全面评估，才能做出准确的周期判断。

经济形势差的时候应该买哪几类股票

经济形势差的说法比较笼统，对应到经济周期里其实主要是指滞胀和衰退，两者的共性是经济下行，只不过滞胀时通胀上行，衰退时通胀下行。经济形势不好时，实体经济效益不佳，可用于分红派息的利润减少，基于实体企业而发行的股票自然也就没钱可赚。所以总体上，股票在经济形势差的时候不是一个很好的选择，但从结构上看，滞胀和衰退阶段仍然有不同的配置逻辑，接下来就具体分析一下。

滞胀阶段的配置

滞胀主要表现为 GDP 增速下滑、CPI 上升。显然，这是一个最差的组合，经济的产出在下降，物价反而持续上涨。本来经济下行时，政府可以用宽松的政策来刺激经济，比如 2009 年的 4 万亿刺激计划以及连续的降准降息。但是在滞胀阶段，政府将面临两难选择，如果政策不宽松，经济可能加速下行，爆发系统性风险；如果政策宽松，物价就有可能再度上涨，引发大通胀，社会可能出现动荡。所以这个阶段政府一般难以推出有效的政策。

对市场来说，这显然是一个坏消息。一方面，利率会跟随通胀大幅上行，包括股票在内的风险资产会受到直接打压。另一方面，利润会跟随经济大幅下行，股票的基本面也会恶化，内外压力之下，股票市场总体都不会好过。

近些年大规模的滞胀并不多见，主要是出现在 20 世纪末源自供给侧的冲击，其中最有代表性的是 1970 年美国、德国、日本的滞胀，原因是两次石油危机和全球粮食危机。当时经济增长停滞、物价高企、失业骤升，政府采取了宽松的货币和财政政策，但不仅未能刺激经济，反而进一步推高了通胀，利率飙升。这种环境下，所有的风险资产全线下挫。滞胀十年间，发达国家主要股市几乎连交易机会都没有。

作为投资者，投资策略的核心是避险，尽量配置一些现金类的无风险资产，少配置像股票这样的风险资产。但如果需要一定的股票配置，也可以做一些防守型的价值投资，有三类价值股会有相对收益：

一是需求弹性小的股票。比如公用事业，这个行业与居民生活息息相关，无论经济好坏都是不可或缺的，对价格的敏感度较低，即使在经济下行时其收益也能对抗通货膨胀。

二是符合长期大趋势的股票。比如，在城镇化时代，投资房地产股票是有长期价值的；在人口老龄化时代，投资医疗股长期来看是有价值的。

三是现金流稳定的股票。这个很难按行业来分，需要结合个股的财务指标进行研判，最好的指标就是经营性现金流和股息率。如果一只股票能像格力、上汽、伊利那样保持每年几个点的分红收益，就根本不用考虑周期，完全可以像债券一样长期持有。

衰退阶段的配置

所谓衰退，主要表现为 GDP 增速下滑、CPI 回落，严重时甚至会出现通货紧缩，经济陷入长时间的“萧条”。

在衰退的前期，企业的盈利下滑会成为制约股市的最大因素。首先，经济下行导致需求萎缩，尤其是房地产和基建等终端需求。其次，由于经济好的时候投资的产能还在陆续投产，因此产能过剩的问题会逐步暴露出来，企业的市场竞争压力加大。最后，产能过剩又会进一步压低产品的价格，挤压企业的利润空间。这样一来，股票的基本面会整体恶化。

从历史上看，经济衰退的初期，股票市场的确会持续低迷。比如中国从 2011 年第三季度开始一轮大的衰退周期，从两位数的增长奇迹一路向下，在 4 年的时间内连续跌破 9%、8%、7% 等多个重要关口，通胀也基本上处于连续的下行趋势，尤其是 PPI，连续 50 多个月负增长，CPI 也是一路回落，从 6% 降至 1.6%，从 2011 年到 2014 年的股票市场表现来看，大盘基本是熊市，只有一些结构性的机会。

有人肯定会说，2014 年到 2015 年经济也没有复苏，还是处于衰退，为什么就出现了大牛市呢？这就是刚才提到的，经济衰退也要分成两个阶段，前期经济下行未触及底线的情况下，政策不会有大动作，就像 2011—2014 年，其实货币政策还是很稳定的，只有一些小宽松。但到了后期，一旦经济下行触及了政府的底线，政府就会启动宽松政策，对当时的中国来说，这个底线就是 7%。所以当 2014 年下半年经济运行逼近 7% 底线的时候，中央果断出手，从 2014 年 11 月开始启动了连续的降准降息，在如此大规模的货币宽松刺激之下，金融体系的流动性骤然增加。

在正常的经济复苏周期里，如果货币政策宽松，流动性应该会大量流入实体经济，但在经济萧条周期里，金融机构不愿意把钱放给实体企业，大量的资金沉淀在金融体系里，进而通过配资等形式流入股市、债市等资本市场，形成所谓的资金牛，很多人也称之为水牛。

从大类资产配置的角度看，这个时期通常会出现股债双牛，核心动力是资金面的宽松。从股票市场来看，资金面持续宽松最利好金融股。2014 年底就是典型的例子，降息之后券商、保险、银行板块轮番上涨，并于 2014 年 12 月 5 日推动 A 股单日成交量突破 1 万亿，超过 1996 年 A 股一年的总成交额，成交额最大的前 10 只股票中 9 只是金融股，这也拉开了上一轮 A 股牛市的序幕。

股市表现与经济周期密切相关。经济形势好的时候，投资机会较多。具体来说，经济复苏时主要关注金融股和周期股；经济过热时，主要关注消费股。经济形势差的时候，股票市场总体表现一般，投资需要把握时点和结构。滞胀时期避险为主，尽量减少仓位，只配置一些需求弹性较小、受周期干预小的价值股。衰退时期要分情况来看，初期没什么机会，还是防守；后期货币宽松，资金脱实向虚，金融股受益。

主题投资法：如何把握投资机会

如何把握改革政策中的投资机会？

2018 年是改革开放四十周年，改革开放是中国史无前例的大潮，不仅彻底改变了中国和世界经济的版图，也在很大程度上改变了投资市场。中国每一次大规模投资机会的背后都有改革的推动。比如 2015

年的股票牛市，与改革加速带来的风险偏好提升有很大关系，从时点上看，这轮牛市是从 2014 年十八届四中全会前后启动的，所以很多人称之为改革牛。这只是众多改革影响中的一种，下面梳理一下几个重大的改革，以及如何从中发现投资机会。

国企改革

翻看一下十八届三中全会的决议，你会发现国企改革的位置是最特殊的。中央把它定位为基础经济制度改革，列在所有改革之前。再加上国企在资本市场占的比重非常之大，所以我们有必要先介绍一下国企改革。国企改革的关键是所有权改革，也就是所谓的混合所有制改革，包括引入战略投资者、资产注入、员工持股及股权激励等，这些都会给国企旗下的一些上市公司带来机会。

我们可以从三个维度来把握：第一个是行业维度，发改委的混改方案明确给出了七个领域：电力、石油、天然气、铁路、民航、电信、军工，其中石油、天然气、电信这几个领域推进得已经比较快，比如中石油、中国联通都在市场上引起了不小的反响，后面可以重点关注之前很少提的军工。第二个是试点维度，中央和地方都公布了混改试点，已经落地了两批，我们需要重点关注第三批，根据发改委的方案，第三批试点央企有 10 家，地方国企有 21 家。第三个是地区维度，除了中央的混改方案，各地也出台了一些混改政策，做得比较早的是上海、广东、天津、重庆等几个省市，这些地区的优质国企可能会进一步引入民营资本或者推广员工持股，值得我们重点关注。

金融改革

目前中央全力推进的金融监管不是目的，而是为后续的金融改革打基础。金融改革不是局部的事情，任何一项改革都牵涉到金融体系。比如国企改革，不管是并购重组，还是员工持股、股权激励，都需要金融体系的辅助。

我们可以从几个维度来把握金融改革的机会：第一个维度是时间，投资金融改革相关的板块比较适合在经济萧条的末期和复苏的初期，这个阶段一般是货币政策最宽松的时候，金融板块最为受益。第二个维度是行业的转型，随着经济结构从传统工业向新经济转型，金融体系也必然会从传统的间接融资向直接融资体系转型，过去主要靠商业银行，未来券商和基金就是新的银行，拥有券商和基金牌照的企业集团需要重点关注。第三个维度是机构的分化，过去几年金融机构遍地开花，尤其是在互联网金融等新兴领域，这导致了很多金融风险，金融监管强化之后，这种多点开花的局面恐怕会有变化，金融机构会越来越向头部集中，也就是说大机构受益，小机构生存越来越难，甚至可能被卖掉。比如 2018 年证监会发布的一个文件要求证券公司的控股股东净资产必须不低于 1 000 亿，如果严格按照这个标准，国内没几家能办证券公司的企业了，基本只有一些大型的国企央企才有机会，大量的小券商会有被卖掉的风险，而大券商则会享受更多的资源。

财税改革

财税体制就是政府的财务体制，这里最关键的是政府的融资和投资体制，尤其是融资体制。中国的地方政府承担了大量的基础建设和社会保障责任，而传统的表内税收并不能完全满足资金需求，所以必须通过融资来实现。

国外的地方政府融资主要靠政府发债，但我国的地方政府债券才刚刚起步，规模很小。这样一来，正门没开的情况下，大量的融资就开始走旁门，这就是地方各种融资平台产生的原因，一开始是平台贷款，后来是非标，地方政府通过平台融资迅速扩张债务。但自 2014 年财政部 43 号文件发布以来，中央开始大力改革，一方面堵住这些不规范的旁门，另一方面加快开正门。这里面就带来了一些投资机会，最重要的就是 PPP（政府和社会资本合作）。简单来说，地方政府债券毕竟有限，需要通过 PPP 方式引入社会资本。2017 年之前，PPP 经历了一个爆发期，鱼龙混杂，伪 PPP 横行，未来 PPP 会更加规范，这里面有几类公司值得关注：第一是基建类，主要是综合开发能力和招商能力比较强的公司。第二是环保类，主要是有核心技术的公司。第三是公共服务类，尤其是做医院 PPP 的公司。第四是中介类，PPP 咨询服务是近年来最盈利的行业之一。

国企、金融、财税是中央一直强调的最重要的基础性改革，在这些改革之外，还有一些局部的、行业性的改革，对投资也有重要影响。最典型的例子就是人口政策的调整，2013 年的单独二孩和 2016 年全面放开二胎，都对奶粉等婴幼儿相关产业带来明显提振。除了人口改革，我认为还有以下几个领域的改革值得关注：

一是医疗改革。哪个领域问题最多，哪个领域就最需要改革，医疗领域无疑是其中最需要改革的领域之一。医改的投资逻辑主要沿两条线进行，一条是公立医院改革，即会有越来越多的民营企业开始办医院。另一条是医疗设备，这属于核心技术和基础设施，国产化的公司要重点关注。

二是军民融合。2017年是中国军民融合的元年，中央成立了军民融合发展委员会，由习近平总书记亲自领导，足见其对军民融合的重视。军民融合其实对整个军工板块都有利，其中最受益的是转民用比较容易的军工企业，以及有望参与军工混改的民营上市公司。

三是生态改革。绿水青山也是金山银山，生态保护是一个永恒的主题。这里面涉及很多领域，我们可以重点关注生态修复领域。

除此之外，还有很多改革会影响到我们的投资和生活，一些相关的研究报告，值得大家多加关注。

如何发现技术创新中的投资机会？

经济学的生产函数告诉我们，一个国家的生产力取决于五个因素：资本、劳动力、土地、制度和技术，其中制度和技术是最重要的，因为它们可以让现有的生产要素发挥更大的作用。我们来谈一下技术创新对投资的影响。

中兴事件给中国敲响了警钟，让我们意识到核心技术的重要性。2018年是中国的核心技术元年，未来国家可能会在核心技术领域投入大量的人力、财力和物力，加快创新，这个过程中，其实是有大量投资机会的。要把握这些机会，就要先搞清楚未来的技术趋势。我总结了国内外目前比较公认的十大新技术，供大家参考。

5G 和移动互联网

移动互联网简单来说就是用手机等移动端上网，过去十年随着通信网络的不断升级，手机上网越来越快，越来越方便，由此催生了一批基于移动互联网的独角兽企业。最成功的是腾讯和阿里，腾讯做出了微信和《王者荣耀》，阿里做大了支付宝，两家巨头已经超越工行，成为中国市值最高的企业，这都是移动互联网的功劳。中国在前 4 代通信技术上并没有占到优势，很希望能够在 5G（第 5 代移动通信网络）时代弯道超车。2018 年发改委要求在不少于 5 个城市开展 5G 规模组网试点，在十三五规划收官也就是 2020 年之前，5G 要进入商用阶段。这个过程中，有几类公司受益：一是做 5G 网络的，比如做基站、光纤光缆、光模块的等；二是做 5G 终端设备的，尤其是一些智能设备；三是做 5G 应用的，5G 之后，手机上越来越没有下载和流量的概念，一些耗流量的手游、视频平台会有机会。

人工智能

中央在 2017 年印发了《新一代人工智能发展规划》，目标是在 2020 年核心产业规模超过 1500 亿元，带动相关产业规模超过 1 万亿元。我国在人工智能领域有一定的优势，相关论文发表和专利授权数量在全球排名第二，语音及视频识别技术全球领先。A 股市场的人工智能公司主要分布在制造业和 TMT 领域，寻找投资机会主要有两条主线：一是做基础硬件的公司，可关注芯片、图像处理器等核心部件；另一条是做应用的公司，重点是智能制造、智能机器人。

大数据

有人说数据是未来的黄金，大数据绝不仅仅是一个概念，而且是一个新产业，现在全球大数据产业的规模预计在 1 500 亿美元，2020 年将突破 2 000 亿美元。我们可以发掘的投资机会有几个方面：一是数据交易平台，国内的贵州大数据交易所是做得比较好的；二是数据存储设施，它被戏称为“数据房地产”，主要是做数据中心建设运营的相关公司；三是算法分析服务提供商，这些公司通过海量的数据分析来创造有价值的智力成果。

云计算

云计算就是将资源和服务集聚在云端，用户可以直接使用，其实也是一种共享经济，只不过摩拜共享的是单车，而云计算共享的是计算能力。现在全球云计算市场每年大概保持 20% 的增速，预计到 2020 年市场规模可翻番，达到 4 114 亿美元。云计算的相关公司主要包括云计算硬件提供商、云计算系统集成商、云计算应用服务提供商三种。

物联网

互联网是把信息整合成网络，而物联网是把设备整合成网络，5G 技术的出现让“万物互联”有了实现的可能。根据权威机构预测，到 2025 年全球将安装超过 550 亿个物联网设备，物联网相关投资将超过 25万亿美元。投资机会主要来自以下几个方向：一是从事物联网方案设计、系统搭建的公司；二是硬件设备领域，例如各种传感器、芯片等核心部件以及各种智能设备制造公司，过去两年股价从 13 元涨到 192 元的兆易创新，就是物联网概念。

基因测序

基因测序是精准医疗的一种，简单来说就是通过基因分析，预测个人患病的概率，提前进行预防。好莱坞影星安吉丽娜·朱莉发现自己患乳腺癌的风险比较高后切除乳腺，用的就是基因测序技术。伴随老百姓的消费升级，以及对健康的越发重视，中国的测序市场增长非常快，2012—2017 年年复合增长率约为 20%~25%，2016 年约为 53 亿元，预计 2022 年将突破 150 亿元。这一领域的相关公司主要包括上游的测序仪器与试剂耗材，中、下游的测序服务和生物信息分析，明星股华大基因就是这个领域的龙头之一，该公司从 IPO 以来已经涨了七八倍，最高涨过 10 倍。

新能源

新能源行业是我持续看好的一个行业，一方面，传统资源消耗殆尽，我们需要寻找新的可持续的能源；另一方面，国家现在提倡高质量发展，不能像过去那样破坏生态，必须寻找生态环境友好型的清洁能源。目前新能源的投资逻辑也很清楚，一是上游的能源开发生产，可以重点关注核能，其他新能源大规模应用的能力相对较差；二是中游的能源存储，重点关注锂电池行业；三是下游的能源应用，重点关注新能源汽车，依然有政策和技术红利。

新材料

新能源是很多传统产业重构的基础，而新材料是很多战略新兴产业孵化的基础。中兴事件凸显出我们在核心芯片上缺乏技术自主，而芯片技术没有发展起来的一个重要原因，就是晶硅材料等半导体材料的难产。新材料的投资机会可以沿着我国新型战略产业的布局来发掘，比如和环保相关的节能环保材料，和信息技术相关的集成电路材料，和生物相关的高分子材料，和高端装备制造相关的碳纤维及复合材料，和新能源汽车相关的动力电池材料，和新能源相关的风电材料。

VR/AR 技术

VR/AR 技术中文叫虚拟现实 / 增强现实技术，这个产业大致分为四块：一是硬件，包括头戴设备、移动硬件，以及相关设备中的关键部件，如手势、眼球追踪部件；二是关键程序开发，比如视频处理引擎、相机捕获等关键程序的开发；三是应用程序，比如手机游戏；四是分发，比如各种影视娱乐公司等。

区块链

区块链就是比特币的底层技术，这两年争议很大，有人称之为堪比互联网的技术革命，有人则认为完全是泡沫。我认为应该折中一下，区块链没有互联网那么厉害，但也绝不是一个骗局。目前最常听到的各种“代币”的发行正是区块链技术应用的一小部分，未来区块链会在物联网、金融、医疗、物流等领域有很多应用。但短期来看，区块链还未发展到形成大规模应用的阶段，投资者可以重点关注做区块链底层技术和基础设施的公司。

国企改革：最大的一杯羹在哪里？

国企改革是大家最熟悉的改革，也是最重要的改革。因为国企改革的确有特殊的意义：第一，国企在中国经济和资本市场中占绝对优势。按照 2017 年中国企业 500 强的数据，国有企业的上榜数量为 274 家，占比 54.8%；从资产上看，国有企业占比为 86.2%，国有企业资产规模接近民企的 6 倍，有绝对优势；从职工数量上看，国有企业占比为 74.7%，约为民企的 5 倍。国企改革不仅会直接影响资本市场表现，还会直接影响很多人的工作和生活。第二，国企改革直接关系到中国经济的结构转型能否成功。传统经济增长模式的问题集中体现在国企身上：产能过剩、杠杆过高、体制僵化，所以中国经济要想彻底走进新时代，就必须先把国企改革做好。

那么，国企改革到底是要做什么？按照之前提到的分析逻辑，分析政策首先要去找中央的顶层设计文件。国企改革的顶层设计文件就是 2015 年中央出台的《关于深化国有企业改革的指导意见》。

这份文件里给出了明确答案，国企改革的目标可以总结为“做强做优做大国有资本”。做强就是提高国有资本的效率和国企竞争力，做优是优化国有资本布局和结构，做大就是推动国有资本的保值增值。

如何达到这个目标？中央列出了很多重要的改革方向，比如国企分类监管，但其中最重要的是所有权改革。所有权是决定企业行为的基因，其他的一切措施都是在辅助这项改革，这项改革也就是所谓的混合所有制改革。

十八届三中全会提出“让市场在资源配置中起决定性作用”，混改的核心就是将市场化的力量混合到国企中。混改有很多种方式，可以是非国有资本通过出资入股、收购股权、认购可转债、股权置换等方式参股国企；也可以是逆向的，国企通过投资入股、联合投资、重组等方式入股民营企业；还可以是员工持股等股权激励方式。

围绕混改这个核心，我们可以从三个维度来把握国企改革的投资机会。

中央和地方维度

从央企来看，一是要关注引入战略投资者的大央企。2017 年表现突出的中国联通就是央企混改的概念。按照新的混改方案，中国联通将引入包括腾讯、百度、阿里巴巴、京东等民资在内的 14 家战略投资者，联通集团持股比例由 62.7% 降至 36.7%，资产负债率由 62.6% 降至 46.5%，从联通集团公开表态实施混改到混改方案落实后，中国联通股价涨幅高达 98.07%，2018 年第一季度利润同比增长 374.8%，这让我们看到了央企混改的威力和魅力，下一步央企层面的混改依旧是重点。从目前的政策信号和企业状况来看，石油、航空、通信、军工这几个领域的央企混改尤其重要，每个领域下面的龙头央企都值得重点关注。

二是央企的合并重组，随着南北车、中国建材和中材股份合并，央企合并重组还是会在同业或产业链上下游进行，意在消除同业竞争，再考虑到去产能，产能过剩的行业如煤炭领域合并重组的概率较大。

三是员工持股，也就是把国有股份分给员工或者高管，2016 年国资委下发 133 号文，新一轮员工持股加速。首批有 10 家央企员工持股试点企业，可以重点关注一些科技型央企。

从地方国企的角度，我们可以关注一些方案较为成熟、基础较好的地区。为响应中央的号召，30 多个省市国资委都制定了地方国企改革细化方案。其中上海、深圳、北京是动作较快的地区，上海早在 2014 年就率先出台“国企国资改革二十条”纲领性文件，深圳下发国企“1+12”改革系列文件，北京推出混改实施意见，加上它们本身就属于资本活跃的地区，一些优质国企可能会进一步引入民营资本或者推广员工持股，这些地方国企旗下的相关上市公司值得重点关注。

行业维度

需要关注政策指定的重点行业。国企改革是一项全局性的改革，但行业上肯定有所侧重。2016 年 12 月中央经济工作会议提出混改在电力、石油、天然气、铁路、民航、电信、军工七大领域迈出实质性步伐。这些行业具有一定的垄断特征，急需通过混改打破垄断，优化国有资本功能，提升国有资本活力。

具体投资者可关注两个层面：一是上市公司层面，通过资本注入、员工持股等方式引入战略投资者，建议大家重点关注军民融合、油气改革等相关企业；二是未上市企业，既可直接 IPO 也可以借壳上市，投资者可以关注对应的壳资源股票。

企业维度

先行先试的试点企业值得我们关注。试点是中国改革的一大特色，也是国企改革的重要抓手。为保持国企改革有序推进，先试先行，2016 年中央便对外披露了国企“十项改革试点”，包括国有资本投资运营公司、中央企业兼并重组、部分重要领域混改、混合所有制企业员工持股等试点。这是一个试点的大框架，后续国资委在具体领域进行了落实。混改试点已经做了两批，军工类的比较多，第三批即将公布，据说有 31 家企业，预计军工、石油天然气行业是重点。133 号文之后，第二批员工持股试点也即将公布，不要忽视这些试点的意义，这对后续的混改落地非常重要。

区块链：堪比互联网的技术革命？

过去几年最疯狂的资产非比特币莫属，价格从 2009 年初的 0.003 美元到 2017 年最高价接近 2 万美元，让不少投资者实现了一夜暴富的神话。为什么那么多主权货币贬值的情况下，比特币这种名不见经传的数字货币能一枝独秀？因为大家投资的不只是比特币，而是比特币底层的区块链技术。

2017 年以来，A 股市场上的区块链概念股也出现暴涨，越来越多的人开始关注区块链技术，但很多人对区块链的理解依然停留在比特币层面，下面我们用最通俗的语言分析一下区块链技术以及相应的投资机会。

简单来说，区块链技术就是一种去中心化的分布式数据库，由非对称加密、点对点网络技术、共识机制等众多技术汇集而成。第一个要素是非对称加密，这比较容易理解，就是一种信息加密方式；第二个要素是点对点网络技术，这是一种去中心化的信息传输方式；第三个要素是共识机制，就是以工作量证明、权益证明等方式解决去中心化传输衍生出的信任问题。

举个例子，假设有个村子，过去大家结婚都要到民政局登记，民政局代表官方认可后，才算完成一次婚姻关系的确权，这是中心化的登记方式，你的信息公信力和安全取决于政府的认可。而区块链就是你不需要到民政局登记，只需要在村里喊一声我和某某结婚了，大家就在各自的信息库里记录下你们俩的婚姻关系，你们的婚姻关系就确认了，这就是区块链的登记方式，也就是所谓的分布式记账。

日常生活中其实有很多区块链技术的影子。比如我们经常使用的迅雷，它的下载原理就是去中心化的点对点方式，过去 A 传给服务器 X，B 再从服务器 X 获取信息，而点对点是 A 直接传输给 B。我们经常听到的 P2P 信贷也是这个逻辑，A 直接把资金借给 B，而不是 A 先把钱存到银行，再由银行借给 B。当然，真正的区块链技术比这要复杂得多。

目前市场存在两种针对区块链的对立的观点。支持派认为区块链是一场堪比互联网的技术革命，很多著名的投资人都是站在这一派，因为去中心化更安全更有效率。但反对派认为区块链是一场彻头彻尾的郁金香泡沫，比如著名投资人朱啸虎就认为区块链应用场景有限，去中心化会导致效率低下，而且成本极高。

我认为这两种观点都有些偏颇，区块链技术可能没法和互联网相比，但也不是一场泡沫，我们应该辩证看待，既要看到它目前的不足，又要看到它独特的优势。比如美联储前主席伯南克就认为，虽然比特币对于法币和监管的挑战不可能成功，但区块链技术对于提升当前的支付系统尤其是跨境支付的效率是有益的。

总的来说，我认为区块链技术短期被高估了，而长期又被低估了。短期来看，去中心化和效率，二者需要有一定的取舍。如果从现实角度来看，目前区块链技术还处于起步阶段，应用起来更是困难重重。但长期来看，配合物联网、人工智能等众多技术，区块链技术极有可能重构现有的生产、生活方式，成为一次具有历史性意义的技术革命。理清这个逻辑，我们便知道怎么投资区块链技术了。

从纵向也就是时间角度来说，短期不要追热点，但长期一定要做好布局的准备。区块链的发展符合一般技术的发展规律，需要经历起步—成长—成熟三个阶段。我认为目前区块链还处在一个比较初级的，由起步向成长的过渡阶段，市场上滥竽充数者众多，风险也比较高，并不适合普通投资者。

未来当区块链真正进入成长阶段的时候，投资机会会大量涌现出来。怎么判断它是否进入成长阶段了呢？我认为可以从观察区块链是否开始从线上走到线下进行判断。只有当区块链的边界突破线上，渗透到线下各行各业的时候，属于普通投资者的投资机会才会出现。这个阶段受众群体已经相对广泛，应用场景也比较成熟，一套适用于区块链技术的基础设施、标准规范、法律监管制度也将初步建立。

从横向角度看，投资者目前可以关注三个层面的投资标的。第一是基础核心层，这一部分专注区块链的底层协议和基础设施，号称区块链 1.0 的比特币、区块链 2.0 的以太坊以及区块链 3.0 的 EOS（商用分布式设计的一种区块链操作系统）都属于这一类，但是这些已经出现的项目都还处在一个比较初级的阶段。

第二是中间应用层，根据具体的业务边界可以将其分为线上和线下两个部分。对于线上来说，首先是基于特定区块链底层协议的区块链应用，如之前非常有名的以太坊云养猫，就是基于区块链技术开发的一款虚拟宠物养成社区游戏。其次是区块链 + 数字共享经济，如 SONM，一种去中心化超级计算机，提供包括大量的处理能力、不间断的正常运行时间、经济激励等解决方案。最后就是区块链 + 金融，数字货币、跨境支付清算、登记结算、票据与供应链金融等，如招商银行与永隆银行做的全球首笔区块链跨境人民币同业清算，可实现同步抵达、全体共享、实时更新，提高效率的同时也降低了成本。

对于线下来说，由于涉及对旧有体系的冲击和改造，还需进一步试错。目前已经有一些应用在尝试，比如区块链 + 医疗产生的电子病历、药品追溯，以及瑞士的健康银行区块链项目。

第三就是外围衍生层面，该部分的应用并不基于区块链技术，而是围绕区块链生态作为衍生产业。常见的有以下几个方向：一是区块链研究机构，比如做技术研究方向的区块链实验室；二是区块链媒体；三是矿机生产商，例如比特大陆、嘉楠耘智；四是区块链交易所，比如很有名的币安、火币等。

区域政策：京津冀 + 雄安 + “一带一路”的投资机会

如果大家回头看这几年的《新闻联播》，有一类消息出现的比例非常之高，就是国家的一些重大区域战略。不管是 2017 年的雄安，2018 年的海南，还是更早的“一带一路”倡议、京津冀，资本市场都给予了热情的反应。下面我就系统梳理一下我国目前的主要区域战略以及其中的投资机会。看清这些区域的发展趋势，不仅有助于抓住股票市场上的投资机会，对很多人买房甚至选择就业也有帮助。

任何政策都有层级，中央层面、省级层面和市级层面的政策效力自然是不一样的。不能把这三个层级的区域战略混在一起看，因为几乎所有地方都有一个区域战略的名头，每个地方看上去都像是战略高地。这时候要做个简单筛选，即只看中央层面的区域战略，这才是投资的重中之重。

具体来说，中央层面的区域战略又可以分为两种：第一种是大型的跨区域战略，目前在国家层面有三大战略，京津冀、长江经济带、“一带一路”倡议。第二种是针对特殊区域的局部战略，这种战略一般是针对一些关乎国家安全的边疆区域或者民族自治区域，比如新疆、西藏、海南等。

第一个层级，也即国家级的大型跨区域战略。从领导机制看，这种战略不是一个城市一个省可以决定的，一般来自中央最高领导层的推动。在执行过程中，一般会设立专门的工作领导小组来进行顶层设计，然后在相关部委设立办公室。之所以有这种设计，是因为这种大战略一般涵盖几个区域，会涉及区域之间的利益分配，需要中央从顶层进行设计和协调。从这些特征出发，现在只有三个战略达到了这样的层级，也就是京津冀、长江经济带和“一带一路”倡议。

最早出现的是“一带一路”倡议。2013 年，中央就已经首次提出丝绸之路经济带的倡议，到 2015 年完成顶层规划设计，2016 年以来“一带一路”已经进入全面落实阶段。“一带一路”的核心目标不仅是带动国内，还要带动中国与沿线国家的经贸和金融合作。

从区域角度看，“一带一路”沿线城市都会受益于这个倡议，但其中最受益的城市非西安和厦门莫属。这两座城市都是“一带一路”倡议的关键节点，西安被定位为内陆型经济开发开放战略高地，西安高新区要打造成“一带一路”创新之都，所以京东这样的独角兽企业都在跑步进入西安。中央对厦门的定位则是“一带一路”特别是“21世纪海上丝绸之路”建设的排头兵和主力军，这主要是因为厦门的地理位置十分优越。

从产业角度来看，基建产业链条、贸易产业链和旅游产业链都会受益，但最受益的还是基建产业，主要包括海外工程、能源、建材、机械设备和交通运输等，相关的上市公司会有实质的利好。

以中国交建为例，该公司的核心业务正好是路桥建设、港湾建设等“一带一路”最需要的领域，而且在这些领域都属于行业龙头，所以自然获得了“一带一路”倡议中的很多订单，业绩大幅改善，股价自然会大涨。从数据上看，中国交建在非洲、中东等“一带一路”沿线国家拿下大量订单，2017年，中国交建新签订单总额为9 000亿元，按年上升了25%，其中海外订单占比在持续上升，这就是“一带一路”倡议带来的最真实的好处。

京津冀是2014年提出的，也是习近平总书记上任之后重点推动的一号战略工程。2014年2月，北京雾霾最严重的时候，习近平总书记亲自听取了专题汇报，2015年4月底政治局会议审议通过了规划纲要。作为京津冀战略的一个重要衍生品，2017年中央又宣布设立雄安新区，并将其定位为堪比浦东和深圳的千年大计，可见中央对京津冀的关心和重视。京津冀战略的核心目标是有序疏解北京非首都功能，缓解大城市病，促进区域经济协同发展。所以在投资上要关注几个方向：一是区域内的相关基建公司，尤其是一些业务半径比较小的行业，比如冀东水泥；二是区域内土地储备相对丰富的地产公司，比如首开、金隅等；三是雄安及周边区域的公司。

长江经济带首提于2014年的政府工作报告，2016年9月《长江经济带发展规划纲要》正式印发。长江经济带战略和前两个战略不太一样，前面两大战略侧重于发展，而长江经济带侧重于保护，核心目标是在保护长江沿线生态的基础上实现可持续发展。长江经济带的投资机会不在于基建和运输，而是在于环保，可以重点关注在长江流域进行水土污染治理的公司。

上面分析的是区域政策的第一个大层级——跨区域战略，下面解析第二个大层级，就是一些关系国家安全的特殊区域政策。我把这些区域简单总结为“东西南北”几个区域：西南方向的西藏，北面的内蒙古，西北的新疆，南面的海南，东北方向目前可以关注辽宁，尤其是和朝鲜交界的丹东区域。

这些小区域的投资逻辑和大区域有本质不同，大区域要根据定位判断政策重点，挑选最受益的产业和区域，而对这些针对一个省份或自治区的战略而言，政策往往带有很强的扶持色彩，基本上整个区域内的主要产业都会受益，而且本身一个板块的公司也不多，所以对这些区域来讲最重要的可能不是挑选产业，而是选择时点。

从时点上看，要特别关注这些地区的重要纪念日。比如内蒙古自治区成立70周年，西藏自治区成立50周年，西藏解放65周年，海南特区成立30周年，国家都发布了新的支持政策，有的力度还非常大，比如海南自贸区。在选好时点之后，这些区域板块基本是一起动的，但也会略有侧重，比如侧重于当地的龙头产业和龙头股。例如，西藏65周年之后涨得最多的是西藏旅游、西藏发展，这些企业都是当地优质产业的龙头企业。

需要注意的是，区域政策的落地是一个漫长的过程，区域题材的公司往往短期波动会比较大，时刻都不要忘了规避风险。

人工智能：AI会与哪些产业擦出火花?

每年都会有很多重大技术创新的排行榜，我翻了近几年最主要的几个排行榜，发现有一个技术几乎在每个排行榜上都有，那就是人工智能。谷歌的首席执行官桑达尔·皮查伊就曾经说过一句话："人工智能是当前人类正在研究的最为重要的技术之一，它的影响可能会比电和火更大。最终，人工智能将能帮助人类找到治疗癌症的方法，或解决全球气候变化问题。"从技术创新中寻找资本市场的投资机会，人工智能的确是最值得关注的技术之一。

人工智能是从英文单词Artificial Intelligence翻译过来的，简称AI。AI其实不是新生事物，1956年的达特茅斯会议上就已经有了AI的概念。麻省理工学院的温斯顿教授曾经给人工智能做了一个非常简洁的定义："人工智能就是研究如何使计算机去做过去只有人才能做的智能工作。"

我们身边人工智能无处不在。比如苹果的语音控制系统Siri，科大讯飞的语音输入法，都是人工智能的应用。当然，近年来最有名的人工智能应用还是“阿尔法狗”，这款由谷歌旗下公司开发的智能程序，通过深度学习，第一次战胜了人类的围棋世界冠军，从这件事就可以充分看出人工智能的优势：

第一，它有远超人类的强大计算能力，能够系统化地处理海量数据，并进行海量运算，得出最优结果；第二，它能够通过自我对弈来学习围棋的规则和解法，不断自我强化。这两点都是人类所不具备的优势。

正是因为这些优势，人工智能被寄予厚望。智库、业界到政府层面，全部都对人工智能给予高度重视。麦肯锡全球研究院认为，人工智能正在促进社会发生极速变化，这种转变比工业革命“发生的速度快 10 倍，规模大 300 倍，影响几乎大 3 000 倍”。在市场层面，硅谷的各大互联网企业巨头，比如微软、谷歌都早已对人工智能进行布局。在政府层面，十九大报告和政府工作报告都特别提到要着力发展人工智能。

未来人工智能的应用前景很广泛，狭义上的应用包括智能投放和数字广告筛选、语音识别、智能机器人等等；广义上，人工智能可以为传统行业赋能，比如汽车自动驾驶、智能医疗服务、农业、零售和金融智能化等等，可以通过个性化、自动化、智能化的定制进行端对端的精准服务。在深度上，人工智能可能会优化未来互联网的基础设施，比如英特尔估计人工智能承载的算法可以将计算量增加到传统芯片的 12 倍，谷歌和微软可以通过人工智能的异质性计算扩大公有云的存储空间。

明白了人工智能的概念和特点，我们应该如何看待人工智能的投资呢？首先要明确一点，目前人工智能正处于加速成长阶段，几乎所有的互联网巨头都在人工智能的赛道上加速奔跑，但从另一个角度来说，这也意味着预期中的超级人工智能公司还没有出现，正是布局未来的好时机。

目前人工智能的投资机会很多，但大体上可分为两条主线：第一条投资主线是“打造赛道”的公司，也就是做人工智能基础设施的公司。基础设施又可以细分为几类：一是做云服务的，比如 Alphabet（谷歌的控股母公司）、亚马逊、脸谱网、微软；二是做底层设施的芯片公司比如英伟达和博通等；三是做平台的公司比如 Veritone。

这里面最具代表性的是 Alphabet，这是一家机器学习和云计算公司。谷歌以搜索起家，用户的每一次搜索和点击都强化了他们的算法。机器学习也贯穿了 Alphabet 的各项业务，从网页上的广告投放和视频推荐，到谷歌邮箱上的邮件分类和自动回复；从谷歌地图的最佳路线规划到谷歌翻译的自动断句，从智能家居到自动驾驶汽车，每一个场景都是人工智能的具体应用，这也为谷歌积累了大量的数据。目前来看，Alphabet 是人工智能领域实力最强的公司。以这个逻辑进行类比，在中国的科技公司中，人工智能领域应用最有优势的还是 BAT，百度是最大的搜索公司，腾讯拥有庞大的微信用户，阿里则在电子商务领域积累了大量基础数据，它们在人工智能领域已经占据了先发优势。

第二条投资主线是“人工智能 +”，包括两方面：一是人工智能与产业的结合，也就是人工智能 + 医疗、农业、零售、金融等领域的深化应用；二是人工智能与终端设备的结合，包括手机、安防摄像头和汽车等。这对相关的行业来说都是全新的商业机会。

从发展前景来看，目前我比较看好的是人工智能 + 消费电子行业的上下游产业链，符合消费升级和智能设备终端的大趋势。最重要的当然就是人工智能和手机的结合，过去我们说智能手机主要是智能操作系统，现在人工智能要做的比这更进一步。苹果肯定是走在最前面的，基本是引领潮流，国内的投资机会主要是在相关领域给苹果做供应商。两个方向可以重点关注：一是语音识别，二是生物识别。以语音识别为例，虽然国内起步比国外晚、技术不如国外成熟，但在中文语音的细分市场里仍然有机会，比如目前在 A 股市场中，科大讯飞是智能语音市场中的龙头企业，在中文语音技术这个领域占据 70% 以上的市场份额，2008 年上市时市值 32 亿，现在市值已经 800 亿，增长了 20 多倍，这都是人工智能带来的投资机会。

人工智能是一个被长期看好的赛道，未来的投资机会一是做基础设施和平台的公司，二是人工智能与产业以及终端设备的结合。

个股投资法：发现真正有价值的股票

一年之内爆发的股票具备哪些特征？

预测未来难，预测未来 1 年之内的事更难，对投资来说，也是如此。如果拉长到 10 年以上的长周期，我们会发现市场总是会遵循一些一般性的规律，中间的短期扰动在长期内都是无效的。但如果仅仅看

1 年甚至更短的时间，扰动因素变得很多，规律有时就不一定管用了。简单来说，好股票在长期内一定会涨，差股票在长期内一定会跌，但短期却不一定，任何股票，不管好坏，都有可能在 1 年的时间里经历剧烈的波动。

比如世界杯足球赛。长期来看，巴西、法国、德国这些强队一定是夺冠次数最多的，但如果只看一届世界杯，巴西也有可能输个 1:7，法国也有可能进不了复赛，而像韩国队这些黑马也有可能取得不错的成绩。

尽管很难预测短期的机会，但我们依然可以从历史中寻找一些规律。首先要明确一点，业绩好的股票肯定更容易上涨，即便在投机盛行的 A 股也是如此。尤其是 2016 年中央提出抑制资产泡沫之后，整个市场的投资都越来越看重基本面，价值股越来越受到投资者的青睐。几个明星股的业绩都非常出众，比如京东方 2017 年净利润增长 302%，贵州茅台增长 62%。

但短期来看，业绩好既不是股票上涨的充分条件，也不是必要条件。比如茅台虽然业绩一直很好，但 2018 年以来跌了 10% 以上。我们系统梳理了 2017 年 A 股市场上 207 只涨幅超过 100% 的股票，发现除了业绩之外，这些短期爆发的股票一般有以下特征：

第一，符合资产轮动周期。任何一类资产的表现都和经济周期密切相关，股票自然也不例外。在特定的经济周期内，股票市场会有明显的风格倾向。如果顺应了经济周期，股票更容易获得上涨的机会。之前我们提过经济复苏时主要关注金融股和周期股；经济过热时，主要关注消费股；滞胀时期优选需求弹性较小、受周期干预小的价值股；衰退时期后期适当配置金融股。2017 年 GDP 增速为 6.9%，名义 GDP

增速高达11.2%，比上一年大幅反弹，CPI同比温和上涨1.6%，年末CPI涨幅有所扩大，整体来看经济增长回升，通胀温和上涨，处于经济复苏后期到过热转化的阶段，这个时候消费股和价值股最符合资产轮动的方向。而市场表现也印证了这一点，全年涨幅最大的就是消费里的食品饮料板块，涨幅高达55.57%。所以贵州茅台大涨不仅是因为自身业绩好，更是因为站上了资产轮动的大风口。除了茅台之外，水井坊、山西汾酒、五粮液、舍得酒业、泸州老窖等多只白酒股都翻倍了。

第二，要有催化剂的驱动。一只股票就像一颗炸弹，基本面好相当于装好了炸药，但要真正爆炸还需要有人点燃导火索，很多好股票之所以短期涨不起来，就是缺少最后一把火。刺激股票上涨的导火索一般有两种：一种是重大新闻事件。这里所说的重大新闻事件不是一个转瞬即逝的消息，而是具有重要历史影响的事件。比如2017年A股在6月成功闯关MSCI，这就算是一个重大的历史事件。一方面，这是A股走向国际化的重要一步，意味着A股在国际市场上更受认可，会有更多的指数基金将A股纳入配置范围，有利于未来吸引更多的增量资金。另一方面，经历了连续4年的评估，A股能够最终纳入MSCI非常不容易，说明市场是认可它的。最终，MSCI在2018年3月公布了最新纳入的成分股，共235只。但在这落实出台之前，MSCI概念早已受到市场资金的广泛关注，2017年全年板块涨幅高达28%。

另一种就是重大的政策出台。中国是有名的政策市，国家的重大政策不仅会改变市场的预期，而且能够真实地影响企业业绩，自然对股价也会有重大的影响。政策有很多种，包括宏观政策、产业政策、区域政策、国际政策等。宏观政策方面，降准降息等货币宽松的动作最能刺激市场，尤其是对金融股。产业政策方面，一些重大的国家战略是最好的催化剂，比如 2017 年 7 月国务院印发《新一代人工智能发展规划》，将人工智能技术上升至国家战略高度，十九大报告中也提到推动人工智能和实体经济深度融合，这使得 2017 年人工智能相关公司的股价迎来暴涨，其中龙头股科大讯飞股价上涨了 119%。再比如 2017 年 4 月开始的环保督查，号称是史上最大规模的环保督查行动，这让生态环保的相关股票大为受益，生态环保龙头公司蒙草生态在 2017 年就上涨了 101%。

发现这些政策其实并不难，调研是最好的方式。举个例子，2015—2016 年 PPP 概念带动基建、环保等相关公司持续大涨，我们当时很早就发现了这个机会，为什么呢？并不是我们提前知道了国家的政策，而是我们去地方调研的过程中发现几乎每个人都在想办法突破 43 号文对政府融资的限制，而大家想到的办法就是 PPP，地方政府非常有动力既省钱，又不增加地方债务，所以很快 PPP 项目的浪潮就席卷全国，自然也带来了 A 股市场的一波 PPP 投资机会。

第三，估值相对较低，近期没有经过明显炒作，或者干脆是新股。再好的股票也经不住连续的上涨，所以在寻找短期机会尤其是爆发式机会的时候，可能要把眼光更多地投向那些没怎么涨过的、相对被低估的股票。对于老股票，我们可以通过一些指标去筛选，一是市盈率处于近几年低位的，一般可以选取 3~5 年的市场周期；二是近 1~2 年累计涨幅低于大盘的，然后再从其中筛选符合资产轮动周期和事件驱动的。

老股票之外，新股和次新股更值得我们关注。一个数据很能说明问题，2017 年 A 股市场一共出现 207 只翻倍股，其中有 172 只是 2017 年上市的新股。2017 年涨幅最高的股票是 3 月才上市的寒锐钴业，上市后 19 个涨停，全年涨停 33 次。但是，新股一般很难买到，所以这类机会是可遇不可求的。我们可以更多关注一年之内上市的次新股，如果能够满足前面所说的条件，它会比老股更容易上涨。

还有一种特殊的类型，就是老股变新股，最常见的方式是被借壳。比如 2017 年中概股 360 回归 A 股，就是借壳原来的江南嘉捷，这个公司在复牌后连续 18 个一字板，全年涨幅 294%。这种被借壳的公司一般有几个特征：一是股本比较小，市值比较低，一般 10 亿 ~20 亿市值的最多，借壳成本低。二是主业做得不好，业绩没有前途，公司可能时不时传出卖壳的新闻。不过，现在政策层并不鼓励借壳上市，所以这类机会要小心。

第四，体量小的公司更容易在短期出现爆发。这里所说的体量主要是指市值，尤其是流动市值。道理很简单，体重轻跑得快。像两桶油四大行这样的，动辄市值上万亿，一天成交量动辄几十亿，想要让它们持续上涨十分困难。数据也说明这一点，2017 年的 200 多家翻倍公司中，主板 74 家、中小板有 46 家、创业板 87 家。从市值上看，一半的公司市值都在 100 亿以下，70% 的公司市值都在 200 亿以下，而千亿市值以上的大盘股只有 10 家。

总结来说，短期有爆发潜力的股票不一定业绩非常突出，但首先一定要符合资产轮动的周期，逆势很难上涨；其次要有催化剂，要么是重大事件，要么是重大政策；再次要有相对合理的估值，前期如果涨得太多，再好的股票都要调整；最后最好是体量小的小盘股，弹性更大。不管个人还是机构，虽然我们都希望专注于长期的价值投资，但现实有时候是非常复杂的，资金也是有期限的，我们也需要对相对短期的投资趋势有所把握。

十年涨十倍的股票都具备哪些基因？

如果用一句话来定义股票的特性，我想就是本书一开始的那句话，股票是长期收益最高的资产，没有之一。虽然上节主要说了一年内的投资逻辑，但我绝对不鼓励大家去做短期投资。短期的择时其实是一件性价比很低的事情，当你频繁交易的时候，看上去可能会在短期内赚到钱，但长期来看，大部分是瞎折腾。最好的投资方式还是去选择真正具有价值的好股票做长期投资。

过去十年，尽管 A 股指数跌去了一半之多，但依然有很多股票经历了牛熊周期，实现了十倍股（tenbager）的神话。有 53 只股票是从十年前到现在涨幅超过十倍，有 171 只股票是十年期间，从最低点到现在涨幅超过十倍。这些十倍股有哪些成功的基因？这就是本节要讲的核心内容。

我们系统梳理了近十年里（2008 年 4 月末至 2018 年 4 月末）从最低点到现在涨幅超过十倍的 171 只股票，发现它们有以下共有基因：

一是有坚实的业绩基础，而不是依靠概念炒作。虽然短期来看，股价受偶然因素的干扰比较明显，业绩好既不是股票上涨的充分条件，也不是必要条件。但是长期来看，业绩和股价之间的相关性非常高，业绩基础好的股票才可能持续上涨。在 171 只十倍股中，有 88% 的个股持续盈利，ROE（净资产收益）最低也有12%。以涨幅最高的H公司为例，2008年至今其前复权价格上涨了90多倍，自2011年借壳上市后，H公司牢牢把握京津冀一体化、PPP模式等重大发展机遇，大力发展产业新城模式，迅速复制推广，实现高于行业平均水平的快速增长，连续6年净利润增速超过30%，ROE年均高达35%以上，各项财务指标均位于行业前列，业绩亮眼成为其股价上涨的核心动力。反观其他一些主要依靠概念炒作的公司，也许在短期有很好的表现，但长期无一例外地都被市场淘汰了，典型的就是乐视。

二是所在行业以新兴产业为主，传统行业的成长性明显不足。分析十倍股的行业分布可以发现：医药生物行业有27个，电子有20个，计算机18个、传媒15个，医药和TMT占据了一小半，行业分布相对集中。这些行业其实可以分成两类，一类是医药，代表的是服务业的投资机会。中国经济目前正在从工业主导向服务业主导转型，人民对医疗的刚性需求非常迫切，而现阶段医药行业管制水平较高，供给不足，所以整个医药行业的基本面非常好。长期看，医药需求是刚需，比较抗周期，所以十倍股在医药生物板块出得最多。

另一类就是以TMT为代表的新兴产业。新兴产业其实也是一个随时代而变化的词，不同时代的风口行业不一样，但它们一定有一些共同的特征：一是代表人民对美好生活的向往，二是代表未来科技的方向。电子、计算机、传媒，也就是所谓的TMT在过去十年正是顺应了这两个条件。首先，互联网和移动互联网，以及潜在的区块链技术，确实彻底改变了人们的生活和生产，让经济运转得更有效率，算是一场技术革命。其次，国家给予了这些新兴的科技领域最优惠的政策和最大力度的扶持，在内外条件的支持下，业绩和估值自然都不是问题了。当然，在不同的时期，新兴产业的内涵会有不一样。

三是发达地区的公司相比其他地区更多，说明经济环境很重要，落后地区的公司要成为十倍股显然更难。逻辑很简单，发达地区的经济体系相对健全，不仅硬件的基础设施更扎实，软件的营商环境、投融资环境也远远优于落后地区。这一方面使其金融化水平更高，孕育出了更多的上市公司，另一方面也给上市公司的成长创造了最好的环境。从十倍股的地区分布可以看出，地处长三角、珠三角的上市公司在其中占据了半壁江山，其中广东位居首位，有 30 家。浙江 28 家、江苏 21 家、上海 11 家，江浙沪合计 60 家，超过 1/3。所以我们可能要把更多的目光投向发达地区。

四是初始估值较低，便宜永远是硬道理。业绩和估值都是影响股价表现的核心指标。业绩是正向指标，越高越好，而估值相反，估值较低的会更有优势。从估值来看，这些十倍股的初始估值都不高。数据显示，171 只十倍股中有 47 只是在这十年内新上市的，比如 2008 年上市的东方雨虹、大华股份、科大讯飞等，又比如最近 2017 年 11 月新上市的贵州燃气，半年的时间内从最低点到 2018 年 4 月已上涨了 11 倍。如果算上借壳上市的三安光电和华夏幸福等，新上市股票占比更高。新上市股票持续上涨的主要原因有两个：除了行业符合经济和技术的转型方向之外，还因为投行在辅导上市时一般会给发行市盈率设定一个上限，导致初始估值相对较低。反过来想一下，如果一个公司从一开始估值和市值都贵得离谱，那即便你是巴菲特也无济于事。

五是初始市值较小，体量小，耐力强，跑得快，跑得远。市值小的公司对资金的进出更为敏感，十年涨十倍的可能性更大。数据也印证了这一点，2008 年至今的 171 只十倍股中，从市场分布看，上交所主板 61 家、深圳中小板有 87 家、创业板 23 家，中小板企业体量相对较小。从市值分布看，在最低点市值超过 100 亿的只有 5 家，大部分市值都在 100 亿以下。从企业性质看，国企 35 家、民企 126 家、中外合资企业 10 家，以中小企业为主的民营企业占比最高，主要是因为民营企业体量相对较小，更有活力，成长性好。当然这也并不代表着市值小就能成为十倍股，要想成为十倍股还需要满足很多其他条件。

最后，特别提醒一下，虽然十年十倍股总体收益较高，但其走势并非平稳上升，很多股票在此期间经历了多次剧烈调整，只有宠辱不惊，买入后坚持长期持有，才能真正分享到股价上涨带来的收益。

寻找好估值：A 股哪些公司被低估了？

股票价格会围绕股票的内在价值上下波动，有时候股价会超出其内在价值，形成高估，有时又会低于其内在价值，形成低估。股价是很容易看到的外在表现，但内在的价值谁也没法做出准确的计算，怎么去看股票的价格和价值是否匹配呢？我们可以用估值水平来衡量。在前面的章节中，我们已经学习过股票估值的基本知识，对股票估值的影响因素有了一定的了解，这节我们将继续结合 A 股市场实际，帮助投资者对目前 A 股市场各板块的估值进行评估，看看它们的估值是否合理。

股票估值的方法有很多种，大致可分为两类，一类是绝对估值法，又称为内在价值法，主要采用现金流折现方法，将预期产生的现金流折算成现值，比如之前讲过的股利贴现 DDM 模型，原则上讲是可以通过预测未来现金流，然后按照一定的参数来折现获得股票的合理价格，但要预测这些数据实在太难了，参数选取非常复杂，一般投资人很难做到，做到了也很难准确。这个模型的主要意义不在于计算一个数值，而在于给我们提供一个分析框架，看看股票到底受哪些因素影响。

另一类是相对估值法，又称为乘数估值法，比如大家常听到的市盈率（P/E，当前股价 / 每股收益）、市净率（P/B，当前股价 / 每股净资产）等就是乘数。相对估值法是目前资本市场上最常用的估值方法，简单有效，方便对比。但是，相对估值也存在一定的局限性，使用的时候要注意几个原则：

第一，不能对每个行业都套用一个指标，有的行业适合看市盈率，有的可能更适合看市净率。比如，对亏损企业而言，市盈率为负，是没有参考意义的。又比如，很多高科技企业或者服务性企业，它们没什么重资产，有很多品牌、技术、管理等无形资产，所以净资产一般偏低，市净率估值不太适用。

第二，不同行业的估值逻辑不一样，所以同一指标差异可能会很大，不能直接比较。分析行业估值时，必须要结合宏观经济、行业发展与基本面等因素综合分析，如果符合政策和经济转型的导向、发展前景好、市场空间巨大，必然会有一定的溢价，估值的指标高一点也是合理的。比如，现在 TMT 等新兴行业前景远比传统产业好，所以估值通常较高，通信行业近 5 年市盈率均值约 50 倍，而金融行业仅为 6.5 倍，这并不能说明通信行业整体被高估了，或者金融行业被低估了。

在实际分析中，估值对比有两个维度：一是和国外对比，由于各国市场基础不同，这个对比意义不大。二是和自身的历史数据进行对比，这个可以作为一个比较有效的参考。

我们整理了近 5 年的 A 股整体和申万 28 个一级行业月度滚动市盈率（TTM）的最高值、最低值、均值，并且和现值进行比较。先看 A 股市场整体，最近 1 个月滚动市盈率为 12 倍，已经低于历史估值，表明经过 2018 年的调整后，A 股整体估值已回到相对合理的水平。其中主板、中小板和创业板的市盈率分别为 12 倍、23 倍和 41 倍，当前均值比分别为 77%、51% 和 63%，均低于历史均值。

从行业维度来看，表现出一定的分化。站在 2018 年 11 月底这个时间点，拿最近 1 个月的市盈率与 5 年均值的比值作为参考指标，如果这个指标大于 100%，说明市盈率偏高，反之则偏低。申万 28 个一级行业大致可分为四类：

第一类是均值比大于 100%，行业估值处于相对高位。经过了 2018 年估值的持续调整，目前所有申万一级行业的均值比都没有处在大于 100%，这也体现了当前 A 股的长期配置价值。

第二类是均值比大于 80%，小于 100%，行业估值中等。比如银行，当前均值比约为 97%，也就是说估值略低于历史均值，考虑到银行业自 2011 年以来盈利增速整体大幅回落的情况，这个估值低一点也算合理。随着房地产和企业融资需求的回落，银行资产端利率可能下降从而引起净息差的收窄，在这个阶段银行的盈利大概率是走向恶化的。

第三类是当前均值比大于 50%，小于 80%，行业估值偏低。当前有一半行业的均值比是处于这个区间的。比如医药生物，2018 年年中以来受到药品质量事件的打击，估值持续回落，当前均值比约为 67%。但考虑到未来老龄化带动医疗需求加大，以及医疗改革的推进，估值还有较大的上涨空间。再比如休闲服务行业，当前均值比约为 50%，往后看消费升级将带来行业增长机会。

第四类是当前均值比小于 50%，估值处于历史的底部。但是，位于底部也得分情况来看是否有空间。第一种情况低估值可能是常态，比如钢铁行业市盈率只有 6 倍，和历史的均值比为 11%，一方面是因为经济下台阶，钢铁需求不足，另一方面是因为产能过剩，去产能压力大。往后看，房地产和基建的高峰期已过，整个经济从工业向服务业转型，这种重工业低估值可能依然是常态。第二种情况是确实比较低估的，比如电子行业估值也处于历史低位，均值比约 44%，往后看，中兴危机后，我国高度重视半导体产业发展，而目前我国半导体产业的自给率才只有不到 10%，《中国制造 2025》的目标是 2020 年自给率达 40%，可以预见，这个估值未来还有相当空间。

寻找好业绩：未来像茅台这样的好公司在哪里？

一个公司的股价上涨，要么是估值提升，要么是业绩改善。相比依靠估值讲故事的公司，这类公司的股价更具备长期增值的潜力。

业绩并不是一个具体的财务指标，而是一系列反映企业赢利能力的指标组合。一般来讲，要判断一个公司的业绩好坏，有三个维度的指标最为重要：

首先，从静态维度看公司的利润，主要看每股收益这个指标。我们前面曾系统学习过每股收益。每股收益是一个核心的利润指标，由上市公司当期税后净利润，扣除优先股股息后所剩余额，除以当期在外流通的普通股加权平均数量得到。这个其实并不复杂，可以理解为总的净利润除以总股数，就是每股对应的净利润。每股收益是发放分红股息和普通股升值的基础，可在上市公司的季度报告和年度报告中直接查询，一般在利润表的下方，还可通过 Wind 等数据软件的个股财务分析查询。每股收益的影响因素，包括净利润，还有一些其他收支因素，净利润大体等于收入减去成本、费用和税收。

其次，从动态维度看公司的利润增长，主要看净利润增速和扣非净利润增速两个指标。净利润增速是指公司原始净利润的增长率，可以反映公司整体运营的盈利成长性。扣非净利润增速则是扣除掉非经常性损益后公司净利润的增长率。非经常性损益，是证监会在 1999 年首次提出的，当时将其定义为：公司正常经营损益之外的一次性或偶发性损益，包括委托投资损益、政府补贴、处置长期股权资产的损益等等。之所以要扣除掉，就是因为这种损益会影响对公司真实赢利能力的判断。比如，某一年政府可能会给市场大量补贴，如果一个公司的利润是因为这个补贴大幅增长，那就是非经常性损益，对比的时候可以扣除或者做相应的调整，避免对盈利数据的干扰。一般来说，这两个指标越大，表明公司越有潜力，越有高成长性，市场前景越好。在 A 股市场上，如果一个公司能持续保持利润高增长，那它的价值和价格一定都会有所提升。

最后，从横向维度看在行业内地位，主要看市场占有率这个指标。长期来看，决定一个公司利润的核心是其在行业内的地位，地位越高，越有定价权，利润空间越大。尤其是在目前这个经济结构转型的阶段，随着去产能去杠杆的推进，市场竞争加剧，各个行业都趋于向龙头集中，强者愈强的现象十分明显。在这种市场变革的阶段，不进则退，如果不能在市场占有率上有所提升，那最后很有可能被市场占有率较高的龙头吞并。所以我们可以通过市场占有率筛选出龙头股，它们的业绩在未来十年前景相对要好于其他尾部公司。

熟悉了这几个维度的观察指标，我们可以找具体案例分析一下。大部分人首先想到的一定是贵州茅台。这两年市场向价值投资回归，推动茅台股价连破 400 元、500 元、600 元和 700 元多个关口，涨幅超过 100%，最高时逼近 800 元，总市值突破万亿大关。要知道 2017 年贵州省 GDP 也不过 1.3 万亿，这就意味着，贵州茅台的市值几乎相当于贵州全年 GDP 的 70% 以上。

为什么市场如此追捧茅台？因为它的业绩确实好。从静态的赢利能力来看，2017 年贵州茅台净利润高达 271 亿元，每股收益为 21.56 元，位居 A 股第一。从动态的增长速度来看，2017 年贵州茅台净利润同比增长 61.77%，全 A 股排名第 845 位。扣非净利润同比增长 60.57%，全 A 股排名第 866 位，这个排名看上去不高，但如果考虑到茅台如此大的体量基数，这个增速也相对算是领先了。这主要是受益于消费升级，高端白酒量价齐升。不出意外的话，茅台净利未来几年依然可以保持较高的增长速度。从行业地位来看，茅台酒作为酱香型白酒的典型代表，享有“国酒”的美称，在高端白酒市场，茅台已经处于绝对的垄断地位，市场占有率超过 50%。作为龙头企业，贵州茅台在行业内具有相当的话语权，每年有相对固定的提价计划，收益有保障。

再比如金融领域中的中国平安，在上述三个方面也有非常突出的表现。从静态的赢利能力看，2017 年中国平安每股收益高达 4.99 元，排名 A 股第 5，赢利能力位居前列。从动态的增长速度看，净利润同比增长 38.15%，扣非净利润同比增长 44.9%，主营业务赢利能力非常强劲。往后看，鉴于中国现阶段保险密度和保险深度较低，是世界上寿险市场增长最快、潜力最大的市场，未来业务增速依然值得期待。从行业地位来看，作为中国第一家股份制保险企业，中国平安在行业内也是绝对的龙头企业。2017 年中国平安以 12 645 亿元市值位列全球第一，是第二名中国人寿的 1.6 倍，可谓遥遥领先。市值的领先源自内功的领先，中国平安在零售、科技转型、互联网金融业务等领域都是绝对的引领者，综合金融战略成效显著，这都是造就中国平安好业绩的基因。

再看一个实体行业的案例——格力电器，它在上述三个维度也有着不凡的表现。从静态的赢利能力看，2017 年格力电器每股收益 3.72 元，同比大幅上涨 44.75%，赢利能力在行业内处于领先位置。从动态的增长速度看，格力净利润同比增长 44.87%，扣非净利润同比增长 35.33%，算是一个非常高的增长速度。从行业地位来看，2017 年格力电器家用空调产销量连续 23 年位居中国空调行业第一，连续 13 年领跑全球。而且往后看，受益于中国的消费升级与民族品牌崛起，中国家庭空调市场的空间依然很大。从商用空调来看，格力在国内市场的占有率也连续 6 年保持第一，行业龙头地位稳固。

投资风险：规避中国特色的投资陷阱

中国特色的 A 股投资五大陷阱

之前为大家揭露了很多非正规渠道的投资陷阱，下面我们来梳理一下 A 股市场上的投资陷阱。作为最正规和透明的投资渠道，股票市场的确有底层资产清晰、投资标优质等优点，但需要注意的是，不管是从监管和市场基础制度来看，还是从投资者的结构和理念来看，目前的 A 股市场和成熟的发达市场还有相当差距，这也使 A 股市场出现了一些中国特色的投资陷阱。总结起来，主要有以下几种：

第一类是政策陷阱

政策陷阱具体可分为两个方面。一是制度方面，A 股迄今为止只有不到 30 年的历史，一些基础的制度还没有完全市场化，其中最典型的就是中国特色的新股发行制度。监管机构可能会根据政府的考量去制定一些特殊的政策，而不是完全根据市场规则。比如对一些大的央企国企，监管机构可能会出于国家战略的考量给予一些特殊的支持，如对上市企业放宽审核，优先插队上市的情况。一般央企规模较大，其上市会吸引市场上大量的资金，或多或少会影响到其他小盘新股的发行，甚至会引发股市整体的非理性下跌，而在国外发达市场，监管者很少制定针对单个企业或群体的特殊政策。二是预期方面，在 A 股市场上，官方言论对市场预期的影响比其他发达市场大得多。一旦官方释放一些方向性的信号，很容易使市场形成一致预期，而一致预期往往是错的。最典型的例子就是2015年人民网的那篇《4 000点才是A股牛市的开端》，两个月后就爆发了股灾，投资者损失惨重，据统计人均亏损约51万元。

第二类是财务陷阱

上市公司最关键的信息就是财务信息，但由于此前监管不完善，很多公司存在财务造假问题：一是虚增收入，即通过提前确认收入、隐瞒关联方采购、虚假回收应收账款等方式来虚增收入。比如昆明某上市公司连续两年亏损，为避免退市，管理层开始“保壳行动”，2013—2015年通过粉饰财务报表、操作利润等方式，累计虚增收入4.8亿元、虚增利润近2.3亿元。二是虚减成本费用，即费用资本化、多计提坏账准备。比如莲花味精将政府补助的营业外收入直接冲减生产成本，虚增4.9亿元的营业利润，顺利扭亏为盈。而如果不这样冲减成本，公司连续两年亏损，会被进行ST处理（境内上市公司连续两年亏损，被进行特别处理）。结果证监会对莲花味精给予警告，并处以50万元罚款，股价大跌，投资者损失惨重。除了这些之外，还有很多其他的财务陷阱让投资者欲哭无泪。比如獐子岛扇贝的故事，獐子岛2017年年报显示，由于遭受海洋灾害，獐子岛的扇贝存货受到严重损失，准备计提7.23亿元损失。证监会对獐子岛的财务异动进行立案调查，监管层认为，在扇贝消失的前后还存在大股东减持的异动，需要检查财务数据的真实性。不管是不是真的造假，投资者的损失已经是事实了。

第三类是资本运作陷阱

资本运作陷阱主要是指通过激进加杠杆进行资本扩张，这种资本运作短期内能制造话题，拉抬股价，但长期来看由于缺乏真实的业绩支撑，很容易成为泡沫。典型的案例就是乐视，乐视在上市后频繁融资，上市 7 年时间里，乐视网累计融资超过 300 亿元。这样的扩张看上去很美，但背后早已埋下了杠杆风险。比如股权质押，等于一份业绩对赌协议。一旦股价下跌到平仓线，企业就必须筹措资金或追加保证金，否则可能会被强行平仓，进而引发连锁效应。当杠杆的压力超过企业赢利能力的时候，必然会出现资金困局。另一个比较有名的案例是赵薇的“龙薇传媒”高杠杆收购万家文化案。这场收购的总资金为 30 亿，龙薇传媒除自有资金 6 000 万外，剩余资金都是借入，杠杆比例高达惊人的 51 倍。在实际融资过程中，因融资金额过大，融资方案未获银行批准，导致收购计划流产。受此影响，万家文化股价一路下跌，目前还不到最高时的一半，很多投资者受损。

第四类是大股东套现陷阱

很多上市公司大股东的上市初衷并不是企业的长期发展，而是在高位减持套现，尤其是一些中小公司。2016 年，A 股大股东套现超过 3 000 亿，甚至还有“清仓式”减持的现象，对市场信心造成极大冲击，不利于企业发展。对普通投资者来说，大股东的频繁减持自然不是好消息，尤其是一些带有套现投机性质的大股东减持会给股价带来极大冲击。这也违背了国家近年来强调资本要脱虚向实、促进实业健康发展的政策方向。因此在近几年，证监会收紧减持政策，防止大股东减持扰乱市场秩序，但大股东的套现操作还是防不胜防。比如某上市公司 F 的两大股东绕开新规以大宗交易、集中竞价或协议转让的方式清仓式减持，抛售市值超 150 亿元，导致这家千亿市值的公司股价大跌。

第五类是题材炒作陷阱

由于价值投资理念的缺失，A 股市场上很流行投机性的题材炒作，这里面也经常出现投资的陷阱。一种是题材本身就是假题材，纯粹假消息，比如当年盛传保定要建设成为北京副中心，导致保定的股票纷纷涨停。另一种是题材本身代表的技术和政策可能没什么问题，但有时候会被投机性的游资利用，短期过度炒作，暴涨暴跌。监管层对题材炒作也一直在引导规范，比如在 2016 年，深交所点名“虚拟现实”“石墨烯”等热点题材，认为其中存在游资炒作的现象。在深交所发文的次日，创业板指数暴跌超过 5%，A 股有近 80 只相关股票跌停，不少投资者遭受损失。

即使是最规范的股票市场上也存在不少投资陷阱，投资者一定要擦亮眼睛，避开政策陷阱、财务陷阱、资本陷阱、套现陷阱和题材陷阱。

风险规避：必须从历次熊市中吸取的教训

股市牛熊交替是基本规律，只是各个市场的表现不同。发达市场大多牛长熊短，经常出现长期稳定的慢牛。比如最成熟的美国股市，牛市平均持续 32 个月，平均涨幅 106.9%，熊市平均持续 10 个月，跌幅 35.4%，牛市持续时间是熊市的 3.2 倍，涨幅也比熊市跌幅大得多。而对于不够成熟的新兴市场来说，情况恰好相反。最典型的就是 A 股市场，历来是牛短熊长，暴涨暴跌。从 1990 年开市以来 A 股市场共经历了多轮牛熊转换，牛市平均持续 12.1 个月，涨幅 217.2%，熊市平均持续 27.8 个月，跌幅为 56.4%，显然，熊市持续的时间更长。学习 A 股市场投资要先学习熊市，从熊市中吸取教训，规避风险。

从宏观的视角来看，历次熊市的触发原因是有规律可循的，大致可归纳为以下三类：

一是经济原因。股市是经济的晴雨表，当经济下行，企业赢利能力下降的时候，自然会给股价带来压力。比如 2008 年的全球金融危机爆发后，全球经济同步衰退，各国股市应声下跌，不到一年时间道琼斯指数由最高 14 279 点跌至 7 800 点左右，跌幅高达 45%；A 股更为惨烈，上证综指从 6 124 点狂跌至 1 664 点，跌幅超过 70%。

二是政策原因。中国股市是有名的政策市，宏观的货币政策或者微观的监管政策一旦出现转向，会给市场带来直接的冲击，甚至造成市场恐慌。比如 2015 年的股灾，很大程度上是受去杠杆政策的冲击。当年 6 月证监会突然发力，对场外配资和融资融券业务违规行为加强监管，场外配资、伞形信托等融资工具被清理，进而触发杠杆资金平仓，从高杠杆到低杠杆一路连锁反应，最终导致市场崩盘，1 000 多只股票跌幅超过 50%，接近 100 只股票跌幅超过 70%，股民人均亏损 51 万。

三是资金原因。流动性是对市场影响最直接的因素，当流动性收紧的时候，无风险利率急剧抬升，很容易对高估值的市场造成重创。比如1993年为应对通货膨胀，朱镕基副总理亲自挂帅进行宏观调控，强力收缩信贷与货币，当时的一年期定期存款利率超过了20%，市场流动性严重吃紧，股市遭受重创，一年多的时间，上证综指从最高的1 558点骤降至325点，缩水了近80%。

从微观的视角来看，历次熊市出现之前股票市场会出现一些共性的前兆，如果市场出现这些信号，投资者就应该警惕了。

第一，价升量减，指数不断创新高，但成交量相对低迷。一般来看，股价上涨需要成交量配合，完美的上涨形态是指数不断创新高，成交量随之放大，价升量增，表明上涨动能充足；如果出现背离，缩量上涨，则表明上涨的动力不足，难以持续。

第二，分化严重，指数还在上行，但个股表现各异。牛市时大部分股票和大盘指数走势相似，同步上涨。但经过前期的疯狂上涨后，估值创下新高，价格偏离价值，大部分股票会遇到瓶颈，价格逐步向价值回归。所以在牛市后期，尽管指数还在上行，但市场分化严重，个股表现差异较大，大部分股票价格处于滞胀状态，只有少数股票还在上演最后的疯狂。

第三，一致预期，市场过度乐观，几乎所有投资者都已经all in（全押）。市场上流行一个玩笑，牛市通常是在绝望之中启动，在半信半疑中上行，在深信不疑中发生逆转。一般牛市起步时投资者都是半信半疑，而到后期时市场会逐步形成一致性预期，市场情绪过度乐观，通常表现为开户数量剧增，证券公司营业厅座无虚席，不断出现唱多的论调，2015年专家甚至提出“股指万点不是梦”。反过来想，当所有人都已经疯狂 all in 的时候，哪还有增量资金来推动市场的继续上涨呢？

搞清楚了熊市的诱因和出现的信号，我们应该怎么从熊市中全身而退呢？总结历次熊市中的经验教训，可归纳为“两控制三不要”。

一是控制仓位，留有安全边际。巴菲特曾用一个有趣的比方解释如何保证“安全边际”，如果你驾驶 1 万磅的卡车行驶在承重 3 万磅的桥梁上，无论是司机、卡车还是桥梁都是安全的。在股票操作时，也是如此，控制仓位，一直是投资铁律，尤其是意外事件导致市场不确定性大幅上升的时候，或者多空双方分歧巨大的时候，仓位应尽量降低。

二是控制杠杆，谨慎进行配资。杠杆是把双刃剑，会放大股市的波动，具有助涨杀跌的功能。在牛市善用杠杆可以增厚收益，但在熊市一定要谨慎使用配资，以免灭顶之灾。比如按 1∶1 配资，股票下跌不到 50% 将直接爆仓，因为配资公司需要收取一定比例的利息，通常当股票下跌 45% 左右时配资公司就实行强平，投资者将血本无归。但如果不加杠杆，同样是下跌 50%，投资者至少还能活下去，不至于形成债务风险。

三是不要恋战，及时止盈止损。一旦出现前面所说的危险信号，说明市场已经开始酝酿大的变化，这时不要恋战，如果有盈利，应及时卖出，落袋为安，否则可能跑都跑不了，而且不仅会牺牲已有的收益，还会错过其他优质股票的投资机会。反过来，如果一个股票是基本面出了问题，而不是短期的情绪波动，也不要犹豫，应该及时止损。

四是不要投机，回归价值投资。投资不应该为了图一时之快，而应该去追求长期的稳定增值。尤其是牛市的时候，千万不要过于迷恋风口上的猪，这些公司飞得越高，最后摔得越惨。而真正的价值股是可以穿越牛熊周期的，就像茅台这样的好公司即便是在熊市里也没有受到太大的冲击，价值就是金融下行周期里最坚实的护城河。

五是不要急于抄底，底部难以预测。熊市的特点就是跌多涨少，每跌一次，就会有一批投资者出来怀念牛市，认为市场已经到了底部，进而抄底，但结果往往是地板之下还有地狱。很多投资高手可以成功地逃顶，但却经常栽在抄底的半山腰。

A 股市场历来是牛短熊长，熊市触发的原因主要有三种：经济、政策、资金。当出现价升量减、分化严重、一致预期的时候，牛市可能已经后继乏力，要警惕熊市的到来。而要想从熊市全身而退，建议大家记住几个原则："两控制"，即控制仓位和杠杆；"三不要"，即不要恋战、不要投机、不要急于抄底。

基 金 篇

基础认知

为什么基金是工薪族最重要的投资工具？

什么是基金？简单来说，就是把大家的小钱汇集成大钱，交给专业的机构和团队来管理投资，所以在美国，基金又被叫作共同基金（mutual fund）。投资的方向可以是证券，也可以是房地产、黄金等，其中最主流的就是证券投资基金。

为什么说基金是最重要的投资品，没有之一？因为毫不夸张地说，基金是发展最成熟、体系最完善也最适合大众投资者的投资工具。相比 P2P、数字货币这些只有十多年历史的新兴投资工具，基金可以算是投资界最资深的元老了。早在 150 多年前，英国就有了全球最早的基金。中国的基金从 1991 年的珠信基金开始，以 1997 年《证券投资基金管理暂行办法》为规范化起点，到现在已有 20 多年历史，形成了较为完备的基金体系。

按募集方式，基金可分为公募基金和私募基金。私募基金是以非公开的方式，向特定的人群募集资金，一般会设定一个相对较高的投资门槛，比如很多私募的股票基金会把门槛设置在 100 万。公募基金则是公开向公众募集资金，是大众最熟悉的基金产品。公募基金一般没有门槛，比较适合大众投资者。近年来公募基金和私募基金的规模增长都非常快，十年前，公募基金只有不到2万亿，私募基金只有几十亿，而现在公募基金和私募基金的规模都超过了12万亿，加起来已经接近银行理财的规模。

按赎回限制，基金可分为封闭式基金和开放式基金。开放式基金和封闭式基金的主要区别在于规模和申购赎回的限制，封闭式基金在存续期间内规模不变，投资者也不能随时申购赎回，但可以在二级市场上进行转让；开放式基金就没有类似的限制，随时可以申购赎回。现在市场上大部分是开放式基金，只有1%左右是封闭式基金。

按投资对象，基金可分为股票型基金、债券型基金、混合型基金、货币市场基金、FOF基金和QDII基金等等。前四类顾名思义，不需要过多解释，这里稍微解释一下FOF和QDII。FOF基金是投资其他基金的基金，QDII基金则主要是境内投资境外证券市场的基金。截至2018年5月，从资产净值来看，占比最多的是货币市场基金，达到64.29%；其次是混合型基金，占比达到15.46%；然后是债券型基金，占比13.65%；股票型基金只占比5.77%。

按管理方式，基金可分为主动型基金和被动型基金。这两种基金的管理方式不同，主动型基金就是由人来主动管理、选择投资，目的是“跑赢大盘”。而被动型基金则基本不需要人为选择，只是盯住某一个指数，因此又被称为“指数型基金”。

作为投资工具，最重要的标准就是收益，那么基金的收益到底如何呢？

从短期持有的角度，假设以一年为周期，基金的收益在大部分年度都能跑赢市场。2017 年，中国基金总指数涨幅为 6.69%，平均收益率第一的是投资美股和港股的 QDII 基金，有 16.20%；QDII 基金的最高收益率达到了 53.50%。收益率第二的是股票型基金，2017 年当年平均收益率为 11.98%；收益率第三的是混合型基金，为 10.20%，都远远超过了同期上证综指 6.56% 的涨幅。过去十年，从绝对收益来看，基金有 6 个年份实现了正收益。从相对收益来看，除了 2014 年的牛市和 2011 年的熊市之外，剩余 8 个年份股票基金的平均收益率都明显跑赢上证综指。尤其是在市场正常波动盘整的年份，基金的收益率基本是大幅跑赢大盘。比如 2017 年大盘涨 6.56%，股基涨 16.66%。2013 年大盘跌6.75%，股基平均收益却高达18.94%,2012 年大盘涨3.17%，股基平均收益6.67%。熊市里，基金显示了更强的韧性。比如2008 年，大盘跌了 65.4%，股基只跌了 54.9%。2010 年大盘跌了 14.3%，股基只跌了 0.34%。

从长期持有的角度，假设以十年为周期，基金的表现也大幅跑赢市场。截至 2017 年底，公募基金行业累计分红 1.71 万亿元，平均来看，基金行业的回报率是相对可观的。近 20 年偏股型基金的年化收益率有 16.5%，远远超过同期上证综指的平均涨幅 8.8%。债券型基金方面，根据证监会数据，债券型基金的年化收益率平均为 7.2%，也远远超出同期的国债到期收益率。

在收益这个问题上，专业化管理的基金体现出明显的优势。除了收益之外，基金还有很多优点：

第一是可得性。除开私募基金有相当严格的投资门槛以外，多数基金的投资门槛都比较低。大部分基金都是百元起投，甚至十元、一元起投，基本无门槛。大众耳熟能详的货币市场基金比如“余额宝”就是典型的例子。

第二是安全性。首先，基金有成熟的运作方式，公开透明；其次，基金牌照受到管理，接受证监会监管；最后，证监会基金募集的资金由银行托管，受到《证券投资基金法》保护。理论上，即使基金公司倒闭甚至托管银行处理问题，债权人都无权追索基金专户的资产，因此基金没有 P2P 的跑路风险。

第三是专业性。基金由专业的机构投资者来进行管理和多元化配置，不一定绝对收益高，但风险收益性价比高。散户的投资收益有时可能比专业投资者还高，但这都是短期的偶然因素，长期来看，基金的投资收益应该是系统性地领先于非专业的散户投资者。

第四是流动性。开放式基金可以随时申购，随时赎回。这一点是基金投资和股票投资比较相似的地方。对定投型基金来说，一般的个人投资者都会设定一个止盈赎回点。个人投资者也可以通过追踪公开的申购、赎回数据来判断当前基金市场的走向和热度。

第五是多元性。基金是各类资产的入口，几乎可以通过基金投资一切的底层资产，大众可根据各自的风险偏好选择合适的投资种类。本书在介绍基金种类的同时介绍了基金的投资范围，包括股票、债券和货币，还有其他基金。

第六是便利性。购买基金的渠道多样，投资者可在银行柜面、基金公司官网、股票账户、第三方基金销售平台购买。一般来说，基金购买渠道可以分为直销、代销两种情况，两种方式都各有利弊，需要比较基金的多样性和付给不同参与方的费用进行综合选择。

总的来看，基金的天然优势很明显，它是最为成熟也最可能成为主流的投资工具。不管是从短期持有还是长期持有的角度，基金的收益都是跑赢市场的。

投资方法：如何选择好基金

选择好基金的四个标准

随着基金行业和资本市场的日趋成熟，基金近年来大幅跑赢市场，专业化机构投资的理念越来越深入人心，大家也越来越倾向于投资基金。但一个棘手的问题是，如何从上百家基金公司、近 5 000 只产品中选出最适合自己的那个？目前来看，大部分投资者并没有系统的选择方法，而是跟风去追一些媒体曝光度高的明星产品，比如 2017 年几只明星产品动辄日销数百亿。这其实是有问题的：第一，同样的基金甚至更好的基金其实还有很多；第二，同一只基金如果募资金额太大，会影响其配置策略和收益，这对投资者也是不利的。所以，在爆款基金频频出现的时候，我们更应该加快学习选择基金的方法。

市场上有很多针对基金公司的评级，比如晨星，通过一套系统的量化方法来对基金进行评级，帮助投资者进行筛选。那么我们是不是直接看他们的评级就可以了？显然不行，这在实际运用中有明显的局限性。一是很多新基金没有纳入评选；二是现在基金公司和基金经理的变动较大，这个会让基于历史的评级失真；三是很多影响基金收益的因素没法完全统一量化标准，还是需要结合每个基金的实际情况进行分析。下面简单介绍一下选择基金的分析方法，大概总结为四个标准。

第一个标准：选基金公司，不要太迷信基金评级和规模，选择股东、团队、业绩稳定的公司。

市场上有 100 多家基金公司，规模、风格各异，并不是大的基金公司或者高评级基金公司的收益就一定高。在进行基金公司选择时，投资者应重点关注以下三个方面：一是组织架构，尤其是股东背景。在金融监管强化、牌照管理越来越严格的大背景下，如果股东爆发风险，对基金公司的产品会有重大的负面影响。二是投研团队，和大部分金融机构一样，基金公司的核心竞争力是人才，投研团队的稳定性和经验决定了一个公司的管理能力。三是历史业绩，虽说历史不代表未来，但历史业绩还是一个重要的参考，而且金融机构也有一定的马太效应，历史业绩好的公司更容易吸引到优质人才，团队也更稳定。

第二个标准：选基金经理，投资经验丰富和历史业绩亮眼的更可靠。

基金公司一般不会干预基金的投资方向，一旦一个基金成立，就是基金经理直接决定投资方向和业绩。近年来，由于市场需求快速扩张，大量的年轻基金经理进入市场，给筛选增加了不少难度。大家可从以下四个方面综合考量：

一是从业背景。一般来说，基金经理的任职年限越久，投资经验越丰富，也有更多的投资业绩可以参考。在相同年限的基金经理中，可以进一步看其曾经任职的机构，一般有研究＋投资的复合经历相对更扎实。

二是选股能力。看历史业绩不是看收益率高低，关键是看其选股能力。一个基金的收益分为两部分，一部分是市场收益，即随大盘上涨获得的市场平均收益；另一部分是除此之外的超额收益，这是基金经理凭借自己的选股策略跑赢市场的部分，就是所谓的 α 收益，这部分收益不会因为市场的变化而变化，最能反映基金经理的能力。

三是市场弹性。前面说的第一部分市场收益决定于基金对市场平均收益的敏感程度，衡量这个敏感程度的指标就叫作 β。β 越大，基金收益对市场波动越敏感。也就是说，在牛市里适合买高 β 的基金；在熊市里，适合买低 β 的基金。

四是投资风格。每位基金经理的操作风格不尽相同，有的推崇价值股，有的偏好成长股，所以在不同市场环境下要选择适应市场风格的基金经理。比如2015年之前是小盘成长股的天下，很多专注于创业板小票的基金经理表现非常出色，但这两年市场回归价值股，小盘股估值重挫，这些基金经理的收益随之大幅下跌。同样的基金经理在不同阶段显示出完全不同的表现，所以操作风格是一个不可忽略的因素。顺着这个逻辑，也引出我们接下来要讲的这个标准。

第三个标准：选投资类别，要契合宏观经济和资产轮动周期的大势。

好的基金经理是可以有超越市场的 α 收益的，但历史经验显示，保持稳定的 α 非常困难。如果选不对大赛道，逆势而为会非常辛苦。所谓大赛道，就是经济周期和资产轮动的大势，它有规律可循，也可以通过分析去预测。基金的投向包括货币、股票、债券、大宗商品以及混合型基金等，按照之前所说的周期投资方法，经济衰退时应该买债券基金，比如2014年。经济萧条，货币极度宽松时，偏成长股、小盘股的股票基金和债券基金都可以，也可以买混合基金，比如2015年。经济过热的时候，通胀和企业盈利回升，依然可以买股票基金，但要偏向价值股风格的主动管理基金，或者沪深300，上证50的指数基金。这个阶段也可以买大宗商品基金，比如2016—2017年。等到经济滞胀，货币收紧的时候，就尽量不要配置股债商品了，买点货币基金避险，比如2017—2018年。

第四个标准：选投资风格，契合自身的风险偏好和承受能力更重要。

投资者在购买基金时，要事先进行风险测评，明确各自的风险承受能力，选择适合自己的投资风格。基金的投资风格有以下三种分类。

第一种是价值、平衡、成长型。价值型主要对应所处行业相对成熟、格局稳定的公司，且多为行业龙头，具有较好的成本优势、赢利能力和品牌优势；成长型主要对应所处行业为初期发展阶段但未来成长空间较大的公司，且公司具有一定的先发优势，运营管理较好；而平衡型则介于两者中间。从历史情况看，成长型的波动率往往比价值型更大，具有大涨大跌的特征，因而更适合牛市中激进的投资者；而价值型投资的基金收益率波动相对较小，更适合承受风险能力相对较低的投资者。

第二种是静态和动态配置。在静态配置策略下，基金会为了实现一定的投资目标对组合保持相对恒定的配置，在牛市中，市场整体表现向好，获得较为稳健可观的收益，而在熊市中则可能因为市场整体表现太差而又缺乏动态调整导致亏损较多。在动态配置策略下，则根据一定的策略对组合配置进行动态调整，所以更容易走极端，不管牛市熊市，要么表现很好，要么表现很差。厌恶风险的投资者可在牛市中选择偏静态配置型，在熊市中选择偏动态配置的基金。

第三种是分散化混合投资和重仓投资。分散化混合投资的仓位、行业、标的更加分散，可达到风险收益对冲的效果。与之相反的是重仓型投资，相对集中，这样涨起来时收益更多，对应的亏损起来也会更为惨重。

保底型：什么时候买货币基金最合适?

你不一定熟悉货币基金，但一定知道余额宝。余额宝其实就是一个对接天弘、华安、博时、中欧四家基金公司的货币基金产品。货币基金是公募基金的一个重要组成部分，从规模上来看，甚至是最重要的一部分。最早接入余额宝的天弘余额宝货币市场基金现在资产规模已接近 1.7 万亿，成立一年就超过了别人十几年的努力，成为规模最大的基金产品。2018 年公募基金总规模也只有不到 13 万亿，单单天弘余额宝一只就占了 13%。从整个市场来看，货币基金占了公募基金总规模的 60% 左右。

什么是货币基金？简单来说，就是投资于货币市场工具的基金。货币市场工具是存续期最短的证券，有着像货币一样的流动性，所以叫货币市场。按照《货币基金管理办法》的规定，货币基金可投资的资产包括现金、期限 1 年以内的银行存款、大额存单、债券回购、央票以及一定期限的债券和 ABS（资产支持证券）。货币、债券、股票是资本市场的基本组成部分，三者是期限递增、风险递增、权益递增的关系。

相比其他证券基金产品，货币基金的优点主要集中在安全性、流动性、成本、收益、门槛等几个方面。

第一，安全性高。货币基金可投资的资产基本都是以银行、政府和央行为信用主体的，比如大额存单、国债和央票，这些基本没有违约风险。按法律规定，货币基金不可以投资股票、长期限债券、低等级信用债，因此它通常只有收益风险，没有本金风险。

第二，流动性好。能否方便地变现是投资者衡量一个资产的重要标准，这方面货币基金是有优势的。货币基金的投资者赎回基金份额基本可以在 T+2 日到账。零钱通、余额宝甚至可以用作支付，并且实现当天到账，这使投资者既可以享受现金般的流动性，又可以获取高于存款的收益。

第三，成本低。货币基金通常不收取申购和赎回费，仅收取较低的管理费用。比如天弘余额宝的管理费率仅为 0.63%，低于传统基金 1%~1.5% 的管理费率。

第四，收益相对较高。和同等流动性的资产相比，货币基金的收益比较高。比如 2018 年货币基金的收益率基本维持在 3.5% 以上，一些中小型货币基金的收益率稳定在 4% 以上，远远高于当前 3 年期定存收益率 2.75% 的水平。

第五，门槛低。和理财不同，对于普通投资者来说，货币基金基本没有投资门槛，很多货币基金起购金额仅为 0.01 元。

当然，货币基金的缺点也是非常明显的。

第一，货币基金的收益没有想象空间。货币基金作为一种低风险的流动性资产，虽然相比存款收益较高，但相比其他较高风险资产来看，收益率区间很窄，缺乏想象空间。过去十几年货币基金平均收益仅为 2.6%。2015—2016 年市场流动性过剩的情况下，余额宝收益率最低甚至达到 2.3%。即使是 2013—2014 年间货币基金最牛的时候，余额宝收益率也不过 6% 左右，天花板很明显。

第二，市值法货币基金风险较高。从类型来看根据估值方法不同主要分为两类，摊余法货币基金和市值法货币基金。摊余法货币基金将由预期收益平均摊销。在剩余期限内，基金净值固定为 1 元，涨跌体现在所持份额的变动。根据规定基金管理人需要使用风险准备金或者自由资金弥补潜在资产损失，存在潜在的"刚兑保本"保障。而市值法货币基金按照市值计价，涨跌体现在基金净值变动。因此市值法货币基金不存在潜在资产损失，将基金管理人的部分风险转移给投资者，投资者也要承担亏损的风险。

了解了货币基金的特性，那么我们应该怎么投资货币基金呢？从购买方式看，一方面可以通过以余额宝、零钱通为代表的货币基金集合，可以当天赎回，还可以直接用于支付。另一方面也可以通过其他渠道直接购买各大基金公司的货币基金，从以往的表现来看，大部分货币基金产品的表现差异不会超过 1 个百分点，比如 2017 年，大部分货币基金收益都在 3.5%~4.5% 之间，选产品、选公司并不是最重要的，最重要的在于时点的选择。那么问题来了，什么时候购买货币基金最合适？

从宏观配置的角度来看，货币基金收益率跟着市场利率跑，经济过热和滞胀时是最好的配置时机，尤其是滞胀期。当流动性紧张的时候，市场利率上行，货币基金的收益率就会随之上行。比如 2013 年经济过热，资产价格和通胀上行，倒逼央行制造两次钱荒，收紧流动性，货币基金收益率达到 6%，是近几年来的最高收益率，2014 年初甚至达到 6.7% 的历史最高位。而且这个时候一般股票、债券等资产都会受到流动性收紧的冲击，所以配置货币基金是最合适的。反之，当经济和通胀低迷，市场利率下行的时候，货币基金收益就会受到冲击，从 2014 年到 2016 年，由于经济和利率不断下行，货币基金的平均收益从 4.5% 左右一路下行到 2.6% 左右。而且，这个阶段由于流动性极度宽松，所以股票债券商品等资产都会有不错的表现，投资货币基金的性价比相对很低。

从微观交易的角度来看，周四之前申购，周三之前及周五赎回较为合适，月末、季末、年中和年底申购收益比较高。首先，基金交易日按工作日计算，周五申购，不能享受周末的收益，因此应在周四之前进行申购。周四赎回的话，同样会损失周末的收益，因此应该在周三之前及周五进行赎回。其次，一般资金面的变动受制于监管、生产的特点，在月末、季末、年中和年底这几个时间点会偏紧张，在此期间购买货币基金，收益率会比平常高一些。

稳健型：如何利用债券、量化和 FOF 基金获取稳健的收益？

不把鸡蛋放在一个篮子里是专业化投资与投机的核心区别，而如何选择不同的篮子是投资者所面临的核心问题。解决这个问题的第一步就是要理解不同篮子的特点和定位。就基金投资而言，基金篮子大致可分为三类，一是保底型，主要是货币基金，基本上没风险；二是稳健型，比如债券基金、量化基金和 FOF 基金等；三是激进型，比如股票基金、QDII 基金等。前面我们介绍了货币基金的投资逻辑，下面介绍一下第二类：稳健型。

稳健型基金介于保守和激进中间，既不像激进型基金风险那么大，又不像保底型基金那么没有想象空间，它以追求基金资产的稳健增值为目标，注重风险和收益的平衡，所以是投资者最重要的配置选择之一。本书简单介绍以下几类稳健型的基金的利用。

债券基金

按照证监会分类标准，债券基金要 80% 以上投资于债券，可以有一小部分资金投资于股票市场。也就是说，虽然其名为债券基金，但广义上的债基也是有股票配置的，这样在大部分收益相对稳定的同时，也有一定的高收益可能。这类基金的特点就是：投资起点低、风险较低、收益平稳、流动性较好。

债券基金实际上又可分为三类：标准债券型基金（也就是纯债基金）、混合债券型一级基金（就是一级债基）以及混合债券型二级基金（就是二级债基）。纯债基金专门投资债券，风险最小，这种基金最好辨认，一般都带有“纯债”两字，如广发纯债债券 A；混合一级债基除了主要投资债券外，还可参与一级市场打新股，风险收益三者居中间，这类的基金辨认需要看基金招募说明书，一般都会有相应的投资对象描述，如工银信用添利债券 A；混合二级债基除了纯债和新股外，还可以直接在二级市场上买卖股票，风险及预期收益自然也就是三者中最高，这类的基金除了查看招募说明书辨认外，还可通过直接查看基金的股票持仓辨认，一般都会持有一定的股票，如工银双利债券 A。

在投资债券基金时，我们可以从三个维度来思考。一是投资时机，按照经济和资产周期的轮动，当经济从过热到衰退，货币政策从紧转松时是最好的投资时机。经济衰退时，货币宽松，利率下行，债券是最好的资产，所以一般经济数据不好或者央行降准的时候债券都会涨。二是风险偏好，比较激进的投资者可选择二级债基，风险偏好较低的投资者可以选择纯债基金。投资者可根据个人风险偏好，选择合适的债基类别。三看投资标的，国债最稳定，金融债、企业债次之，可转债、股票风险较大。根据债券基金可投资的标的对象，债、可转债和股票，这三者的风险是递增的。可转债由于是可转成股的债，具有一定股的特性，所以居于中间。而在债中，国家信用最好最稳定，大型金融企业等信用次之，最次的就是企业债了。当然，风险越大，其收益向上的可能性也会越高。

量化基金

量化基金通过数理统计和计算，采用量化投资模型来选择投资标的。在海外成熟市场上，量化基金是规模最大、最重要的投资工具，索罗斯便是做量化对冲基金业务的。但在国内，量化基金还很不成熟，目前市场只有一两百只，占比还很小，但未来它一定会成为主流，所以大家必须有所了解。投资量化基金可从两个维度来思考：

一是策略和风格，量化基金有很多种策略，包括主动量化、指数量化和对冲量化，风险逐个递减，对冲量化基本可以消除市场涨跌的系统风险，但在中国市场这类基金比较受限，相对比较少，目前大部分是主动量化，即通过量化模型进行主动选股管理。从过去几年的表现看，这类基金在市场下跌时表现得更抗跌，但在市场走牛时往往跟不上一些激进的基金，相对来说属于稳健型，适合在稳定或下跌的市场中选择。二是模型有效性，关注夏普比率与信息比率高的基金。夏普比率是基金绩效评价的标准化指标，代表投资组合每承担一分风险可以拿到几分超额收益，简单说就是资产组合的风险收益比率。而信息比率是从主动管理的角度来看风险调整后的收益，越大说明单位跟踪误差所获得的超额收益就越高，基金表现持续优于大盘的程度也越高。

FOF 基金

FOF，fund of fund 的英文缩写，即基金中的基金，是一种主要投资于其他基金份额的基金。简单说，它用专业化的方式替你选择基金，适合不知道如何选择基金的人。FOF 基金的特点是更加专业，双重保障，风险相对更低，收益更稳定，同时由于规模效应，被投基金的第一层管理费大幅降低，投资总成本并不高，它也是未来一种主流的基金产品，目前国内很多机构都在该领域布局。

FOF 基金也可分为三类：私募基金 FOF、券商集合 FOF 和公募 FOF。私募系 FOF 在 2014 年后获得一定的发展，但绝对规模和业绩表现不佳，整体收益分化比较明显，年化收益最高可超 50%，但跌幅超过 20% 的也有很多。券商集合 FOF 是出现最早的一种，但近年总体却由盛转衰，发行数量寥寥无几，主要原因是它的业绩表现相比其他资产没有优势。公募 FOF 于 2017 年 9 月才在国内开闸，但从全球市场的经验来看，未来公募 FOF 是 FOF 基金的一种主要模式。

投资 FOF 基金时可从五个维度来思考：一是历史业绩，参考预期收益率、波动和最大回撤等指标。不要只看预期收益率，要注意波动率越低、最大回撤越小，这个基金越稳定，预期收益越有保障。二是标的类别，FOF 基金根据所投基金的定位性质可以分一级 PE–FOF（私募股权投资母基金）、二级市场 FOF，甚至另类投资房地产基金的 FOF 等，二级市场 FOF 流动性更好，期限更短，一级市场 FOF 周期比较长。三是投资风格，承诺保本的产品投资风格相对保守，承诺保障收益的产品投资风格相对激进。四是收益补偿，要看是否具有收益补偿机制，具体如何补偿。目前很多 FOF 产品，管理者都以一定自由资金参与，并承诺本金亏损或未达到保障收益时进行补偿，这对投资者来说是一种保障。五是业绩提成，业绩提成比例的高低直接影响投资者获得的收益。与基金不同的是，大部分 FOF 产品设置了业绩提成条款，当投资业绩超过一定标准时，将提取部分超额收益作为报酬。而业绩提成比例的高低直接影响投资者获得的收益。

激进型：如何利用股票基金、QDII 基金和私募基金追求更高收益？

激进型基金主要包括股票基金、QDII 基金和私募基金，这也是近年来最受青睐的基金产品。

受青睐的原因只有一个，这些基金的收益更有想象空间，稳健型基金的收益与之不是一个量级。以 2017 年为例，虽然整体市场不算很好，但得益于海外市场和 A 股市场尤其是价值股的优异表现，几类激进基金的表现都不错。股票型基金平均收益率高达 11.98%，QDII 基金平均收益率为 16.20%，管理规模 50 亿以上的私募基金中表现最好的前三家平均收益高达 73.39%。这些数字让我们无法不关注它们，下面我们就来逐个介绍，看看如何利用它们实现超额收益。

股票型基金

股票型基金顾名思义就是主要投资于股票的基金，股票仓位不低于 80%。股票是长期收益最高的投资品种，但是大部分散户投资股票是亏损的，A 股的“一赚二平七亏”法则是很好的印证。2017 年的结构性行情给投资者上了生动的一课，指数和价值股上涨，但超过 70% 的个股是在下跌的，投资难度加大。

对于大部分投资者而言，直接买股票不如买股票基金，主要有四大原因：一是专业性强，专业的人做专业的事，基金经理比一般投资者更加专业，收益更有保障，2017 年股票型基金平均收益为 13%，有 30 只年回报率超过 50%，股票基金赚钱效应凸显，基金经理的专业价值得到充分体现。二是分散风险，股票基金的投资对象是多样化的，多为股票组合，有的还有少量的债券等其他投资品类，能够通过分散投资种类而降低投资风险。三是流动性好，股票基金配置的多为流动性较好的股票，可以及时变现。四是成本优势，基金通过集合资金具备规模优势，投资者可享受规模效益，降低投资成本。

在进行股票基金选择时，除了关注之前提到的四条标准外，还应结合经济周期分析股票走势。经济形势好即经济复苏和过热的时候股票通常表现较好，可以适当增加股票基金的投资比重；经济复苏时主要关注金融股和周期股的基金，经济过热时，主要关注消费股的基金。经济形势不好即经济衰退和萧条的时候股票通常表现一般，应适当减少股票基金的投资占比；衰退前期机会不大，后期货币宽松可关注金融股的基金，萧条时以避险为主，侧重价值股的基金受益。在具体进行股票基金产品选择时，应仔细研读基金招募说明书，了解拟投资方向，优选契合宏观经济周期性轮动与行业轮动的基金品种。

QDII 基金

简单来说，QDII 即合格境内机构投资者，是在国内设立、经批准后可投资境外市场的投资机构。QDII 基金就是投资海外资本市场的基金。由于我国资本项目尚未完全开放，直接投资境外市场存有限制，只允许部分境内投资者投资境外证券市场，这是一项过渡性的制度安排。QDII 基金有一个名单可以查询，目前国内大银行（五大行等）、国际大银行内地分行（渣打、汇丰、花旗等）和少数基金已有相应的投资额度。投资者可通过认购这些 QDII 设立的 QDII 基金间接参与境外市场投资，享受海外市场的收益。

发达国家的资本市场较为成熟，经常出现稳定的慢牛，收益相对稳定。中美近十年股市的数据足以说明，2008 年 5 月 30 日，道指 12 638.32 点，上证 3 433.35 点；2018 年 5 月 30 日，道指 24 361.45 点，上证 3 041.44 点。十年内，美股保持慢牛，指数几乎翻番，而 A 股指数跌幅超过10%。因此越来越多的投资者开始关注海外市场，关注投资海外的QDII基金。2017年在国内基金表现平平的时候，QDII基金在全球经济复苏的带动下表现强势，成为2017年公募基金中平均收益最高的类别，平均收益高达16.20%，远超国内市场。

QDII基金听起来很高大上，实际上投资起点只需1 000元人民币，广大的普通投资者都可参与。QDII基金通过参与全球化投资实现全球配置，既可获取海外投资收益，又能通过多元化组合有效规避单一市场风险，还可通过多币种投资，分摊汇率风险。

但是需要注意的是，QDII基金在进行境外投资时面临着更大的不确定性，也需要承担更多风险，如政治风险、汇率风险、市场风险等，导致QDII基金风险级别较高，属于高风险投资产品。现有的QDII基金一部分是进行全球资产配置，一部分是专注于某一地区。在实际选择QDII基金时，应事先结合对各市场资产和汇率走势的基本判断，确定投资目标市场，选择对应的QDII基金，如看好美股和美元，就选择购买目标市场是美国资本市场的QDII基金，看好港股和港币，就选择购买目标市场是香港资本市场的QDII基金。

私募基金

与公募基金相对，私募基金通过非公开方式向不超过200名的特定投资者募集资金。私募基金近几年发展迅猛，2016年10月，私募基金管理规模首超公募基金，2017年8月，私募基金实际管理规模突破10万亿，现已超过12万亿，保持快速发展态势。

私募基金的一大特点是操作灵活，投资收益较高，投资风险较大，鉴于此，投资私募基金的门槛较高，合格的投资者要求其金融资产不能低于300万或者最近三年平均年收入不低于50万，投资于单只私募基金的金额不能低于100万，具备相应风险识别能力和风险承担能力。

私募基金发展如火如荼，呈爆发式增长，但监管相对宽松、多通过协议约定、经营管理自由度较高等原因导致私募基金行业存在不少违规乱象，非法集资、违约和跑路层出不穷，亟待规范。所以投资者在选择私募基金产品时，首先应关注合规性，私募基金管理人和私募基金是否在基金业协会办理登记备案、是否经由独立第三方托管、是否对应真实项目、是否违规承诺收益等。其次，从管理团队、投资风格、历史业绩等方面综合考虑管理人的能力，择优选择私募基金产品进行投资。但需要注意的是，私募基金的很多团队来自公募基金或其他行业，而公募基金的风格和私募基金有很大区别，所以很多有经验的公募团队从事私募基金后业绩并不乐观，所以在选择时更多的还是看其能力是否适应当前的市场：一是是否有成熟的投资理念，二是是否有规范的投资模型，三是是否有稳定的投资策略。

股票基金、QDII基金和私募基金投资风格相对激进，操作得当，则有一定的超额收益。投资者需要思考后慎重选择，股票基金应结合经济周期分析、QDII基金应判断相应市场和汇率的走势，私募基金重点关注合规性和规范性。另外，仍需要注意的是，激进型基金波动较大，历史业绩迷惑性也较大。

投资风险：规避基金投资的陷阱

如何规避基金投资的四类陷阱

基金投资者将资金交给管理人集合管理，本质上是一种委托－代理关系，存在信息不对称和道德风险，如果不保持警惕，可能会陷入基金投资的陷阱，造成不合理的损失。尤其是我国基金行业目前正处于大发展阶段，市场鱼龙混杂，投资难度越来越大。以公募基金为例，2018 年行业内已有 100 多家基金管理人，产品数量超过 5 000 只，基金规模突破 12 万亿，产品种类越发多样，从股票到股指，从价值到成长，从境内到境外，这也对投资者提出了更高要求。投资者首先要注意的问题就是规避基金投资中的陷阱，主要包括以下四类陷阱：

第一类陷阱：过于迷信明星基金经理

在选择基金的四个标准中，其中一条是根据基金经理选择，基金经理作为基金的主要管理人，与基金业绩息息相关，是选择基金的一个重要参考指标。很多基金公司为了迎合投资者的这一偏好，将基金经理包装成明星大肆宣传炒作，尤其是在即将发行新产品的时候。不可否认，基金经理很重要，但是好的基金经理并不靠名气来认证，千万不要认为明星基金经理不会犯错。

投资是由多种因素共同作用决定的，基金经理在某一个阶段成为明星只能说明他迎合了这个阶段的市场风格。前几年以创业板为代表的小票很火爆，很多喜欢或擅长小票投资的基金经理成了明星，但当市场风格切换到价值股的时候，这些明星的神话就一个个破灭了。比如投资风格激进的某基金经理前些年重仓创业板，2013 年其管理的混合基金收益率超过 80%，一战成名，成为金融圈“超级新星”，但他在 2017 年依旧将超过 90% 的资金重仓配置创业板上，其中包括乐视网、尔康制药等地雷，导致其管理的三只基金大幅下跌，甚至进入混合型基金跌幅榜前 10，有一只基金全年下跌 28%，成为跌幅最大的基金，盲目追随的投资者损失惨重。这说明，基金经理是一个重要的选择指标，但不能盲目追捧明星基金经理。

第二类陷阱：过度迷信基金的短期历史业绩

和基金经理一样，历史业绩也是投资者选择基金产品时重要的关注指标。但是，历史业绩好的基金未来业绩不一定好，短期业绩如果太好未来甚至面临更大的压力。公募基金似乎一直有一个“冠军魔咒”，前一年收益排名第一的基金，在下一个年度往往表现平平，甚至倒数。数据显示，2012 年至 2016 年，排名前 20 的基金在第二年无一例外地跌出前 20，90% 左右进入排名后 1/2。另外，2015 年业绩排名在公募前 10% 的股票型基金有 43 只，这些基金中在 2016 年仍处于前 10% 的只有 2 只，排名前 25% 的也仅有 5 只，排名前 50% 的仅有 8 只。

造成这种现象的原因有很多：一方面，前一年重仓股上涨太多，导致很多股票持仓已经处于高位，继续上涨的难度加大；另一方面，市场风格往往是一年一变，前一年适合这个基金经理的风格，后一年大概率不适合。所以投资者关注历史业绩的时候更多要关注长期的历史业绩，这更能代表一个基金的投资能力。同时，也要注意基金经理更换的影响，如果更换了，历史业绩就不再有意义。

第三类陷阱：基金名称名不副实

许多投资者在选择基金产品时都是根据基金名称直接判断，但现在很多基金产品名称和实际持仓严重不符，俗话叫“挂羊头卖狗肉”，专业一点叫“基金风格漂移”。比如某基金对外说做互联网投资，结果在2018年创业板低迷的大背景下却表现出色，仔细观察，可以发现其前十大重仓股里有4只是白酒股，贵州茅台、泸州老窖、五粮液和山西汾酒合计占比接近30%，和互联网没什么关系。还有某基金对外说做“一带一路”投资，里面配置的大都是大盘蓝筹股；还有基金标明做中国制造主题投资，里面配置的有将近50%的房地产，有些基金甚至标明投资港股，实际上配置的却是A股。

究其原因，主要是基金经理看重基金的短期业绩，为了短期数据表现扎堆重仓高回报股票。基金经理在岗周期越短，这种现象就越容易出现。表面上看这是好事，如互联网基金搭白酒的顺风车，但事实上并非如此。一方面，这会使基金产品同质化，对注重价值投资和风格稳定的投资者来说是“巨坑”；另一方面，基金经理有自己专注和擅长的领域，跟风抓主题完全是跟风投机，意外收益的背后更多的是赔钱。从历史来看，频繁“漂移”只会拉低一个基金经理的平均收益。

投资者需要综合研究招募说明书、基金经理投资风格和基金历史配置并进行交叉检验，看是否存在类似的情况。

第四类陷阱："老鼠仓"

"老鼠仓"是一种内线操作手法，既违背职业道德，又违犯法律规定，是一种犯罪行为。大概的方式是基金经理首先买入某只股票，然后利用投资者的钱大量买入该股票，等股票涨到很高价格时，卖出自己买入的股票获利，而使投资者的资金套牢，通过损害投资者利益为自身牟利，因此被证监会明令禁止。

2007年上海某基金经理老鼠仓案被查，成为证监会对基金"老鼠仓"开出的第一张罚单。同年，证监会开始对"老鼠仓"进行制度规范，要求基金公司员工申报个人及亲属的身份信息；2009年，某基金经理涉嫌利用未公开信息交易，被判有期徒刑一年，成为首例"老鼠仓"入刑案。这十多年，虽然监管趋严，但基金"老鼠仓"还是年年都有，而且不仅金额在加大，作案手段也在翻新。据统计，近十年有42人、23家基金涉案"老鼠仓"，获利总金额达到3.2亿，其中13人获利超过千万，14人超过百万。涉案金额最高、处罚最严重的是某基金原交易室副总监，他动用1 700万资金交易100多只股票，累计交易金额高达10亿，非法获利4 200万。最终他被判处有期徒刑7年，并处罚金9 000万。普通投资者很难识别"老鼠仓"，主要还得靠监管层严格执法，事前做好风险控制，充分隔离，事后做好风险处置，绝不姑息。对投资者来说，"老鼠仓"虽然难以识别，但一般具有急涨急跌的特征，投资者对这类基金和股票一定要保持警惕。

固 定 收 益 篇

基础认知

固定收益不等于没有风险?

固定收益产品是资本市场上规模最大的投资品，也是投资者最青睐的基础投资品之一。所谓固定收益产品，就是融资人通过金融机构发行的一类债权或类债权产品，这类产品在存续期结束后会根据发行时定好的利息率向投资者支付利息，并偿还本金。这是狭义上的固定收益产品，债券就是其中最主要的一类，我们通常所说的广义上的类固定收益产品，还包括投资于债权和类债权市场的一些资管产品，比如信托计划、资管计划等。有一个方式可以简单判定是不是类固收产品：这类产品通常会提供一个预期收益率，这是债权投资的特点，投资股票时不会有人提供预期收益率。很多人可能没做过股票或者其他投资，但一定做过类固收的投资，这里系统梳理如下：

第一类：存款

这是大众最熟悉的投资品。由银行直接发行，到期还本付息。存款在所有的产品中风险最低，曾经是最主流的投资方式。但现在中国的存款增长速度已经大幅放缓，甚至开始下降，主要是因为居民投资渠道越来越多，而存款收益实在太低，目前三年期定存的利率仅为2.75%，一年期定存的利率仅为1.5%，相比之下，一年期国债的到期收益率都有3.1%。

所以，银行现在还提供了两种收益稍高的选择：一是结构性存款，算是一种半固定收益产品，资金投向定期存款和金融衍生品两个方向，前者保证一个定期存款的1%~2%的固定收益，后者在此基础上博取高收益，类似存款+期权，一般起购金额为5万元，最高收益率可以达到4.5%左右。但现在监管层并不鼓励结构性存款，下一步可能会有所规范。二是大额存单，这是一种银行主动发行的大额存款凭证，是高门槛的存款，个人起购金额20万元以上。收益率方面，以三年期大额存单为例，利率最高上浮1.5倍，可以达到4.2%左右。

第二类：银行理财

很多人理财都选择银行的高收益存款，过去确实如此，银行对理财是刚性兑付的，但目前监管趋向严格，银行的理财不可以刚兑。按照新的监管规定，银行理财和存款有着本质区别，前者是银行代投资者管理资金，风险由投资者承担，银行只收管理费，后者是银行向储户借钱，需要向储户保证本金和利息的收益，风险由银行承担。虽然当下很多银行在销售理财产品时还是会私下提供一个预期收益率，但实际上它已经不能给投资者保本了。投资者一定要注意其中的风险，尤其是一些资金不足的小银行，它们的理财产品往往具有风险。目前银行理财一般是5万元起售，根据期限不同，收益率一般在4%~5%

之间。过去不同银行的收益率差异不大，但未来不同银行之间的差异会加大，大银行资金管理团队更专业，收益率可能更高，而小银行缺乏管理团队，很难保障理财收益，同时过去银行可以拿自有资金来补救，但以后监管不允许这样做。

第三类：债券

债券市场是固定收益市场的主体，也是机构最主要的基础投资品，包括国债、企业债、金融债等。国债是由国家以信用为背书发行的债券募资工具，主要分为凭证式国债、储蓄国债、记账式国债。凭证式国债只能在银行、邮储部门等网点购买，电子式储蓄国债可以通过网银购买，记账式国债主要通过股票交易软件购买。目前 1 年期国债收益率在 3.1% 左右，10 年期国债收益率在 3.6% 左右。企业债是企业以自身信用为背书发行的债券募资工具。普通投资者可以通过股票交易软件进行购买，目前一年期 AAA 级企业债到期收益率 4.4% 左右，这种债券属于评级较高的安全资产，一般违约的可能性比较小。AAA 级以下尤其是 B 级和 C 级的"垃圾债"，看上去收益率很高，其实都是风险的溢价，目前由于资金面收紧去杠杆，导致企业债券违约越来越多，而判断企业的信用风险很复杂，因此不建议个人投资者参与。

投资于债券的纯债券基金也算固定收益产品。纯债券基金以国债、金融债等固定收益类金融工具为主要投资标的，收益比较稳定，同时债券基金又会通过加杠杆的方式来增厚收益，所以收益率比债券本身的利率要高，比如 2017 年债券基金平均收益率 7.2% 左右，比较可观。除此之外，还有很多基金会加入一些股票投资来配合债券提高收益，比如八成投债券，两成投股票，这类基金虽然不能算是固定收益产品，但也是一个不错的选择，风险和收益比纯股票基金更稳定。

第四类：货币基金

货币基金主要投资于货币市场工具，几乎没有投资门槛。这类产品现在基本可以完全取代存款，因为它一方面流动性和活期存款差不多，另一方面收益比定期存款还高，货币基金现在平均年化收益率在4%左右，一年期定存才1.5%。

第五类：P2P理财

所谓P2P，就是点对点，人对人。P2P贷款就是借助互联网平台，把借贷双方需求直接对接起来，完成债权融资，同时为投资者提供一种债权投资的理财形式，它的主要购买途径是各类互联网P2P平台。作为一种固定收益产品，P2P产品的收益率比较高，目前平均收益率在9%~10%，但这也意味着P2P风险较大。由于P2P是通过互联网交易，所以透明度低，又因为是点对点，所以标准化程度差，因此P2P成为诈骗、跑路等违法犯罪的高发地带。

对投资者来说，P2P投资主要是要选择靠谱的平台。之前一行三会没有明确P2P的监管架构，P2P经历了一段时间的野蛮生长，很多非法平台混入市场，最后卷款出逃，现在监管已经逐步规范和强化，很多小平台都面临灭顶之灾。所以普通投资者一定要警惕高息的小平台。目前比较大的平台包括陆金所、拍拍贷、宜人贷、人人贷等，但这些平台也不是完全没有问题，只能说违法的概率较小。

第六类：信托产品

信托本质上也是一种委托理财关系，受托人运用投资者资金进行投资，主要也是投资一些债权资产。信托产品一般由信托公司作为受托人发起信托计划，面向特定投资者募资，单个信托计划限制为 50 人，起购金额最低 100 万元。信托在 2013 年钱荒时收益率高达 16%~18%，目前信托的平均收益率一般在 8%~11%。2014 年之前，信托基本没有违约问题，所以当时可以算作轻松赚取高收益的不二之选，但从 2014 年第一例信托违约开始，信托进入了风险定价时代。在房地产下行、政府财政收紧的大环境下，不管是基建还是房地产的信托项目，未来都有可能违约。

第七类：资管计划

它本质上也是一种类信托产品，一般由公募基金子公司、证券公司、保险公司等发行，面向特定投资者募资，人数均限制为 200 人。除了集合资管计划起购额为 5 万 ~10 万外，一般资管计划起购门槛为 100 万。资管计划的平均收益率在 8%~11%，和信托类似。投资资管计划一是要看平台，找靠谱的金融机构；二是要认真分析项目，看项目收益来源是否稳定，有什么增信措施；三是看是否有一定的风险兜底。

主流的固定收益产品主要是以上几类，固定收益并不等于没有风险，实际上，包括国债在内的所有固定收益类资产都有风险。

首先，是市场风险。将债券产品持有到期，投资者可以获得本金和固定的票面利率，但如果投资者要在持有期间交易，就要承担债券价格波动的市场风险。债券的价格和利率成反比，所以分析债券的价格也很简单，只要是让利率上行的因素都是债券的风险来源。一是货币政策收紧，市场利率上升，债券价格就会下跌，比如2013年钱荒和2017年货币市场加息都导致债券市场价格大幅下跌。二是经济复苏、经济变好的时候，通胀率会上升，资金会更值钱，利率会上升，这个时候绝对不能买债券。三是金融监管收紧，导致进入债市的资金变少，比如原来银行大量违规发行理财，资金很多投向了债市，但现在理财收紧，债市的资金自然就变少了。

其次，是信用风险。简单来说，就是发债主体不能按照约定偿还本金或者利息了。造成这种风险的因素有很多，一是宏观因素，经济下行，政策要求去杠杆，会导致企业面临的资金环境收紧，融资成本上升，偿债更加困难。比如目前许多银行不愿意给中小企业信贷额度。二是微观因素，企业因为自身经营不善，财务状况恶化，不足以还本付息。在这种情况下，投资者不仅没有收益，有可能连本金都无法收回。在目前宏观和微观同时去产能去杠杆的过程中，违约的企业会越来越多，包括一些所谓的500强企业等优质企业，近年金融收紧力度史无前例，所以不能完全排除信用风险，投资者需要谨慎对待。

最后，是杠杆风险。由于固定收益产品收益较低，很多二级产品例如纯债公募基金会通过加杠杆的方式提高收益。这个过程中，基金不只用自有资金买入债券，还会通过融资来扩大规模，如果融资成本拉高或者融资链条出现收紧，会导致产品被迫卖出债券去杠杆，给投资者造成损失。如果基金不慎买入违约债券，杠杆还会放大这种损失，这是债券基金背后的风险。

投资者需要打破过往对固收类资产刚兑的固有印象，提高对固收类产品的风险防控意识。

投资方法：什么样的固定收益产品值得买？

银行理财：不再保本的银行理财还值得投资吗？

银行理财是近年来最受个人投资者欢迎的投资方式。在近一轮金融扩张周期中，银行理财规模飞速增长。2010 年全国商业银行的理财规模仅 3 万亿，2017 年突破 30 万亿，远远超过公募基金、私募基金、信托、保险等投资品。银行理财之所以发展如此迅猛，原因很简单：

从投资者的角度看，理财投资绝对安全，而且收益相对较高。银行作为最靠谱的金融机构，几乎没有风险。和存款相比，二者都是银行保本，而理财产品的收益普遍比存款高出几倍，所以大量的存款开始“迁移”，居民存款规模的增长放缓，甚至开始下降。

从银行的角度看，它也有很强的发行理财融资的意愿。首先，发行理财产品可以突破过去的利率管制。银行没办法通过提高存款利率来吸引存款，但可以通过发行相对高收益的理财产品来吸收资金。其次，银行用理财产品吸收的资金并不进入银行的资产负债表，属于表外资金，这意味着理财资金不用接受和存款一样严格的监管，银行可以使用这部分资金进行相对自由的投资。

于是理财资金出现爆炸式增长。但近期新闻显示理财基金数量开始下降，在我国金融机构资管总规模超过 100 万亿元的时候，银行理财产品资金余额却开始见顶回落，现在重新回到 30 万亿以下，这是一个重要标志，说明银行理财的大变局已经到来。

中央 2018 年以深改委的超高规格发布了《关于规范金融机构资产管理业务的指导意见》，也就是所谓的资管新规，核心就是要重整银行理财，重整的方向就是让银行理财打破刚兑，回归本源。为什么要这么做？因为过去银行理财已经完全背离了代客理财的本源。作为一种资产管理产品，银行理财本质上不应该是银行向投资者借钱，而是帮助投资者管钱，投资者把资金委托给银行管理，银行收取管理费，风险和收益都应该留在投资者身上，亏盈都是投资者自身承担，这才是正常的资产管理业务。但过去银行为了变相拉存款，开始对投资者刚性兑付，不仅保本还保收益，这造成了严重的金融风险：

第一，银行承担了不合理的兑付压力，导致期限错配和资金池等现象。银行对投资者承诺了刚兑，就需要去投刚兑的资产，而刚兑的资产有限，任何投资都有风险，一旦资产端发生亏损，负债端的兑付压力就很大。尤其是银行投资的项目大多是长期的政府项目或者房地产项目，而吸收的理财资金大部分是半年以内的期限，这就出现了所谓的期限错配，银行只能用短期的产品滚动发行来对接资产，有时还用 A 项目的资金补 B 项目的债，也就是所谓的资金池。这都是近一轮监管严厉打击的对象，因为一旦项目端出现风险，银行对投资者刚兑的压力很大，很可能造成银行的重大风险。

第二，监管体系被架空，导致监管对银行失去了应有的风险控制。监管对银行表内的存贷款业务是有严格的、健全的监管体系的，比如银行每吸收 100 元的存款，要有十几元作为存款准备金，应对提取的需求；又比如银行每放出 100 元的贷款，要计提相应的风险准备金和资本金，以应对可能的损失。但现在银行把所有的业务拉到表外，监管体系的这些指标和措施全部失效，银行变得更加自由，原来表内不能做的一些违规业务可以通过表外去做，但这显然也带来了巨大的风险。

为了解决这些风险，让银行理财重回“受人之托，代人理财”的本质，资管新规对理财进行了相应的规范。对普通投资者来说，第一个变化就是打破刚兑，理财产品净值化，就像你买的公募基金一样，理财产品净值波动产生的盈亏由投资者承担。第二个变化是禁止投向非标债权和期限错配，理财资金投向高收益率、高风险资产受限，更加考验银行的投资管理能力。第三个变化是禁止多层嵌套，控制了银行资金的杠杆规模和监管套利，银行资金的优势减弱。第四个变化是普通投资者接触到的产品范围变小，很多收益与风险明显不符的产品不能再买。比如 90 天以内封闭式理财产品停止发售，而 2017 年以前 90 天以内的理财产品在银行理财产品中最高可以占到 40%，对于投资者来说这种产品的流动性非常好，但是对银行来说会出现借短投长的期限错配风险。新规发布后，这一比例下降到 30%。

总的来看，银行理财正在经历一场大变革，未来银行理财还值得投资吗？从短期来看，资管新规设置了最晚到 2020 年底的过渡期，部分银行例如工商银行等仍然在售卖保本类产品。但长期来看，一方面，风险偏好较低、依然希望有固定收益的投资者可以选择其他的投资渠道，比如债券、货币基金等固定收益类产品；另一方面，理财产品净值化之后也会有相应的投资机会，只不过和过去不同，市场分化将进一步加剧，银行的资产管理能力将会成为理财产品收益率的决定性因素。

怎么去选择转型后的理财产品呢？我们不能只看收益率，要做好两步筛选。

第一步是避免买到“假”的理财产品。即使是在银行购买的理财产品，也依然需要防范类似2017年民生银行“飞单”“萝卜章”的问题。首先正规的理财合同中一定会有一个以大写字母C开头的14或15位理财产品登记编码，通过这个编码可以在由之前银保监会批准建立的中国理财网查到对应的产品。其次，在签署合同时银行需要在专门区域进行录音、录像的双录操作，以确保投资者充分理解理财产品信息，这是一个必需的过程。最后，仔细看合同中银行盖章、银行汇款账户与购买理财的银行是否一致。通过以上三个步骤，基本可以排除掉绝大部分的“假”理财。

第二步是选择“对”的银行理财。首先要选银行，净值化银行理财对银行的投研能力提出了很高的要求，这恰恰是很多中小银行不具备的，大银行优势明显。其次是选择银行的具体产品。一般银行会根据客户的风险测评等级，为客户提供从低风险低收益的保守理财，到高风险高收益的高端理财等各类理财产品。投资者应该根据自己的风险评级来选择需要的产品。在这一过程中，注意产品究竟是由银行发行还是代销，因为只有发行方才有对理财资金的管理权，大部分第三方发行人投研能力和资金实力都无法与银行媲美。资金的安全与收益根本无法得到保证。再次，注意理财合同中资金的投向。判断风险最根本的一条标准就是资产是否标准化，非标准化资产不可以在交易所进行流通，信息不对称，风险大。从债券市场、股票市场，再到非标债权市场，风险依次递增。最后，警惕高收益，理财资金在资管新规之后会越发规范，收益率也会保持在一个比较稳定的区间，高收益的产品凤毛麟角。因此当你碰到一款预期收益率明显超出 4%~5% 收益率区间的产品时务必保持警惕。

银行理财已经不再保本，而是回归“受人之托，代人理财”的本质，各银行、各产品之间的分化会进一步加大，投资者需要树立新的理财投资理念。

P2P 投资：选择靠谱平台和靠谱产品的几大原则

对 P2P 投资，投资者是爱恨交加。一方面，P2P 投资门槛较低，具有明显的收益优势，2018 年 5 月的数据显示，P2P 行业的综合收益率达到 9.68%，明显超过债券、货币基金等类固收理财产品；另一方面，P2P 平台鱼龙混杂，“跑路”风波不断，有 4 270 家平台出现问题，占比高达 70%，现存正常运营的 P2P 平台仅有 1 872 家。对于 P2P 投资，投资者需要理性看待，既不能全盘否定，又不能盲目跟风，我们需要做的是通过科学的方法甄选出靠谱的平台和产品。

P2P 投资最重要的是选平台。平台作为中介机构，连接借贷双方，满足各自的需求。由于现有 P2P 多是通过线上交易，在这一过程中，借贷双方存在信息不对称，需要平台充当信息中介，保障借贷交易顺畅有序进行，安全合规可靠的平台是产品存续赢利的基础。衡量平台的标准有很多，每位投资者的诉求不同，关注点也不太一致，主要关注点包括以下三点。

第一看平台背景。P2P 平台作为互联网公司，轻资产运营，“跑路”的成本较低，风险较大。从这个视角来看，平台的注资股东很重要，股东实力雄厚，平台就能相对稳定发展，如陆金服，背靠拥有金融全牌照的平安集团，迅速崛起，成长为 P2P 行业的独角兽，2017 年营业收入达 38.21 亿元，同比暴增逾 4 291 倍。

从股东背景看，P2P 平台一般分为银行系、国资系、上市系、风投系、民营系五大类。最安全的当属银行系，经过主管机构的层层监管，运行较为规范。其次是国资系，依托强大的央企或国企，信用更有保障。但我们在选择过程中要警惕伪国资系“拉大旗作虎皮”的陷阱，常见的情况有两种：一种情况是国企集团下属各层子公司、孙公司少量参股，与国资并无太大关系。另一种情况是和国资完全没有关系，比如江苏某 P2P 平台的股东实际上是 25 个自然人，却一直打着国资系平台旗号虚假宣传。再次是上市系和风投系，投资者要重点关注这两类平台的含金量，注意分析平台的股权结构关系，一般上市公司和风投机构参股比例越高，安全指数越高。最后是民营系，可谓重灾区，问题平台数量最多，累计 4 200 多家，占比高达 99%。投资者在进行平台选择时应着重分析平台背景，可通过国家企业信用信息公示系统或者第三方软件查询企业工商信息，查看企业股东及出资信息情况，并结合分析平台的运营情况，如注册用户量、贷款余额、年成交规模等信息，综合评估平台实力。

第二看合规判断。合规经营是P2P平台的底线。虽然57号文件给出的6月备案登记大限并未如期执行，但P2P平台未来的监管方向已经十分明确，统一全国备案标准是大势所趋。机构信用代码证、ICP许可证（电信信息服务业务经营许可证）、信息安全等级备案、银行存管已然成为P2P网贷行业合规性的四大重要标准。机构信用代码证可视作企业的“身份证”，是识别机构身份、查询机构信用记录等的重要依据。ICP许可证是互联网信息服务业务经营许可，否则就属于非法经营。信息安全等级备案是对信息系统安全等级保护状况的检测评估，等级越高，安全保护能力越强。平台上线银行资金存管系统，存管银行根据协议进行资金划转支付，严格监管资金流向，为用户资金的安全提供保障。此外，备案标准还要求及时进行信息披露，积极进行平台备案信息、组织信息、审核信息等信息公示，接受用户及监管部门的审视。

第三看风险保障。信用风险是P2P业务中最大的风险。优质的P2P平台要有完善的风控流程、严密的风控体系、强大的风控团队进行支持和配合，投资者可通过平台的安全保障介绍页面、标的详情页面等综合评判平台风控保障力度。之前不少平台提取了部分风险备付金用于解决信用风险，这也是平台宣传的一个亮点，但这明显与信息中介定位不符，属于违规行为，监管已禁止平台新增风险备付金。平台的风险保障成效可通过逾期坏账率这一指标来进行度量，需要注意的是逾期和坏账这种小概率事件也会存在，最权威的金融机构——银行都难以避免，经营良好的P2P平台一般会将坏账率控制在2%以下。

挑选出靠谱的P2P平台后，P2P投资就成功了一半，接下来就是选择靠谱的P2P产品。在具体P2P产品选择过程中，应重点关注以下三点：

一是资金投向。也就是P2P的资产端，投资者资金究竟借给了谁，资产端是投资P2P风险的源头。根据借款对象，P2P模式较为多样，可以是对个人，可以是对企业，还可以是对政府。按照借款模式，可以是纯信用贷，如消费贷和小微企业用于经营的贷款，可以是抵押贷，如房/车抵押贷。不同对象的不同模式对应着不同风险，通常来说有抵押的相对安全，一旦借款人出现逾期坏账后，平台能将抵押资产进行处置变现，从而保障投资者的权益。P2P的资金用途十分广泛，底层资产相对丰富，可以投向消费贷、信用贷、车贷、房贷、供应链金融、委贷、配资、保理等多个方向，投资者可根据平台给出的产品借款人相关信息，结合自身的风险偏好进行初步选择。需要明确的是，现金贷、校园贷、首付贷等投向是明令禁止的。

二是要看投资收益。投资收益是不少P2P投资者最为关注的要素。虽然P2P产品相对银行理财、银行存款等理财方式收益明显较高，但是需要注意的是高收益伴随着高风险，切勿盲目追求高收益，投资者应结合自身的风险承受能力慎重选择。目前市面P2P产品年均收益率分化较为严重，既有低于8%的，也有高于24%的，但大多数集中在8%~12%这一区间，占比高达65%。

三是担保机制。担保是借款人违约后的最后一道屏障。除了上文提到的不合规的平台提取风险备付金外，P2P产品常见的还有第三方担保和保险两种担保机制。第三方担保是担保公司为借款人提供担保，一旦借款人无力偿还，担保公司代为履约，保障投资人的本金与收益。这种情况下，重点关注担保公司的实力。另一种担保机制是保险，分为履约险和账户安全险，履约险较为稳妥，如果借款人无法履约，就由保险公司进行赔付，不过投资者要事先留意赔付的范围，分清赔付的是本金还是本息。账户安全险仅保障投资人资金在平台账户中的安全，不保障投资本息。因此，投资人在选择产品时，应仔细查阅产品说明，明确是否有担保机制及其对应的担保范围。

投资者应理性看待 P2P 投资，明白高收益对应高风险。

信托投资：高门槛背后的高收益和高风险

信托投资是高净值人群资产配置的重要选择之一。2017 年中国的信托业资产规模突破 23 万亿元，成为仅次于银行的第二大金融子行业。过去信托的门槛对大部分投资者来说高不可攀，但随着中国的户均家庭资产超过 100 万，信托的投资受众也越来越广泛。

信托起源于英国，英文为 trust，翻译成中文是信任，其实就是“受人之托，代人理财”的意思。委托人基于对受托人的信任，将其财产权委托给受托人，由受托人按委托人的意愿以个人的名义，为受益人的利益或特定目的进行资产管理。信托产品的设计灵活多样，主流的大致有以下几类：

一是证券信托，就是受托人代委托人进行有价证券投资，又可以分为股票投资信托、债券投资信托和证券组合投资信托等。同时，它也是各类信托产品中最容易标准化、规模化、集约化和透明化的品质。比如某证券信托产品期限 12 个月，预期收益率 7.5%。

二是贷款信托，就是以贷款方式运用信托资金，也是资金信托的主要运用方式。这类信托合同期限一般较长，在其期限内不得解约，只能通过转让达成，流动性较差。资金大多是贷给基建用户，也有基础产业、房地产、工商企业等。比如某信托公司的 S 集合资金信托计划，期限 2 年，资金投向于基础产业，预期年化收益率 8%。

三是股权信托，就是对项目进行股权投资，以股息、红利和到期转让股权方式作为信托收益的一种形式，资金投向房地产和工商企业等。比如某信托公司的 Y 股权投资集合资金信托计划，期限 12 个月，房地产股权投资，预期年收益为 7.7%。

四是权益信托，是指投资于能够带来稳定持续现金收益的财产权或权益的品种，可以是各种收费权，如基础设施收费权、公共交通营运权、旅游项目收费权等，甚至可以是另一个信托的收益权本身。这种信托产品，风险一般相对股权投资类的资金信托项目更小，收益不高却稳定。如中铁信托的京汉股份优质债权投资项目集合资金信托计划，期限 2 年，权益投资于房地产债权市场，预期年化收益率 7%。

相比其他证券基金产品，信托类理财产品的主要优点是收益高、稳定性好、安全性好、有债务隔离功能。

第一，收益高。信托产品的特点是集合资金做优质项目，所以其产品一般是资质优异、收益稳定的基础设施、优质房地产、上市公司股权质押等信托计划。较为优质的项目，是其产品获得相对较高收益的主要原因。

2018 年以来，集合信托产品的预期收益率稳中有升。2018 年 5 月集合信托产品平均年化收益率为 7.72%，其中各细分领域 1~2 年期产品平均最高预期收益率有所分化，房地产领域 8.26%，工商企业领域 7.97%，基础设施领域 8.35%，金融领域 7.45%。

第二，稳定性较好。稳定性主要体现为投资收益的稳定性，信托业的发展已相对成熟，大部分信托公司的风控体系比较完善，投资的标的项目质量较优，从而使得部分信托产品，尤其是部分收费权的固定收益类信托，表现出很好的稳定性。

第三，规范性好。信托项目都要做尽职调查，信息披露客观公正，风险管理方式明确清晰，银保监会审批才可以发行。此外，很多信托产品会有第三方大型实力企业为担保，房地产类还会增设地产、房产做抵押，多重保障以实现产品的安全性。

第四，债务隔离功能。信托产品受法律保护，信托一经成立，信托财产就从委托人、受托人、收益人的财产中分离出来，具有独立性，成为独立运作的财产。信托财产不能被清算、偿债和破产等，这是信托产品非常大的优势。

信托产品的缺点是相对的，主要是流动性和投资门槛。第一，周期长，流动性较弱。一个信托项目周期至少是 1 年，而且投资金额较大。相比股票、债券，信托产品的流动性较弱，随时变现能力相对较差。第二，门槛较高。一个信托项目的投资起点一般为 100 万，这通常是小额项目，大额项目一般为 500 万起步。

2018 年信托业的整体环境发生了不小的变化，比如打破刚性兑付、限制银信合作、限制信托通道、取消资金池等，在这种新背景下，整体信托行业风险加大，相应也会给投资者带来高风险，主要体现在以下两个方面：

第一是资金链断裂风险。随着货币政策回归中性和监管的加强，很多项目由于资金链中断出现兑付风险，劣质项目由于得不到过往的供血而逐步暴露风险，比如中泰信托因触及刚性兑付问题被罚暂停相关业务，中融信托“嘉润31号”也因为无法兑付而被迫延期。此外，中江信托、山西信托等许多项目都被曝光产品延期，这都会损害到投资者的利益。

第二是资金池清理风险。资管新规发布后，基本完全禁止资金池的存在。而在之前，许多信托公司为确保能刚性兑付，选择让部分不良资产以资金池的形式存在，以便慢慢消化处理，但现在一旦禁止资金池的存在，必将使兑付风险进一步加大。

在这种风险暴露的时代背景下，我们应该怎样去选择信托产品呢？

首先，看投资标的。时刻谨记投资的收益来源于标的资产的回报，不能只看收益不看资产投向和背后可能的高风险。过去很多投资者只认产品收益率，在刚性兑付背景下不成问题，但现在这些经验已经不再适用。如果背后产品资质不好，就可能出现延期兑付情况。凡是投资都存在风险，研究投资标的可大致判断出此种信托产品的风险等级。一般投资于房地产、股票市场的信托项目风险略高，预期收益也相对较高；投资于能源、电力、市政基础设施建设等的信托项目比较稳定，风险性较低，预期收益相对较低。

选择相对安全的资产在新时期下尤为重要。(1) 工商企业类项目目前风险违约事件较多。如2018年曝光的山西信托项目和中江信托项目。在整体去杠杆和资金紧缺的环境下，负债率高的工商企业一旦资金链断裂，就会爆发风险事件。(2) 房地产类项目整体仍较为稳定。房地产市场虽受调控，但这类信托类的产品风控较好，且对象多为大房企，相对整体较为稳定，1~2年期限的产品安全系数较高。(3) 政信类产品是目前市场上风险最低、兑付记录最好的品种之一。这类融资到目前没有违约记录，所以投资地市级政府AA评级的发债企业，它们拥有较多的政府应收账款质押，是较安全的选择。

其次，看投资期限。信托理财产品的期限有三个月、半年、一年、两年等多种。信托产品对投资者而言本身流动性较弱，时间越长风险越大，但总体而言要选择最适合自己的。

最后，看受托人。信托公司的背景实力、投资管理能力、风控体系、历史业绩等都可能会为信托项目的收益提供潜在支撑。在关注信托公司的同时，应持续关注信托项目的后续资金投资方向，流动性期限是否匹配自身情况，以及有无担保措施，担保能否覆盖补偿等。

固定收益投资还有哪些新兴渠道？

2016年以来，金融监管不断升级，各类金融机构的产品都受到了不小的冲击，比如银行理财不再保本、不合规P2P平台被清理、合规P2P产品收益下降、信托打破刚性兑付，投资者的固定收益投资选择似乎在大幅萎缩。但实际上，监管虽然关上了很多不合规的“门”，但也给很多新兴的金融产品打开了“窗”，最受益的就是资产证券化。新监管规定资产证券化业务不受资管新规约束，这对标准资产证券化产品的发展是一大利好。2018 年第一季度，券商资管规模同比缩水 2 万多亿，而资产证券化已连续三年增幅超过 100%。资产证券化已经成为诸多金融机构的主攻方向。

华尔街有句名言“如果你有一个稳定的现金流，就将它证券化”，清晰地表达了资产证券化的内涵，资产证券化就是将基础资产产生的现金流变成一种证券化的权利，一般要求现金流要稳定可持续，然后通过结构化设计进行信用增级，发行资产支持证券。发行主体也就是原始权益人将基础资产“真实出售”给特殊目的载体，将基础资产和原始权益人的其他资产分离，实现基础资产和其他资产的破产隔离，基础资产后续产生的现金流是资产支持证券投资者本金和收益的主要来源。

自 2014 年底实行备案制以来，资产证券化便进入发展高峰期，资产证券化的基础资产逐渐丰富，现已有近 40 种，可分为三类：一是债权类，如企业应收账款、个人住房抵押贷款、商业房地产抵押贷款、汽车贷款、消费贷款、企业贷款等；二是收益权类，如基础设施高速公路、桥梁、供水、供热、供气等产生的收费收益权等；三是权益类，如 PPP 项目股权、不动产投资信托 REITs 等。基础资产的选择采取负面清单制，只要不在基金业协会的负面清单，就可以进行资产证券化。

按照监管部门的不同，资产证券化可分为四类：银监会（现银保监会）主管的信贷资产证券化，证监会系统下的企业资产证券化，银行间市场交易商协会推出的资产支持票据，保监会（现银保监会）主导的资产支持计划。

信贷资产证券化是其中最为成熟的品种，发行主体为金融机构，银行将其在经营活动中产生的信贷资产委托给受托机构，在银行间市场向不特定对象发行。自 2005 年推出以来，信贷资产证券化以商业银行互持为主，发展迅速，总规模领先，已突破 2 万亿。

企业资产证券化是发展最快速的品种，基础资产十分丰富，既可是非金融企业的实物资产，也可是非金融企业和金融企业的信贷资产。它在证券交易所市场发行，面向合格投资者募集。企业资产证券化自 2014 年以来蓬勃发展，目前规模接近 2 万亿，与信贷资产证券化体量相差无几。

资产支持票据是最灵活的品种，适用于主体评级不高、直接发行债券较为困难，但有部分资产能产生稳定现金流的非金融企业，并可突破净资产 40% 的规模限制，这种操作较为灵活，拓宽了低信用评级企业的融资渠道。2012 年 8 月银行间交易商协会正式推出资产支持票据，2016 年 12 月发行主体扩大，并允许公开发行，激发了市场活力。

资产支持计划是最年轻的品种，2015 年 8 月保监会正式推出保险系资产证券化，发行主体为保险资产管理公司等专业管理机构，它相对于前面三种起步较晚。发行主体为保险资产管理公司等专业管理机构，在保险资产登记交易平台中流通交易，面向保险机构等合格投资者发行。

经过几年的发展，资产证券化品种逐步齐全，可对接不同主体多元化的融资需求。对于发行人而言，资产证券化能盘活存量资产，拓宽融资渠道，实现表外融资，优化财务状况，已成为新时期融资的重要选择。对于投资者而言，资产证券化产品作为固定收益的新兴投资渠道，具有以下四大优点：

一是政策相对支持。目前，资产证券化在国外发展较为成熟，国内处于发展初期，各主管部门已相继下发多项政策文件支持资产证券化发展，资管新规不对资产证券化形成约束，足见监管层对资产证券化的关照。

二是收益相对稳定。资产证券化通过结构化设计，具备类固收的属性，优先级收益相对稳定，风险较低；次级享有浮动收益，承担主要风险；部分还设有中间级，收益和风险居中。

三是征信保障完善。资产证券化的一大优势是通过多种内外部征信保障措施，为特殊目的载体发行的资产支持证券提供征信，提升信用评级，保障产品的安全性。整体来看，资产证券化产品风险不高，较为安全。

四是存在新产品红利。资产证券化在固定收益中属于新品类，存在新产品红利。通常为了吸引投资者，相较于成熟市场与同评级的债券，存在一定的溢价。

资产证券化产品有许多优点，也不可避免地存在一些缺点：

一是基础资产良莠不齐。前面提到过资产证券化产品的底层资产十分丰富，接近40种，但是其质量参差不齐，尤其是经过包装设计后，投资者很难识别评估产品的风险。

二是整体收益率不高。2017年资产证券化优先级平均预期收益率在4%～6%，最低仅为2.31%，收益整体偏低，对投资者吸引力不足，导致部分资产证券化产品面临销售困境。

三是产品流动性较差。资产证券化产品已存在二级市场交易及质押式回购交易，但交易并不活跃，较为清淡，多以互持为主，交易需求并不旺盛。2017 年信贷资产证券化的换手率不到 16%，远低于债券市场整体 102% 的水平。

综合评估，资产证券化产品更适合长期配置。目前信贷资产证券化、资产支持票据、资产支持计划的投资者多为商业银行、保险公司等机构投资者，参与门槛较高，个人投资者很难直接参与。个人投资者可直接参与企业资产证券化，但门槛也相对较高，考虑到其私募属性，要求投资者净资产不低于 1 000 万，金融资产不低于 300 万或者最近 3 年个人年均收入不低于 50 万，单笔投资金额不少于 100 万。对个人投资者来说，主要还是要通过理财资金、证券投资基金、资产管理计划、信托管理计划、保险资管计划等形式间接参与资产证券化投资，分享资产证券化收益。现有的资产证券化产品违约不多，参与相对安全，风险可控，个人投资者进行产品选择时，应重点关注产品信用评级。

Part 3

中级进阶投资：房地产、实业与黄金

判断房价趋势：中国房价涨跌的影响因素

看现状：中国房价到底有没有泡沫？

房地产是任何投资者在投资过程中都绕不过去的一个问题。房地产最基本的问题是：和其他国家相比，国内的房价到底贵不贵？

很多人对这个问题存在误解，因为各国房地产的基本情况差异很大，直接对比全球房价非常困难。

一是制度机制不同。无论是从产权年限还是土地权属来看都有明显的差异。中国普通住宅房屋产权为 70 年，且仅是住宅用地使用权；而国外多为永久产权，同时享有土地所有权和使用权。这一基础差异决定了各国房价比较起点和背后逻辑不同。

二是区域分化不同。中国区域发展极不均衡，房价差异较为突出，城市和农村、东部和西部、学区和非学区差异较大，如当前北京朝阳区新房均价每平方米已超过 10 万，而房山区仅为 3 万，差异十分明显。国外区域经济发展相对均衡，区域都有自成体系的完善配套，不像国内分化这么严重。

三是面积算法不同。国内房屋计算的是建筑面积，既包括住房使用面积、墙体占用面积，也包括了公摊面积，楼道、阳台等都计入其中。境外大多国家或地区计算的是实用面积或使用面积。如中国香港特区采用的是实用面积，等于建筑面积去除公摊面积部分。而美国、英国等采用的是使用面积，等于实用面积减去墙体占用面积，也就是真正能够使用的住宅面积。建筑面积 > 实用面积 > 使用面积，一般来讲，使用面积约占建筑面积的 70% 左右。

四是计价单位不同。各国的房屋面积度量单位千差万别，国内是平方米，美国和英国是平方英尺，1 平方英尺约等于 0.093 平方米，日本和韩国是坪，1 坪约等于 3.31 平方米，需要经过一定的换算，无法直接比较。

五是持有成本不同。国内房屋的持有成本较低，契税、增值税及附加税和房屋维修基金等税费主要体现在交易流转环节，多为一次性成本，如果不交易，几乎无成本。而美国、英国、日本、新加坡等很多国家都有房产税，需要在持有期间缴纳，房屋持有成本较高，新加坡房产税率高达 10%。

六是数据来源不同。目前还没有权威的全球官方房价数据，各国房价统计数据来源不同，指标口径不同，不适合直接进行横向比较，而且国内官方统计指标采用的是网签价，和市场价存有明显差距，统计指标严重失真，参考意义不大。如 2010 年 4 月北京市统计局公布的当时北京四环以内期房均价为每平方米 3 万 ~4 万，但实际上很多地区都早已超过这个价格。

基于此，直接对比全球房价很容易产生系统性偏差，我们需要综合考虑各种因素，一是要以市场数据为准，比如 Numbeo（一家专注于生活成本及质量的著名国家研究机构）数据，该数据主要来自各个城市的市场调研，相比政府数据更准确。二是以发展程度近似的代表性城市进行对比，避免以整个国家为单位进行对比的不准确性。三是宏观和微观相结合。四是绝对水平和相对水平相结合。五是数据统计和案例调研相结合。以此尽可能地综合对比。

宏观层面上，我们选取全球代表性核心城市，样本包括北京、上海、广州、深圳、香港、伦敦、新加坡、纽约、旧金山、巴黎、波士顿、东京、悉尼、洛杉矶、孟买、罗马、柏林、台北、莫斯科、芝加哥等 20 个城市，自上而下分析其中心区域的绝对房价和相对房价水平。

从绝对房价上看，经过 2014 年以来的上行期后，中国内地的一线城市平均房价名列前茅，但和最高的城市还有距离。根据 Numbeo 网站 2018 年 6 月的核心城市中心城区的房价数据，香港以 28 226 美元 / 平方米遥遥领先，紧随其后的是伦敦和新加坡，分别为 17 343 美元 / 平方米、17 301 美元 / 平方米，北京、上海、深圳、广州分别以 16 168 美元 / 平方米、15 907 美元 / 平方米、13 226美元 / 平方米和 6 800 美元 / 平方米的价格位居第四、第五、第七和第十五位，排名十分靠前，北京、上海中心城区房价已超过纽约，深圳超过旧金山、巴黎、波士顿、东京、悉尼、罗马和洛杉矶，广州超过孟买、柏林、台北、莫斯科、芝加哥等一线大城市。

从相对房价上看，中国内地的一线城市的房价收入比均超过 20 倍，储蓄 20 年以上才能买到一处普通住宅，基本是全球最高。根据 Numbeo 网站 2018 年 6 月份核心城市中心城区的房价收入比数据，北京、上海、深圳、广州的房价收入比分别以 45.57、44.80、39.97、

23.17 位居第一、第二、第四和第六，占据了前六中的四个席位，香港以 44.61 排名第三，孟买由于对房价没有调控措施，高房价和低收入使得房价收入比高达 30.95。而世界房价领先的伦敦、新加坡和纽约房价收入比仅有 20.44、21.36 和 11.66，不到北京的一半，足见在中国核心城市买房的压力之大。

微观层面上，我们从两个角度对比全球核心城市中心城区的代表性楼盘：一是同样核心区域直接比较房价，二是同样的价格找房子，自下而上进行对比分析。

首先，将代表性楼盘价格进行比较，同样是毗邻最繁华的金融中心，国外豪华公寓价格远高于国内。以各国金融中心附近的高端公寓为例，2018 年 5 月北京金融街附近的钓鱼台 7 号院均价 15.2 万元 / 平方米，上海陆家嘴附近的中粮海景壹号均价 22 万元 / 平方米、汤臣一品最高成交价超过 34 万元 / 平方米，香港位于中环金融中心核心区恒基兆业开发的尚贤居均价已超过 42 万元 / 平方米，纽约曼哈顿中央公园边上的公园大道 432 号公寓单价在 60 万元 / 平方米左右，紧邻伦敦金融城的海德公园一号均价高达约 77.9 万元 / 平方米，国外核心区域豪华公寓价格更加令人吃惊。

其次，用同样的价格在相似的区域找房子，考虑到持有成本，国内外普通住宅价格相差无几。假如你手头上有 1 000 万左右的预算想要在核心金融区域进行房产投资，在北京可以买到金融街西城晶华小区精装修的一居室，总价 1 143 万元，2008 年建成，建筑面积 71.54 平方米，按 70% 折算，使用面积约为 54.29 平方米，单价为每平方米 15.97 万元。在纽约曼哈顿下城区可以买到邻近华尔街的精装修一居室公寓，总价944万元，使用面积66平方米，单价为每平方米14.30万元。看似北京普通住宅价格稍高于纽约，但还需考虑交易和持有环节的税费，晶华小区由于是二手房，满五唯一且交易已满2年，增值税及附加税免征，交易环节需要缴纳1%的契税，约为11.4万，持有环节只有每年4 548元的物业费，没有房产税。而在纽约曼哈顿的一居室公寓，交易环节需缴纳1.425%的房产交易税、1%的豪宅税，持有环节还需缴纳1.16万美元/年的房产税和0.85万美元/年的物业费，如果将税费平摊至房屋面积，两者房价基本上相差无几。

由于各国房屋存在制度机制、区域表现、面积算法、计价单位、持有成本、数据来源等六个方面的差异，很难直接对比全球房价。本部分综合考虑各种因素，从宏观和微观进行对比，发现中国的房价在全球的确位居前列，尤其是从相对收入的角度来看，我国几乎是全球买房负担最高的国家，短期存在高估的可能。但是，考虑到中国的收入增速明显快于其他国家，房价长期不一定是高估。从绝对房价来看，我国房价尽管也处于全球前列，但和全球最贵的水平还有相当差距，尤其是核心城市和核心地段的高房价是常态。我们并不能简单地说中国的房价有泡沫，甚至说泡沫一定会破裂，必须动态看待这个问题。

看政策：房地产政策的大转向对我们有何影响？

房地产市场正处于一个大变局的时代，客观上，我国劳动力人口见顶，刚需红利开始逐渐消退。主观上，房地产政策也在发生方向性变化，以2016年中央提出“房住不炒、抑制资产泡沫”为标志，房地产政策已经从过去短效调控思路转向长效机制思路。房地产政策的转变以及对我们的影响，大体分四个方面：

第一是土地政策。房价畸形上涨很大程度上是因为土地供应的瓶颈。一方面，从总量上看，我国实行国有和集体所有的二元土地制度，国家在管理土地时设下了18亿，亩[①]耕地的红线限制，这就使能用于城市建设的土地总体供应相对有限。每年国家要供应城市开发用地，把农业用地、耕地转化为城市建设用地，导致耕地面积以接近每年1 000万亩的速度递减，2013年耕地面积只剩余20亿亩，18亿亩的限制便对建设用地的供应造成束缚。另一方面，从结构上看，由于地方政府的GDP导向，每年供应的建设用地中，住宅用地占比明显较低，过去十几年平均占比只有20%，且在2013年后持续下滑，2016年占比只有14.1%。此外，各城市土地分配不均衡，个别大城市明显偏少。一般一线城市聚集人口更多，但是往往相应的中小城市却拿地明显更多，如深圳的新增人口供地面积只有3.2平方米/人，而南京、苏州、西安等都有100平方米以上，苏州更是高达167平方米/人。

要解决房价问题就必须解决土地问题，要解决土地问题就必须要有新的政策思路，按照自然资源部给出的方向，未来中国土地市场的变化体现在三点：一是要改变政府作为居住用地唯一供应者的情况，中央可能会研究制定非房地产企业依法取得使用权的土地作为住宅用地的办法；二是利用农村集体经营性建设用地建设租赁住房，这方面国家正在试点，目的是建立多主体供应、多渠道保障租购并举的住房

① 1亩约为666.67平方米。——编者注

制度；三是将探索宅基地所有权、资格权、使用权“三权分置”，落实宅基地集体所有权，保障宅基地农户资格权，适度放活宅基地使用权。

简单说，就是打破土地供应垄断和开发商住宅供应垄断。一方面，集体土地、工业用地和农村宅基地，将来都可以入市，实现城市住宅供地的多样化；另一方面，各类企业、政府、个人、集团、社团组织等，都可以作为住房的供应者，类似单位集资建房，这样也实现了房屋供给的多样化。

第二是税收政策。税收是政府最直接的政策工具，针对房价，房地产税的推出只是时间问题，这也是确保房地产市场平稳健康发展的长效机制之一。由于房产税的缺失，中国的房屋持有成本很低，导致房屋空置率很高。很多人有多套房子，但更多人只有一套，甚至没有房子。根据西南财经大学的一项研究数据显示，2015 年中国住房的空置率有 22%，其中 18.7% 是有多套住房的家庭，有 5 400 万套、近 60 亿平方米的房子没有被使用，这主要是因为中国的房屋几乎没有持有成本。虽然说目前也有很多纷繁的房地产领域的税收，但除了个别试点城市外，国家尚未出台正式的房产税。

目前政策导向是逐步立法出台房产税，从建设、交易环节转向持有环节的财产税，这样未来交易的成本会下降，而持有成本会上升，尤其是房子较多的炒房者。对标世界其他国家，绝大多数发达国家也都开征了房地产税，而且是这些国家的主要地方税种，在地方政府税收中占有较高的比重。

逐步立法出台房地产税的大方向基本确定，如何推进以及何时推进的问题目前仍在研究讨论之中。2017 年末，时任财政部部长肖捷提出按“立法先行、充分授权、分步推进”的原则，推进房地产税的立法和实施，并对工商业房地产和个人住房按照评估值征收房地产税，适当降低建设、交易环节税费负担，逐步建立完善的现代房地产税制度。但房产税不是一个单纯的经济问题，还要考虑社会稳定问题。所以短期来看，房地产税的推进不会急于求成，还是从试点逐步扩大，对房价不会产生显著影响。长期来看，能够一定程度上打击投机炒房，对市场形成一定的抑制作用，但最终的房价走势依然要看人口基本面的变化。

第三是金融政策。房地产不单是一个消费品，还是一个投资品。金融政策也会直接影响房地产的需求和供给。过去，政策在需求和供给两端都鼓励加杠杆，但现在导向出现了一些变化，这主要是顺应大的去杠杆周期，避免系统性金融风险。央行行长易纲就曾强调，一旦房地产出现泡沫并破裂，很有可能触发系统性风险。所以，中央对楼市泡沫的态度是不主动刺破，以控制为主。

2018 年央行工作会议提出，“继续实施‘分城施策’差别化住房信贷政策，强化房地产金融宏观审慎管理”。这也是央行年度工作会议首次提出强化对房地产金融的宏观审慎管理。

房地产金融宏观审慎管理可以分三点：首先，是完善差别化住房信贷政策，如打破一刀切上调基准利率，根据各地楼市基本面的不同，差异化选择利率浮动幅度；其次，管住资金投放，把握好资金总闸口，控制房地产敞口的整体杠杆率；最后，调整投入房地产的资金结构，如减少商品房领域的资金投放，增加租赁市场、住房保障、棚改领域的资金投放等。

第四是微观的市场政策。中国的户均住房已经超过 1 套，人均住宅面积接近 35 平方米的国际平均水平，这意味着房地产的市场基本面正在发生质变，从增量房时代转向存量房时代。这也倒逼市场政策从以售为主逐步转变到租售并举，以后大城市租房可能成为主流。住房租赁市场，尤其是长期租赁市场成为新的引导方向。政府目前正在大力发展租赁市场。2017 年 7 月，住房城乡建设部、国家发展改革委等 9 个部门联合印发《关于在人口净流入的大中城市加快发展住房租赁市场的通知》，《通知》要求在人口净流入、住房租赁需求旺盛的大中城市，加快发展住房租赁市场。

对市场来说，长租公寓将得到迅速发展。它主要有两种方式：第一，开发商持有的用于租赁的住房，这种模式下开发商只能用于租赁不能销售，目前尚未找到盈利模式；第二，如链家、我爱我家这种房地产中介公司租赁散户的住宅，然后进行统一装修和管理，再进行出租，这种形式有着较为成熟的盈利模式，也迅速在租房客中流行起来，比如链家的自如品牌，已经有相当的影响力。

所有政策的调整都只有一个目的，就是让房地产市场回归本源，既要保障基本的住房供应，又要避免泡沫化，我们每个人都应该及时认识和适应这种变化。

看历史：房价涨多跌少的原因是什么？

过去十几年，房地产成为中国最火热的资产。整个股票市场大概只出现了 171 只十年十倍股，而同样 10 年间北京二手房市场均价已经上涨了近8倍。这意味着，2007年选择配置股票的人，千挑万选，也只有11%的机会赢利10倍，而如果选择配置房产，只需要选择首都，就会100%赢利8倍甚至更高。

尽管一直争议不断，但中国的房价在过去十几年间始终涨多跌少。从上涨的时间来看，在过去159个月中（2005年8月至2018年10月），有132个月房价涨幅为正，仅有27个月房价涨幅为负。从波动的幅度来看，每一次房价的涨幅远远大于跌幅。过去十几年，我国70个大中城市新房和二手房的价格平均每月上涨0.58%、0.67%，平均每月下跌仅0.32%、0.56%。以北京二手房成交价格为例，上涨时平均每月涨幅为3%，而下跌时平均每月跌幅仅为1.4%。

房价涨多跌少的原因其实很简单，四个字就可以回答："供需失衡。"需求红利、供给瓶颈共同成就了中国房地产市场过去十几年的"牛市"。

从需求端来说，三个红利让中国的房地产需求在过去十几年大幅扩张。

一是青年人口红利。一个人跟买房有关的两个阶段分别是20~35岁的首次置业需求和35~50岁的改善性置业需求。过去房地产的需求主要来自两波出生人口高峰，一是1962—1975年，年均出生人数超过2 628万，二是1986—1990年，年均出生人数超过2 400万。他们分别是当前改善型需求和首套房需求的主力，而由于计划生育政策的影响，这两次婴儿潮之后出生人口就一直在趋势性下降，即便现在已经放开二胎，也没法重复过去十几年的需求红利。

二是城镇化红利。刚需除了来自人口年龄的增长，还有一个重要来源就是人口迁移。当人口从农村进入城市的时候，购房的需求也是刚性的。中国在过去几十年经历了最大规模的城镇化。改革开放之初中国城镇化率仅为 17.9%，截至 2017 年中国城镇化率达到 58.52%，城镇化为房地产市场提供了超过 6 亿的刚需人口。根据十三五规划，到 2020 年城镇化率要达到 60%，预计平均每年城镇常住人口会新增 1 600 万左右。

三是金融化红利。房地产不仅是一种消费品，更是一种投资品，在过去十几年货币扩张的过程中，大量的流动性资金涌入房地产市场，房价不可避免地被赋予了金融属性。从总量上看，M2 也就是广义货币规模过去十年平均增速接近 16%，最高时甚至达到 26.62%，2008 年 M2 不到 50 万亿，2017 年已经超过 170 万亿。从结构上看，相当一部分流动性资金进入了房地产市场，居民新增房贷规模年均增速高达 35%，2008 年房贷规模为 3 500 亿，2017 年已经膨胀到 5.3 万亿，货币扩张推动加杠杆，也成为推高房价的一个重要因素。

需求扩张是房价上涨的触发因素，但不是根本因素。任何一种商品，不管需求多么旺盛，只要供给能跟得上，价格就不会出现持续的上涨。房价上涨的根本性原因还是在供给端。

从供给端来说，两个瓶颈导致房地产市场有效供给严重不足。

第一个瓶颈是土地瓶颈。房价贵很大程度上是因为地价贵。数据显示，36 个重点监测城市住宅用地地价房价比的中位数为 34.76%，北京、上海的这一比例都超过 50%。与之相比，美国的平均地价占房价的比重非常低，长期保持在 20%~30%，主要城市地区也只有 30%~40%。英国的地价占房价比重处于 25%~38% 之间，伦敦也只是刚超过40%。

地价贵的根源是我国独具特色的二元产权结构：农村土地集体所有，城市土地是国家所有，而美国、英国等大部分发达经济体国有土地和私人土地并存，但私人土地占比较高。这种特殊制度下，只有政府可以将农村土地转为城市土地进而提供住宅用地，同时住宅用地供应又采用“招拍挂”的形式由政府垄断。这就使卖地收入成为地方政府最重要的收入来源。因此对于地方政府而言，通过低土地供应来维持高土地价格是最好的策略。因此便出现了很多非市场行为，比如2007—2008年间房价迅速上涨但是土地供应量不仅没有增加甚至是减少的现象。

此外，由于地方政府过去的GDP导向政策，大量的建设用地被用于工业建设和招商引资，导致我国住宅用地在国有建设用地中所占比例明显偏低，2008年最高时只有26.5%，之后便一路下滑，2018年一季度更是下降为24%。别的国家是住宅用地远大于工业用地，而我们正好相反，这也是土地供应不足的一个重要原因。

第二个瓶颈是交易瓶颈。土地瓶颈已经导致一手房供应不足，雪上加霜的是，我国特殊的交易制度又导致二手房供应不足。理论上，当市场需求因为调控出现萎缩的时候，如果供给不变，价格应该向下调整，但现实是，当需求萎缩的时候，供给也同步萎缩，很多人卖不上价就选择捂盘不卖，这导致很多库存被锁定，价格自然也就失灵。大部分国家不会出现这种情况，因为大部分国家的房子持有成本尤其是空置成本相当高，而我国的房子几乎没有持有成本。

一方面，中国对房地产的税收主要集中在交易环节征收，因此持有成本极低。除了上海和重庆有实行试点的0.4%~0.6%以及0.5%~1.2%的房产税外，其他地区都没有房产税。相较而言，在美国持有房产，不仅需要交由各州规定的房产税，还需要缴纳高额的保险与维护费用。在德国，不仅有平均1.5%的土地税及其他众多税项，比如如果购房不足10年，房产持有者甚至需要对转手增值部分征收15%的“投机税”。在日本，房子有累进的房产赠予和遗产税，这降低了投资房产的吸引力。另一方面，中国的房产在保险、维护等方面支出比较少。以北京金融街西城晶华的一套一居室以及纽约曼哈顿下城区的一套一居室公寓为例，两者购买成本均在1 000万左右，但是北京的房产长期持有成本只有4 548元/年的物业费，而纽约的房子则需要支付7万元/年的房产税以及5万元/年的物业费，合计每年持有成本高达12万元人民币，是北京房产的26倍。

总的来说，过去十几年房地产涨多跌少的原因就是“供需失衡”。从需求端来看，青年人口红利、城镇化红利、金融红利等因素导致需求大幅膨胀。从供给端来看，土地瓶颈和交易瓶颈导致供给严重不足。这样失衡的局面下，房价涨多跌少是必然结果。

看未来：中国房价何时到达顶点？

中国的房价可能是世界上最具争议的资产价格。十几年前就有专家说中国的房价见顶了，但直到现在，中国的房价还在不断上涨。这不禁让很多人联想起了30年前的日本，当时日本的房价也是涨得超出了很多人的想象，唱空房价的声音在20世纪80年代末达到顶峰，结果没有几年房价就崩溃了，日本也因此爆发系统性金融危机，日本经济陷入失落的 20 年。不仅仅是日本，大部分国家的房价都经历了盛极而衰的过程。那么，中国的房价会不会迎来日本式的结局？现在是不是已经到了拐点？在回答这个问题之前，我们先分析一下历史，各国房价出现拐点无非是以下四个条件触发的：

第一，劳动力人口见顶，人口进入老龄化阶段。短期来看，楼市的影响因素主要是政策、供求、城镇化率等，但长期来看，房价取决于劳动力人口，这部分人口是首次置业刚需以及改善型刚需的主要来源。根据 OECD（经济合作与发展组织）和世界银行的统计，日本和美国的真实房价与劳动力人口占比（15~64 岁人口占总人口的比重）的走势高度一致，两国劳动力人口的拐点和房价拐点相差都不到 3 年。如果把范围扩展到 22 个国家，其结论也是一致，1989 到 2014 年的房价变动有 60% 以上的原因可以由劳动力人口占比解释，也就是说劳动力人口是房价的决定性因素。

这背后的逻辑是，劳动力人口不仅直接决定需求人口的数量，而且还会通过经济结构间接影响对房地产的需求。一般来说，劳动力人口占比上升会使储蓄率提高、净出口提高、金融周期扩张，这些都会推动房地产价格上涨。

第二，城镇化已经基本完成，没有新增的人口迁移需求。对于一个城市来说，房地产需求的来源除了新生人口，还有迁移人口，也就是城镇化带来的需求。所以，从历史来看，日本这些国家房价见顶的时候不仅劳动力人口见顶，城镇化也已经基本完成。1992 年日本的城镇化率已经高达 77.37%，一般认为 80% 左右是高度城市化。虽然在之后的 1991—2005 年，日本的城镇化率仍然在提升，但是从 1991 年开始，日本的房地产泡沫就已经开始崩溃，股价和房价大跌。也就是说，当城镇化水平达到 70% 以上的高水平时，即便城镇化还在进行，但边际上的增量也已经不足了，这会给房价带来拐点的压力。

第三，房地产存量已经很高，户均住房和人均居住面积达到一定水平。对任何市场来说，供给和需求都同样不可忽视。各国房价见顶时除了需求端面临拐点，供给端基本都非常充足，甚至过剩。以美国为例，2008 年金融危机后房价暴跌与之前房地产扩张太快有关，根据北大中国社会科学调查中心的报告数据，当时美国的人均住房面积高达 67 平方米，而英国和法国仅分别为 35.4 平方米和 35.2 平方米。当需求萎缩、价格下跌时，这样的高库存易形成抛盘，让市场加速崩溃。

第四，经济出现系统性的金融危机，对流动性造成重大冲击。房地产有很强的金融属性，所以流动性紧缩经常会成为压垮房价泡沫的最后一根稻草。比如美国在 2000 年互联网泡沫破灭后，为了实现经济复苏，美国进入流动性扩张周期，从 2000 年到 2003 年短短 3 年内，进行了 13 次降息，直接催生了房地产市场的繁荣。后来为了抑制资产泡沫和通胀上行，美国在 2004 年重启加息到 2007 年，这种紧缩也直接造成了后来的系统性金融危机，房价由涨转跌，迎来拐点。但一般来说，流动性紧缩带来的还是周期性下跌，并不是长期拐点的充分条件，比如美国房价近几年重新上涨，甚至超过了前期高点。

总的来说，大部分国家房价拐点都是上面这些因素共同作用导致的，单独一两个因素并不必然导致房价拐点。结合以上因素，目前中国的情况如下：

第一，中国劳动力人口确实已经见顶，对房价有长期压力。中国的劳动力人口红利消失，这点显而易见。根据世界银行的预测，到2021年，我国劳动力人口占比会下降到70%，与日本房地产泡沫破裂前夕的水平持平，日本劳动力人口占比的顶峰是1991年的70%左右。从2021年开始到2046年这25年，我国劳动力人口占比会从70%下降到60%，这个降幅与日本从1991—2016年这25年时间内的降幅一样。这也是很多人看空中国房价的一个最主要原因。尽管2016年国家放开了二胎政策，但结果在2017年新生人口不升反降，主要原因是随着收入水平的提高，生育率正在自然下滑。

第二，中国城镇化还处于中期，距离发达国家的水平还有很大空间。这是中国和当年日本最大的不同，1991年日本房价见顶的时候城镇化率已经接近80%，而2016年中国的狭义城镇化率只有41%，广义城镇化率也只有57%，从国际经验来看仍处于加速城镇化阶段，大约到70%后才会进入平稳城镇化阶段。所以我国的城镇化还有很大空间，并没有日本当年那么大的压力。

第三，中国的房地产存量已经相对较高。目前我国城镇存量住房超过200亿平方米，户均住房超过1套。在美国的70年代和日本的90年代，当存量住房达到户均1.1套时，房地产开发见顶，新房市场基本饱和，开发投资和销售迅速回落，房价开始承压。从住宅面积来看，我国人均住宅面积约35平方米，已接近发达国家水平，德国为39.4平方米，法国为35.4平方米，英国为35.2平方米，且明显高于亚洲国家，日本19.6平方米，韩国19.8平方米。总体来看，我国的广义地产库存超过60亿平方米，几乎还能再容纳两亿人居住，也是一个不小的压力。

第四，中国没有系统性危机，但在挤泡沫，去杠杆。过去几年，我们经历了史无前例的货币扩张，市场流动性泛滥，也间接导致房价暴涨。2016 年之后，国家提出房住不炒，抑制资产泡沫，主动去杠杆，挤泡沫，就是希望避免系统性的金融危机，用时间来换空间。考虑到我国有以国有经济为主的体制优势，爆发系统性金融危机的可能性不大，所以一般不会出现日本 90 年代那种崩溃的情况，这也让房价不至于面临剧烈下跌的压力。

结合以上的国际经验和中国相对应的情况分析，可以有以下综合判断：中国的房价将会面临劳动力人口占比下降到来的第一次拐点，房价涨速会放缓，波动会加大，大概相当于日本 20 世纪 70 年代，但是还没有到最后的拐点，城镇化还能支持房地产发展相当一段时间。不过，在去库存和去杠杆的背景下，不同地区的房价分化会进一步加剧。

投资方法：发掘房地产中的投资机会

预测未来房价的关键因素是什么？

其实每种商品都一样，价格的走势最后都要落脚到“供需”两个字上来。从需求端来看，一方面是人口变化带来的真实住房需求，包括劳动力人口和城镇人口的增加；另一方面是货币环境变化带来的投资性住房需求，当货币扩张的时候，房地产作为一种投资品会受到流动性的刺激，这在过去十几年的中国房地产市场体现得淋漓尽致。从供给端来看，一方面是库存因素，库存多了就有降价销售的压力；另一方面是土地因素，土地决定了未来房地产的供应边界，如果政府不批土地，或者说城市没有土地了，即便需求平稳，房价也要涨。

从供需来看，房价的决定因素是显而易见的。但未来的趋势预测不是简单地按供给和需求来分析，而是按时间周期来综合分析，不同周期内房价的关注点是不一样的，总结起来是：短期看政策，中期看库存，长期看人口。

短期看政策，主要指的是货币政策和房地产调控政策。房地产的建设周期一般长达数年，短期的市场真实需求和供给很难出现明显改变，最容易改变的是市场的预期和资金环境，而这些都受到短期政策的巨大影响。

一是宏观的货币政策。房地产不仅是一种消费品，更是一种带有金融属性的投资品，所以对流动性极其敏感。货币政策会通过影响市场上的流动性直接影响房地产市场的需求。回顾历史，每一轮房价暴涨几乎都是货币宽松所导致的。

二是微观的房地产调控政策。货币政策间接影响需求，地产调控直接限制需求。常见的房地产调控政策包括限购、限贷、限价、限售、限商等，一般是从资格认定、贷款要求、价格指导、转让限制、用途管控等方面施加限制，这种限制直接让多数有需求的人买不了房，但反过来，如果这种限制放松，对房价的助推也是立竿见影。

历史不会简单重复，但却总是押着同样的韵脚。过去十年我国大概经历了三轮房地产的“放松”的周期，每一次的结果都是房价暴涨。

第一轮“放松”是2008年末的4万亿，中央连续降准降息，还出台了下调购房契税税率等刺激政策，直到2010年初的升准、房地产“国十一条”重新收紧二套房贷政策为止。70个大中城市二手住宅价格环比达到每月最高1.7%的涨幅，在这一轮放松之前，北京的房价每平方米1万元，放松之后基本增长了一倍。

第二轮“放松”是2011年末开始的降准以及放松房地产调控政策，直到2013年初的房地产“新国五条”执行为止。这一轮刺激之后，北京房价基本是34 000元/平方米。

第三轮“放松”是2014年“930新政”，后来2015年又出了“330新政”，将商贷二套房的首付降至四成，二手房营业税免征期限由5年降为2年，成为这一轮房价上涨的直接导火索。北京的房价也从每平方米34 000元涨到67 000元的水平。这轮疯狂的上涨也倒逼政府出台了史上最严厉的调控措施，2017年的“317新政”不仅要求认房又认贷，提高首付比例，甚至还暂停了25年以上房贷，这让过去一年的房价承受了不小的压力。

目前来看，我国仍处于2016年末开始的这轮政策紧缩周期，要预测短期房价反弹的拐点很简单，就是等待政策放松的信号。从历史来看，政策宽松无非是来自经济和市场的超预期下行。过去GDP增速是最简单却最实用的指标，2009年的9.4%，2011年的9.5%以及2014年的7.3%这几个相对低点都对应着政策的拐点。但现在中央越来越淡化GDP目标，所以还要结合宏观环境来看，目前宏观环境下行压力是存在的，但还没有出现超预期下行，所以短期来看，政策只会微调，不会出现像2009年、2012年和2015年那样大力度的宽松。

中期看库存，包括待售的既有库存和尚未建成的潜在库存。房地产的需求可以在短期内发生很大的变化，但供给不可以，因为供给受到房地产建设周期的限制，从拿地到开工，从开工到完成，都需要时间。需求的快速变化和供给的反应时滞导致供需经常会出现缺口，但供给大于需求的时候，库存就会快速增加，这会直接影响中期内的房地产市场供求平衡，进而影响房价。库存越低，房价弹性越大，反之亦然。库存主要看两个方面的指标，既有库存看商品住宅待售面积，潜在库存看房屋施工面积。

从狭义库存来看，全国商品住宅待售面积自2011年以来不断走高，最高时2015年甚至超过7亿平方米。之后由于房地产去库存以及三四线城市棚户区改造等一系列政策，商品住宅待售面积大幅下降至5.8亿平方米，接近2013—2014年的库存水平，但这仍然不低。

从广义库存来看，潜在的房地产供给更高。如果回顾过去十几年的数据，我们会发现有一个有意思的现象，就是每年新开工面积都大于新房销售面积，简单来说，就是新增供给一直大于需求，即便是在销售火爆的2017年，17.9亿平方米的新开工面积也是明显高于16.9亿平方米的新销售面积。但从待售面积来看，库存并没有明显增加，原因就是待售面积只统计已建成面积，而大量的房子还在建设当中，这部分库存会体现在施工面积里。从施工面积来看，2017年有超过78亿平方米的房屋正在施工当中，这都是未来几年的潜在住房供给，按照人均35平方米的标准，这些供给足以满足两亿多人的居住需求，这些潜在库存主要在三四线城市，对全国整体的房价还是有比较大的压力，当然，一二线城市的库存大多比较低，需求比较旺盛，需要分区域来看。

长期看人口，从根本上说，房子是用来住的，不是用来炒的。不论房子曾经被赋予了多少的投资属性，到最后都是有人住才有价值。因此如果从长周期看，房价走势主要看人口，有人才有需求。房地产的需求人口主要来自三个方面：一是劳动力人口，这部分人是改善型需求的主要来源；二是年轻人口，年轻人长大了要买婚房，也是刚需；三是城镇化人口，农村人口迁移到城市，小城市人口迁移到大城市，都会有相应的购房需求。

从劳动力人口来说，中国的劳动力人口红利已经开始消失，人口老龄化的趋势越来越明显。根据世界银行的预测，2021 年我国劳动力人口占比会下降到 70%，与日本房地产泡沫破裂前夕的水平持平，日本劳动力人口占比的顶峰是 1991 年的 70% 左右。我国从 2021 年开始到 2046 年这 25 年，这一比例会从 70% 下降到 60%，这对我们的房价是一个巨大的压力。

从年轻人口看，计划生育导致的后果正在体现。1986—1990 年是最后一波婴儿潮，之后我国出生人口长期维持在年均 1 800 万人以下的低水平，这直接导致目前我国 20~30 岁的年轻人口比例开始下降，而中国的新生人口下降会导致总人口下降。2017 年我国出生率只有 12.43‰，甚至低于日本。而如果想要实现人口的代际平衡需要 2.1 的总和生育率，也就是平均一对夫妇需要生 2.1 个孩子才可以维持代际更替，但我国目前的总和生育率仅在 1.7 左右。

从城镇人口看，情况要稍微乐观一些。尽管过去十几年中国的城镇化率以每年一个百分点的速度快速提升，但目前中国城镇化率仍然不到 60%，相比发达国家仍然较低。根据十三五规划，每年城镇仍将新增1 600万常住人口。在城镇化率达到80%之前，城镇化人口依然是支撑城市尤其是大城市房价的重要动力。

奋斗与选择：京沪深的房子还要不要买？

很多人开玩笑说，“一线城市容不下肉体，三四线城市容不下灵魂”，究竟是选择在一线城市打拼还是回家乡发展，是很多人纠结的问题，纠结的一个最重要原因就是房价。一线城市的高房价的确让年轻人难以承受，很多人在等房价下跌，但结果却是等来了更激烈的上涨。往后看，京沪深的房价究竟还会不会涨？对于年轻人来说，是不是能等来更好的入手机会？

前面我们对比了20个一线城市的绝对房价和相对房价，发现从绝对房价水平上看，京沪深中心城区的平均房价超过8万/平方米，仅次于香港、伦敦、新加坡，处于全球较高水平，但与房价最高的纽约、香港等城市仍有一定的距离，其中约为香港的一半；从相对房价水平上看，京沪深的房价收入比超过40倍，占据了前四名中的三个席位，由此可见，京沪深的房价的确非常高，但并不是高得离谱，在很多国际大都市，高房价是一种常态。要判断未来京沪深的房价趋势，还是要分短期、中期、长期来看，短期看政策因素，中期看土地和库存因素，长期看人口因素。

先来看短期，主要是政策因素：一是地产调控政策，二是货币政策，这两个政策都基本处于紧缩的状态。从地产调控来看，目前京沪深均实行较为严格的房地产调控政策：北京2017年出台“317新政”，认房又认贷，非京籍需要连续5年缴纳个税，并提高首付比例，首套房普通住宅35%维持不变，二套房普通住宅从50%提高至60%，并停发25年以上个人住房贷款；上海2016年出台“沪九条”和“沪六条”，规定非沪籍居民购房需连续缴纳个税及社保满5年，首套房首付款比例不低于35%，二套自住房首付款比例不低于50%，承诺首付款为自有资金，开征个人住房房产税。深圳2016年出台“深八条”，规定非深籍居民购房需连续缴纳社保或个税满5年，首套房首付款比例不低于30%，二套自住房首付款比例不低于50%。京沪深的房地产调控政策是全国调控的风向标，目前来看，房地产调控政策还完全没有放松的迹象。

再说货币政策。货币政策并不专门调节房地产市场，但它的确会对房地产需求造成直接影响，进而对房价产生影响。一般来说，货币宽松能对需求起到刺激作用，货币紧缩会抑制房地产需求。2016年第四季度货币政策执行目标由“稳健”转变为“稳健中性”，这两年货币政策一直处于相对偏紧的状态。但随着近期经济下行压力加大，金融风险加速暴露，货币政策出现了一些微调的迹象，2018年央行降准4次就是证据。

2018年，在房地产调控政策和货币政策的共同作用下，京沪深楼市迅速降温，2018年1月京沪深房价由涨转降，实现32个月来首次同比负增长，低于2017年同期水平。3月媒体实地调查发现，房地产调控以来，北京、上海、深圳二手房降幅在15%左右，不少二手房单价下降超过1万元，成交量大幅萎缩，京沪深房地产量价齐跌。短期来看，京沪深房地产调控政策不会松动，货币政策出现微调，但稳健中性的基调尚未发生变化，所以房价反弹的可能性不大。但考虑到过去一年房价的调整幅度已经比较大，继续下跌的可能性不大，房价将逐步趋稳，伴随着政策的微调会略有反弹。

再来看一下中期，房价变动取决于土地，主要包括土地供应和房屋库存等。京沪深的土地可谓是寸土寸金，土地资源越来越稀缺。2016 年京沪住宅类土地供应大幅缩减，分别为 220 万平方米和 687 万平方米，甚至不到 2015 年的一半，深圳的土地最为紧张，供应量只有 24 万平方米，和京沪不是一个数量级。土地供应减少导致价格大幅攀升，地王频出，2016 年被戏称为“地王年”，土地价格攀升成为助推房价上涨的主要动力。

为配合房地产调控，2017 年京沪深土地供应有所回升，但出现了明显的结构性分化。为响应“房住不炒”的政策号召，新增土地主要用于限价房和共有产权住房建设，北京土地出让面积创下四年新高，其中限价房地块占比 46%，共有产权住宅占比 42%，还有一部分用于租赁型住宅，纯商品住宅用地极少。上海首次推出“租赁住宅用地”，大量土地用于租赁住宅建设。深圳土地供应本来就少，唯一出让的一宗土地是“只租不售”性质，新增可售住宅用地数量为 0，只能通过城中村和旧城改造来盘活存量。同时，京沪深的房地产库存明显偏低，新建房屋数量极为有限，大多是二手房交易，甚至出现了价格倒挂现象。目前，北京、上海、深圳的去化周期分别为 2.7 年、1.6 年和 1.0 年，北京主要是由外围区域库存推高的，深圳正处于 12 个月的安全库存边界，库存较低。

总的来看，京沪深的土地供应资源非常稀缺，住房库存均处于低位，尤其是几乎没有新增土地而且库存极低的深圳。这一年多的房价趋稳和调整完全是依靠短期严厉的调控政策，并非基本面出现了供过于求，所以，从这个角度来看，当短期政策紧缩逐步转向边际宽松的时候，中期内京沪深的房价还会有一波反弹。目前只是货币政策出现微调，地产调控还没有放松的迹象，地产政策放松只会在两种情况下出现：第一，经济下行超预期，比如跌破 6.5%；第二，房价下行超预期，目前只是一二线城市由于限购限贷在调整房价，如果三四线城市也因为货币收紧出现房价明显下跌，预计届时政策会有所松动，房价可能会有明显的反弹。

长期来看，房价变动取决于人口，主要是常住人口数量等。常住人口产生了真实的居住需求，是长期房价变动的根本因素。京沪深的人口吸引力毋庸置疑，北京是政治中心，上海是金融中心，深圳是创新中心，如果不考虑政策因素，这三个城市的人口可能会持续地扩张，成为超级城市。近两年北京和上海严控常住人口总量，出现了短暂的人口净流出，2017 年分别减少 2.2 万和 1.37 万人。但这种减少并不是长期趋势，伴随着区域分化的加剧，京沪深的吸引力可能会越来越大。相对开放的深圳就是一个例证，2017 年净流入人口 62 万人。而且，2018 年北京和上海开始加大人才争夺力度，人才新政频出，北京建立优秀人才引进的“绿色通道”，支持 10 类优秀人才落户。上海打造“人才高峰”，重点吸引 13 个领域的高峰人才。毫无疑问，北京、上海的人口净流出只是短期的，未来人口流入的压力依然很大。

从国际经验看，京沪深等一线城市也还有很大的承载空间。与发达国家相比，中国一线城市人口占比明显偏低。2015 年北上广深四个一线城市常住人口占全国总人口的比例为5.2%，而同年日本、韩国、英国、法国、美国人口规模排名前四的城市对应占比分别为51.5%、37.0%、24.9%、22.6%和14.7%。所以长期来看，京沪深人口还有相当的增长空间，其房价可能也会向全球最高水平的纽约、香港等城市看齐，这是典型的大城市病，但在人口向大城市集聚的过程中，人口增长、土地稀缺、财富集中是必然趋势，大城市病在所难免。除非出现像日本那样的金融危机，但目前来看，我国和日本有着明显的制度差异，重蹈日本覆辙的可能性不大。

和国际一线城市相比，京沪深房价位居前列，但并不是最高的。短期来看，房地产调控政策没有松动迹象，货币政策只是微调，房价难有实质起色。中期来看，京沪深可售住宅用地稀缺，供不应求，当政策略有放松时，房价可能会出现比较大的上涨压力。长期来看，京沪深人口还有增长空间，高房价最后可能成为常态。

掘金指南：下一个新一线城市会是谁？（上）

中国的房地产市场正在从黄金时代走向白银时代，过去房地产是整体性上涨，所有城市都享受了前所未有的房价红利，未来房地产是结构性上涨，一方面城市内部不同区域、地段会加速分化，另一方面，各个城市之间的房价也会出现明显分化。一批具有经济优势和人口吸引力的新一线城市将会崛起，而产业衰落、人口流失的城市的房价可能面临显著的风险。下面将分别讲一下最有希望和最有风险的城市，首先来看最有希望的新一线城市。

为什么要关注所谓的新一线城市呢？首先，传统意义上的一线城市，也就是北上广深4个城市，已经接近承载能力的红线。2020年北上广深的常住人口目标分别为2 300万、2 500万、1 550万和1 480万，而现在这几个城市的实际人口数量都非常接近这条红线。其次，未来中国经济必须依靠一批新一线城市，重新打造经济增长的新动能。最后，北上广深的大城市病也必须靠一批新一线城市来疏解人口压力。

怎么去筛选新一线城市呢？我们可以从量化指标和定性指标两部分来分析，量化指标包括经济、金融、人口、创新和房价5个维度。

第一个维度是经济指标，主要用于衡量区域经济发展水平和经济状况。常用的指标有三个：一是GDP，经济体量越大，越有成为新一线城市的可能性；二是人均GDP，人均GDP越高，居民越富裕，可享受越高水平的物质生活；三是第三产业占比，第三产业占比越高，吸收就业的能力越强，经济发展通常更具持续性。

第二个维度是金融指标。金融是经济发展的重要动力，金融指标主要反映地区金融发展水平，我们可以重点关注金融机构本外币存款余额和上市公司数量两个指标。前者用来衡量地区对资金的吸附能力，侧面反映城市的富裕程度；后者可以用来衡量资本市场的活跃程度以及金融对实体经济的支持作用。

第三个维度是人口指标。人口是经济发展的第一资源，是城市发展的根本动力，我们通常选取常住人口数量、常住人口净增量、劳动力人口占比三个指标进行评价。常住人口数量是存量指标，既决定劳动供给又影响消费需求，是关乎经济发展的关键因素，人口集聚是新一线城市的重要特征之一。常住人口净增量反映了一个城市对外来人口的吸引力，城市基础设施越完善，开放和包容性越强，对人才的吸引力越大。劳动人口占比用于度量人口结构，是人口红利的直观表现，在全球老龄化趋势下，劳动力人口是城市核心竞争力，劳动人口占比越高，城市自然越有活力。同时，人口是长期房价的重要决定因素，劳动力人口也催生了许多刚需，无论是年轻人的婚龄刚需还是中年人的改善刚需都与房价息息相关，从国际经验看，15~64 岁的劳动力人口越多，房地产的刚需越强烈，房价越有上涨动力。而当劳动力人口占比出现拐点时，房价的拐点也会随之出现。

第四个维度是创新指标。创新是城市发展的主要驱动力，科学技术成为第一生产力，随着科技对经济发展的支撑作用不断增强，创新是推动城市发展的力量源泉。创新维度的评价指标选用的是研究与试验发展（R&D）经费支出在 GDP 中的占比和新增专利数这两个指标，研究与试验发展经费支出在 GDP 中的占比反映了地区对科研的重视程度，新增专利数显示了科研的已有成果，二者可以度量城市科技创新实力。

第五个维度是房价指标。当下的房价水平对于未来的房地产投资潜力也有重要意义。总体来看房价与城市发展水平呈正相关关系，房价指标既要关注绝对房价指标，比如最新新建商品住宅成交均价，又有相对房价指标房价收入比，还有与房价密切相关的库存指标去化周期。新建商品住宅成交均价直观反映城市房价水平，与城市发展水平高度相关。房价收入比为住房总价与家庭可支配收入的比值，可用于度量购房压力。库存是影响中期房价的重要因素，去化周期是商品房的销售周期，一般来说，库存越高，去化周期越长，去库存的压力越大，降价的可能性越大。库存越低，去化周期越短，房价的弹性越大，需求面稍有刺激，房价就可能明显上涨。

除了上面5个维度可量化的指标外，还有一些难以量化的指标，也会对地区发展产生重大影响。可分为两大类：一是国家政策支持。地区经济发展离不开国家战略支持，目前我国实行“一带一路”建设、京津冀协同发展、长江经济带发展三大国家战略，还有千年大计的雄安新区、连接珠三角的粤港澳大湾区、利好海南的全岛自贸港建设等，随着发展规划的相继出台，相关重要节点城市迎来难得的发展良机，将会受益匪浅。二是城市区位优势。随着高铁技术的突破，高铁线路与站点逐渐普及，我国进入高铁时代。高铁增强了相关城市的交通通达程度和辐射效应，高铁经济效应凸显，推动城市功能和地位变化，等到重要的高铁节点城市的枢纽地位正式确定，相关城市发展步伐将不断加快。

截至目前，我们已经梳理出了新一线城市的主要影响因素，包括经济（GDP、人均GDP、第三产业占比）、金融（金融机构本外币存款余额、上市公司数量）、人口（常住人口数量、常住人口净增量、劳动力人口占比）、创新（R&D经费支出在GDP占比、新增专利数）和房价（新建商品住宅成交均价、房价收入比、去化周期）和国家政策支持力度、城市区位优势指标。下面将进行新一线城市指标体系实践，基本思路是基于每个指标的性质对各城市进行排名，除去化周期外，其他都按正序排列，然后将频次最高的十个城市筛选出来。当然，需要注意的是，这十大新一线城市只是根据模型筛选出来的结果，排名的意义在于衡量各城市的发展前景，与房价的相对弹性和安全边际紧密相关，但排名第一并不意味着房价会涨，排名最后也不意味着房价会跌，只是在房地产大势波动的过程中，排名越靠前的弹性可能越大，对于房地产投资时的区域选择有一定的参考意义。

掘金指南：下一个新一线城市会是谁？（下）

基于上节的新一线城市的指标体系，我们通过排序筛选出最具发展潜力的十大新一线城市，分别为杭州、天津、苏州、南京、成都、武汉、重庆、青岛、宁波、西安，下面就结合这些城市各自的特点逐一分析。

杭州

很多人说北上广深的说法已经过时了，现在应该是北上深杭，杭州在很多人的心目中已经超过了广州，在我们的指标体系里，杭州也是当仁不让的新一线城市首选。杭州 2017 年 GDP 1.26 万亿，全国排名第十，看上去并不是规模最大的城市，但是杭州绝对是潜力最大、质量最高的城市之一。杭州有着很多同等城市甚至北上广深无法比拟的产业优势。这些年杭州的产业结构不断优化升级，第三产业占比高达 62.6%，其中金融和科技行业成为杭州的两张名片。尤其是以阿里巴巴为代表的信息技术产业，连续三年增速超过 25%，成为经济增长的主要推动力。此外，尽管没有同北上深一样优良的金融基础，但杭州的金融生态也非常发达，金融机构存款余额为 3.64 万亿，上市公司数量 132 家，在新一线城市中名列榜首。在金融业从融资向投资、从银行向非银机构的转型过程中，杭州成为最大的受益者，以玉皇山南基金小镇为代表的基金行业快速发展，成为其经济发展的有力助推器。现在，杭州正在加快推动金融和科技两大支柱产业的融合，未来很可能会成为国际性的金融和科技中心。

2015 年至 2018 年，杭州新建商品住宅涨幅约 38%，尤其是 G20 峰会（20 国集团峰会）后房价大幅上行，以 31 015 元 / 平方米的二手房销售均价在新一线城市中略低于南京，排名第二，短期为控制房价，调控力度逐步升级，甚至开始摇号购房。2018 年 9 月以来，杭州房价有所调整；但库存较低，去化周期约 5 个月，加上对人才吸引力较强，常住人口持续净流入，2017 年净增 28 万人，在新一线城市中排名第二。低库存 + 人口净流入，杭州的房地产还有发展空间。

天津

作为最靠近首都的直辖市，又临近海，天津的区位优势明显。身处交通要塞的天津拥有多条高铁线路，以及跻身全球前十名的天津港，是华北地区最重要的交通枢纽。从政策上看，天津的优势也是无可比拟的。在京津冀协同发展的国家战略中，天津是重要的节点城市，虽然雄安新区对天津的发展可能造成一定的竞争压力，但天津依然是未来承接首都外溢产业和人口的重要节点。在国家的对外开放战略中，天津也占有重要位置，天津自贸区是长江以北的唯一国家级自贸区。从经济上看，天津是环渤海经济中心，2017 年 GDP 1.86 万亿，全国排名第六，在新一线城市中仅次于重庆，但经济增速有所放缓，仅为 3.6%，远低于近 7% 的平均水平。从产业上看，第三产业占比 58%，较为合理。从金融上看，金融机构存款 3.09 万亿，排名第四，但资本市场有待完善，上市公司仅有51家，不及杭州、苏州的一半。从人口上看，常住人口超过1 500万人，但在2017年出现净流出，减少5万人。从科技上看，高度重视科技研发，科研投入在GDP占比为3%，并取得了一定的成效，新增专利5 800多件。

从房价上看，2015年至2018年天津新建商品住宅涨幅超过31%，目前二手房均价为25 882元/平方米，在新一线城市中排名第三。去化周期为超过1年，库存相对较高。2018年天津积极出台落户新政，第一天就有30万人申请，人口净流出局势已发生逆转，这也创造了一定的住房需求，推动房价小幅上行。总体来看，天津靠近北京，尤其是武清作为最靠近北京的行政区，房价约为北京的1/3，成为不少北京置业者的重要选择。

苏州

苏州是一个被很多人低估的城市。从区位上看，苏州毗邻上海，处于长三角和沪宁杭、沪苏杭的中心位置，具有得天独厚的区位优势，交通十分便利。从经济上看，苏州2017年GDP1.7万亿，全国第七，人均GDP16.3万元，全国第二，仅次于深圳。从金融上看，金融机构存款余额2.85万亿，上市公司105家，在新一线城市中仅次于杭州。另外，作为苏南模式的起源地，苏州开发区经济模式独具特色，苏州共有17个省级以上开发区，以7%左右的土地面积，创造了50%以上的地方财政收入、60%以上的工业总产值、70%以上的地区生产总值、80%以上的进出口总额，吸纳了超过80%的实际利用外资和大量高端人才，给经济带来了新的活力。

2018 年 11 月，苏州二手房成交均价为 22 941 元 / 平方米，绝对房价并不高，处于中等水平；去化周期为 1 年，库存较为合理；2017 年常住人口净增 3.66 万人，变动不大，预计房价未来比较平稳。

南京

南京作为六朝古都，经济基础良好，2017 年 GDP 1.17 万亿，位居全国第 11 位。过去南京产业结构偏重，以化工、石化、钢铁、汽车等重工业产业作为主导产业，占比超过 78%，近几年南京产业调整优化升级，第三产业占比接近 60%，以信息技术、智能电网为代表的新兴产业发展迅猛，带动南京经济快速崛起，经济增速高达 8.1%，发展势头良好。南京金融机构存款余额为 3.08 万亿，上市公司 83 家，在十大新一线城市中排名第三，金融竞争力不断提升。

2015 年至 2018 年南京新建商品住宅涨幅超过 45%，涨幅在 70 个大中城市中排名第四。2018 年 10 月，南京二手房均价为 31 249 元 / 平方米，在新一线城市中排名第一；住宅待售面积创近 5 年来新低，去化周期约 10 个月，2017 年人口增加 6.5 万人，库存合理，需求增加，未来房价值得关注。

成都

成都素有“天府之国”的美称，自然环境适宜居住，生活舒适安逸，是一座宜居休闲之城。从经济上看，成都是西北区域中心，2017 年 GDP 1.39 万亿，全国排名第八，经济增速为 8.1%，第三产业占比为 53.2%，相对合理，大力发展电子信息、汽车制造、食品饮料、装备制造、生物医药五大支柱产业。从金融上看，成都金融实力不容小觑，金融机构存款余额为 3.58 万亿，仅次于杭州，上市公司 73 家，在新一线城市中排名第四。成都从 2017 年开始加入人才争夺战，加大对高端人才引进力度。同时设立 1 000 亿元政府产业投资引导基金，支持高新技术企业落户发展，并营造浓厚的创业氛围，加速科技引领创新，成为许多创业者的乐园。

2015 年至 2018 年成都新建商品住宅涨幅约 35%，2018 年 10 月，成都二手房均价为 14 055 元 / 平方米，在新一线城市处于较低水平。从库存看，成都住宅库存量处于历史较低水平，去化周期约为 8 个月，供需局面紧张，2017 年常住人口增量超过 12.7 万人，中长期看，利好房地产。

武汉

武汉有“九省通衢”之称，交通十分便利，铁路客运量自 2013 年起居全国第一，是我国铁路运输的最大中转站，内陆交通枢纽地位十分明显。作为中部六省唯一的副省级市，武汉经济基础良好，2017 年 GDP 1.34 万亿，全国排名第九，保持 8% 的高速增长。武汉第三产业占比为 53.2%，产业体系完善，既有钢铁、汽车、纺织、造船等传统工业，也有以光谷光电子为代表的新兴产业。同时金融机构存款余额为 2.45 万亿，上市公司 53 家，金融发展在新一线城市中处于中等水平。值得一提的是，武汉的教育资源丰富，是我国高等教育资源最集中的五大城市之一，在校大学生数量仅次于北京。

2015 年至 2018 年，武汉新建商品住宅涨幅超过 30%，2018 年 10

月二手房均价为 18 981 元 / 平方米，在新一线城市中处于中等水平；去化周期仅 4 个月，处于低位；2017 年常住人口净增约 13 万人，总体来看，武汉人口增幅较大，楼市需求旺盛，库存消化速度较快，房价很有上涨潜力。

重庆

重庆是一个经常被忽略的直辖市，但实际上实力很强。重庆是“一带一路”和长江经济带的重要联结点，战略地位突出，在新一线城市中经济实力最强，重庆市 2017 年 GDP 1.95 万亿，仅次于北上广深，同比增长 9.5%，基本形成大农业、大工业、大交通、大流通并存的格局，第三产业占比为 49%，产业结构偏重，正在逐步向数字经济倾斜，数字经济规模接近 5 000 亿，约为 GDP 的 1/4。重庆的金融机构存款余额高达 3.49 万亿，仅次于杭州和成都，上市公司 51 家，相对偏低，金融化有待提高。它也是面积最大、人口最多的一个新一线城市，人才聚集效应明显，储备人才留存率高达 70%。

2015 年至 2018 年，重庆新建商品住宅涨幅约 30%，2018 年 12 月均价为 12 862 元 / 平方米，相对较低；去化周期仅 2 个月，供给非常紧张；2017 年常住人口剧增 27 万人，产生了大量的住房需求，房价有上涨潜力。

青岛

青岛是中国最著名的海滨城市之一，四季气候分明，自然风光优美，是旅游度假、避暑休闲、文化娱乐的好去处，同时地理位置优越，海陆优势突出，是中国五大外贸口岸之一。青岛是山东第一大城市，经济发展良好，2017 年 GDP 1.13 万亿，全国排名第十二，经济增速为 7.5%，第三产业占比为 55.4%，高新技术企业 2 000 多家，增速超过 50%，金融机构存款余额为 1.51 万亿，上市公司 29 家，金融发展水平还有提升空间。此外，上合峰会在青岛的成功举办，让青岛的城市地位和影响力得到了极大的提升。

2015 年至 2018 年，青岛新建商品住宅涨幅约 30%，2018 年 10 月二手房均价为 23 169 元 / 平方米，在新一线城市中排名第四，现阶段青岛实行限购、限售、限贷的调控政策，多个区域房价应声下跌，整体跌幅超过 10%。去化周期约为 12 个月，2017 年常住人口净流入 8.65 万人。从中长期看，作为人口大省山东的第一大城市，青岛如能顺利完成新旧动能转化，未来发展前景向好。

西安

西安是十三朝古都、首批国家历史文化名城，历史文化悠久。作为国家“一带一路”倡议中丝绸之路的起点城市，西安是对外开放的重要节点，可连接中亚、辐射欧洲腹地，战略地位突出。虽然西安的经济、金融发展水平不太靠前，2017 年 GDP 7 469 亿元，全国排名第 24 位，上市公司 33 家，处于中下水平。但西安产业结构较为合理，第三产业占比高达 61.5%，并仍在快速升级中，已与阿里巴巴、复星集团等知名企业在文旅、科技等领域达成合作。此外，西安还是国家重要的科研教育基地，教育资源丰富，共有 42 所本科院校，6 所 211 高校，两所 985 高校，科研实力雄厚。

2015 年至 2018 年，西安新建商品住宅涨幅约为 45%，2018 年 11 月二手房均价为 12 202 元 / 平方米，在新一线城市中相对较低；去化周期不足 8 个月，2017 年常住人口净流入 61.79 万人。西安可谓是本轮人才争夺战中的最大受益者，自落户新政推行以来，西安人口快速增长，带动房价上行，去库存成效显著。

宁波

宁波是长三角南翼经济节点城市，目前长三角正联合全力打造世界级城市群——长江三角洲城市群，它迎来新一轮发展契机。宁波作为全国闻名的港口基地，宁波港全国货物吞吐量第一，在对外贸易中具有得天独厚的优势。从经济上看，2017 年宁波 GDP 9 850 亿元，即将突破万亿，全国排名第 15 位，同比增长 7.6%，第三产业占比为 45%，产业结构调整积极推进，高度重视新经济发展，2017 年更是发布全国首个智能经济发展中长期规划。宁波金融机构存款余额 1.81 万亿，体量相对较低，上市公司 73 家，资本市场较为发达。

2015 年至 2018 年，宁波新建商品住宅涨幅为 28%，2018 年 11 月均价为 20 818 元 / 平方米，在新一线城市中处于中等水平；去化周期约为 5 个月，库存较低；2017 年常住人口净流入 13 万人，未来随着长三角新一体化的推进，宁波可能获得更好的发展前景。

这十座新一线城市各有特色，未来都有不错的发展潜力。对于房地产投资来说，新一线城市是一个良好的选择，但并不是必然的选择，未来买房要更多地带着消费的眼光，不要当作投机炒作的手段。

主题投资：三亚这样的特色小城还能买吗？

和股票投资一样，房地产投资除了像新一线城市这样的大盘股，还有很多特色小盘股也值得关注。特色小城主要是指规模在一线城市以下，具备独特的自然风光、人文历史或者地理区位等优势的小城市。按照这个定义，我们可以把特色小城分为四类。第一类就是以自然风光出名的城市，如大理。第二类是历史人文、活动名城，如绍兴、亚布力。第三类是具备区位优势的城市，如丹东、涿州、嘉兴。最后一类是集自然风光及区位优势等多种特色于一身的复合型特色城市，如三亚。

如果大家对特色小城的房价有所关注，就会发现这些城市过去十年的涨价周期与一线城市并不完全一致。一线城市的投资逻辑更像“大盘股”，需要去研究国家政策、行业、公司基本面。而特色小城的投资逻辑更像“小盘股”，价格的涨跌与“题材”密切相关。特色小城的房地产市场由于体量太小，一旦受到外生性的“题材”影响，就会有大量资金涌入，房价很容易脱离基本面，这也就造成了特色小城的房价与“题材”挂钩，非常容易暴涨暴跌。

也就是说，政策、库存、人口等内生基本面决定了特色小城房价的平均水平，小城的“题材”决定了房地产的超额收益。

自然风光城市

以大理为例，从“题材”上来看，位于彩云之南的大理是典型的旅游城市，背靠苍山，面向洱海，风光旖旎，古色古香的大理古城是国内十大人气景区之一，2017 年大理共接待 4 222 万海内外旅游者，实现旅游业总收入 647 亿元，在 GDP 中占比高达 60%。房地产除了本地购房需求外，主要是以旅游型的中短期暂住需求为主，2017 年大理房产外销量超过 60%。从政策和短期走势来看，目前大理尚未出台房地产调控政策，交易相对自由。海南限购导致旅居养老投资外溢，以旅游地产为代表的大理成为一大受益者，再加上大理民宿投资受限的挤出效应和 7 月份大理高铁开通的利好刺激，2018 年二季度大理的房价均价上涨了 1 000 元 / 平方米，涨幅超过 10%，并一度超过昆明房价，跃居云南房价榜首，短期来看，大理房价值得关注。从库存和人口来看，2017 年 9 月大理商品房待售面积 36.97 万平方米，销售面积 70.77 万平方米，去化周期约为 4.7 个月，相对较低，中期存在一定的机会。2017 年常住人口 356 万人，增加了 1.4 万人，变动不大，长期从内生基本面上看，大理房价似乎难有持续上涨的动力。

历史人文城市

以绍兴为例，从“题材”上来看，绍兴作为一个建城 2 500 多年的城市，是首批国家历史文化名城，获得联合国人居奖城市等称号，它也是著名的水乡、桥乡、酒乡、书法之乡、名士之乡，拥有众多文化古迹及名人故居，被誉为“书圣”的东晋著名书法家王羲之、中国现代伟大的文学家和翻译家鲁迅等均来自绍兴，文化底蕴浓厚。从政策和短期走势来看，目前绍兴已出台房地产调控政策，但仅有两年的限售期，不太严格。自 2015 年末棚改推行以来，绍兴房价进入平稳上升通道，最新绍兴房价为 14 034 元 / 平方米，近一年涨幅约为 20%。近期棚改新政下发，棚改货币化安置政策调整，一边拆一边买的绍兴楼市常态即将终结，这对房地产需求产生一定的冲击。最后从库存和人口来看，过去几年绍兴去库存加快，2017 年待售面积为 524 万平方米，销售面积为 1 039 万平方米，去化周期为 6 个月左右，相对较低。2017 年绍兴常住人口 501 万，自 2011 年之后人口最高增速为 0.44%，相对平稳。从以上分析可知，绍兴的本轮房价上涨主要是由去库存和棚改货币化推动，随着去库存进入尾声和棚改货币化政策调整，房地产需求将会急剧萎缩。

区位优势城市

以丹东为例，从“题材”上来看，在朝鲜半岛局势趋于稳定之后，朝鲜改革开放预期加强，由于丹东地处中朝边境，对朝贸易进出口总额占全国对朝进出口贸易总额的近七成。朝鲜放弃核试验，局势明朗化后，丹东两天内房价暴涨 57%，被称为房产届的“比特币”，引发广泛热议。从政策和短期走势来看，丹东房价自 2017 年以来才开始止跌回升，均价在 4 000 元 / 平方米左右，且环比涨幅稳定在不足 1% 的水平上。但从 2018 年 4 月 21 日朝鲜弃核后，丹东房价开始大幅上涨，五一期间均价已经达到 5 000 元 / 平方米左右 ，引来大量投资，某家楼盘在一天之内就卖掉了一栋楼，部分楼盘房价骤升至 8 000 元 / 平方米。半个月后，丹东出台房地产新政，丹东新区区域新房 2 年限售，首付不低于 50%。一周后，再出调控新政，对在丹东无企业、无工作的非本地户籍人员购买丹东新区的新房 5 年限售，房屋流动性大幅降低，投机热情急速降温。从库存和人口来看，丹东房地产市场的去化周期约为 11 个月，相对偏高，常住人口不足 300 万，人口外流严重。参考环北京带的保定、涿州在房价爆炒过后的一地鸡毛，类似于这些受益于区位优势的城市，如果没有足够好的内生基本面，并没有特别突出的投资价值。

复合型特色城市

以三亚为例，从“题材”上来看，三亚毫无疑问是最有卖点的，被称为“东方夏威夷”，作为具有热带海滨风景特色的国际旅游城市，每年都吸引大批国内外游客前往度假旅游，2017 年三亚接待了高达 1 830.97 万的过夜游客，旅游总收入 406.17 亿元。同时，作为“候鸟南飞”的终点，每年冬季很多“候鸟”老人前来康养旅居，成为旅居养老的首选，是不少人的“第二故乡”。从政策和短期走势来看，海南作为中国在南海的政治和军事支点，辐射整个泛南海经济圈，受到国家政策的大力支持，无论是 2009 年的国际旅游岛还是 2018 年的全岛自贸港建设，都是三亚房价上涨的兴奋剂，在 2017 年之前，以 2009 年 1 月为基数 100 的三亚住宅投资收益指数长期维持在 280 左右。自由贸易试验区政策出台后，截至 2018 年 4 月该指数已经暴涨到 616.74。所以在自贸港政策出台后，海南房地产调控升级，开始全域限购，三亚作为本轮重点限购城市，要求非本市户籍人口购房需要 5 年的社保或个税缴纳记录，且不可以补缴，严厉的限购政策对未来三亚的房价起了很强的压制作用。从人口和库存来看，三亚的总人口只有 59 万人，常住人口仅为 76 万人。而三亚房屋施工面积连续四年维持在 1 亿平方米的高位，2017 年更是高达 1.36 亿平方米，处于历史最高位。如果只考虑常住人口，其潜在住房供给高达179平方米/人。经过两年低谷后，2017年三亚的供应土地规划建筑面积达到了128.28万平方米。由此可以看出三亚房地产的需求端助力已经由本地人切换为外地购房者，同时潜在库存已经处于高位。未来房价的走势主要取决于三亚甚至海南对外来购房者的吸引力。

主题投资最重要的投资逻辑就是先看看外生性的城市“特色”，再看城市内生基本面的产业基础、政策、库存、人口。一方面，内生基本面优良的小城市没有特色，大多千篇一律，无法吸引到足够的外部资金；另一方面，内生基本面不好的特色小城即使“题材”突出也是空中楼阁。在城市内生基本面无忧的前提下去选择特色小城，才可以在控制风险的前提下追求超额收益。

如何避险：这几类城市的房子不能买

过去的黄金时代各地房价都在涨，但未来的白银时代房价一定会越来越分化，有的城市房价会再创新高，但也有很多城市的房价面临巨大风险。历史上有过类似的惨痛教训，比如20世纪90年代的海南房地产泡沫。在目前房地产从普涨到分化时代转变的大背景下，投资者更是应该严格甄选，对一些风险较大的城市慎重投资。从历史经验来看，有风险的城市大概有以下几类：

政策风险型

房地产的价格和政策息息相关，利好政策会导致一些城市成为热点，但一旦这些热点城市的上涨超出了合理限度，便很容易受到政策的精准打击，进而导致局部性的房地产危机，这是在投资中一定要避开的陷阱。1993 年的海南房地产泡沫就是一次典型的由于政策冲击导致的局部崩盘。1998 年海南独立建省，房地产投资快速增长，最高的时候增速达到 225%。1992 年海南房地产市场几乎陷入疯狂，从房企数量看，海南人口不到 656 万，有两万多家房地产公司，平均 300 多人就有一家房地产公司；从资金规模看，全国银行业每年有 400 亿左右资金流入海南，超过 1 600 家金融机构落户海南岛；从投资规模看，海南全省房地产投资为 87 亿，在固定资产投资中占比超过 50%，房地产贡献了 40% 的财政收入，推动 GDP 增长率暴涨至 41.5%；从房价变化看，建省之初房价为 1 350 元 / 平方米，1991 年为 1 400 元 / 平方米，1992 年暴涨到 5 000 元 / 平方米， 257% 的涨幅比过去几年疯狂更多。到 1993 年，海南的房价甚至涨到了 7 500 元 / 平方米。银行大量贷款给房地产，部分房地产公司甚至将大量还在图纸上或者只建了一半的房子高价抵押给了银行。

这种疯狂的乱局最终引来了中央的政策大棒。1993 年 6 月 23 日，时任国务院副总理朱镕基发表讲话宣布终止房地产公司上市、全面控制银行资金进入房地产业，次日国务院发布“国十六条”，要求加强房地产市场宏观管理，严控房地产信贷规模，限期收回违章拆借资金。所有的政策都指向当时海南正在发生的事情，海南成为政策打击的典型，从某种意义上说，海南的疯狂直接引起了中央的警惕，间接加快了这些政策的出台。这些政策导致海南省大量投资资金被抽走，房地产泡沫随即破裂，1993 年下半年房价应声下跌至 1 400 元 / 平方米，跌幅高达80%，烂尾楼随处可见，海南2万多家房地产公司95%倒闭，金融机构积累了超过1 000亿的坏账，海南的房地产和金融业遭受到致命的打击。1995年海南省政府组建海南发展银行开始金融自救，补救房地产泡沫破裂后的窟窿，虽取得了一定的成效，但最终还是发展不顺，不堪重负倒闭清算，成为新中国唯一倒闭的银行。海南的例子告诉我们，房价炒作要有限度，否则会有很大的政策风险。

金融风险型

纵观全球，每一次房地产危机都源自杠杆，如果没有杠杆或者杠杆比较低，那房价对流动性的反应不会特别敏感，而且即便房价下跌，也不容易引发恶性的连环下跌。但反过来，当房地产杠杆比较高，大量的人是靠借债买房，房地产市场有风吹草动的时候，很容易引发房价的连锁反应，升级为房地产危机。全国虽然都处于同样的货币政策之下，但各地区的金融风险不一样，有一些金融意识比较强、金融体系比较发达的城市，它们在房地产上升周期时可能会大量地依靠杠杆买房，这实际上是一个巨大的投资风险。

温州就是典型的例子。2009年，货币政策极度宽松，尤其是信贷规模几乎在一年的时间里翻番，善于利用金融手段的温州人找到投资机会，一方面大量中小企业以实体名义贷款，然后转投房地产；另一方面，大量的购房者开始通过“购房—抵押贷款—再购房”的模式进行投机，虽然债务率越来越高，但只要房价在涨就可以倒手赚钱，最后形成了一个巨大的庞氏骗局。其他城市虽然也有类似情况，但没有一个城市像温州这样疯狂。除了六七成的房贷之外，他们还借助互保、联保等方式将剩下的三四成进行抵押贷款，实际杠杆率高得惊人。大量的购房者采用民间借贷，约 89% 的家庭个人和 60% 的企业都参与了民间借贷。

投机需求在杠杆的助推下急速膨胀，温州房价疯狂上涨，到 2010 年温州房价涨到了 1.4 万元 / 平方米，全国排名第六，仅次于北上深、三亚和杭州。2011 年，温州房价涨至 2.1 万元 / 平方米，超过省会杭州，年涨幅高达 50%。随着 2011 年末银根收紧，温州房价也迎来了灭顶之灾。90% 以上的中小企业无法续贷，民间贷款利率涨至 25%，最高竟达 180%，房地产开始出现整体性崩盘，一路跌到 2015 年的 1.2 万元 / 平方米，跌幅高达 43%。房价下跌引发了系统性的金融危机，"跑路""跳楼""地下钱庄清盘"等事件接连上演，破产案件占到将近全国的 1/10，这些又反过来加大了房地产抛售的压力，形成恶性循环，温州房价也急转直下。温州的教训告诉我们，不要去投资建立在高杠杆基础上的城市，高杠杆制造的泡沫早晚要崩溃。

产业衰落型

一个城市房价上涨依靠居民财富的增长和当地经济的发展，而一个城市的经济发展主要靠实体产业，尤其是主要的支柱产业。产业实力强的城市一般收入也比较高，有利于房价上涨，但反过来，如果一个城市的支柱产业进入衰落周期，那么对这个城市的经济和房价都会造成不利影响。比如在内陆大量存在的资源型城市，在上一轮工业化和城市化的红利期，它们依靠能源等自然资源迅速崛起，但随着传统经济去产能和当地资源储量的消耗，这些城市逐渐失去了产业根基，房价自然也就岌岌可危。

典型的就是鄂尔多斯。鄂尔多斯是全国第一产煤大市，年产量超过6亿吨，占全国产量的1/6。前些年，鄂尔多斯借助此优势发展迅速。2009年，鄂尔多斯GDP突破2 000亿元，人均GDP 13.6万，位列全国第一，一度超过香港，平均每200多个人中就有一个亿万富翁。但由于其产业结构十分初级，第三产业占比不足30%，巨量财富无处可投，只能投向房地产，房价开始暴涨，2006年鄂尔多斯房价平均1 200元/平方米，2007年暴涨至5 000元/平方米，2009年继续大涨至7 000~8 000元/平方米，到2011年上半年已经高达1.3万元/平方米，部分地区甚至突破2万元/平方米，接近一线城市的房价，人均商品住宅拥有量在10套以上。

但2012年之后，煤炭价格一路暴跌，跌幅近60%，整个煤炭产业陷入产能过剩的衰退周期，鄂尔多斯的煤炭红利终结，民间借贷风险爆发，资金链断裂，鄂尔多斯房价也随之崩盘，跌至3 000元/平方米都无人接盘，近八成新建项目停工。尽管2015年供给侧改革之后煤炭产业有所反弹，但已无法重现当年辉煌，鄂尔多斯的房价目前只有6 000元/平方米左右，不及当年最高点的一半。这就是支柱产业衰退造成的后果，也是投资者必须规避的风险。

人口流失型

房地产的需求最终来自人口的增长，一般人口流入的城市房价更有潜力，反之，如果人口持续净流出，说明这个城市的经济、自然和社会环境没有吸引力，房价很难有上行空间。以乌鲁木齐为例，虽然它是省会城市，但近些年房价几乎没有涨幅，原因就是人口流失。2011年乌鲁木齐常住人口为321.2万人，之后由于暴力事件人口开始流失，2017年末总人口仅为222.6万人，减少了近100万人，在此期间，乌鲁木齐房价自然也表现不佳。即便是在这两年全国房价飙升、一二线城市接近翻倍、三四线城市破万的情况下，乌鲁木齐的房价也岿然不动，5年几乎没有涨过，成为本轮房地产上升周期中的一个特例。对单纯以投资为目的的购房者来说，人口流失的城市显然投资价值比较低。

投机炒作型

虽然房地产具有一定的金融属性，但不动产流动性不佳，无法及时变现，需要经过复杂的交易过程，这就决定了房地产投资不能像股票一样炒短线。但是近年来依靠短期热点进行房地产投机的现象时常出现，比如2018年备受关注的丹东，4月21日朝鲜弃核和对外开放后，作为与朝鲜接壤的城市，丹东受到炒房客的追捧，“丹东房价一小时狂涨100元/平方米”“两天暴涨57%”“炒房团买下一栋楼”等消息层出不穷，足见丹东房价的疯狂。事实上这类消息具有很大的欺骗性，有以偏概全的嫌疑，而且最关键的是，这种炒作行为必然会引发政策的打击。丹东政府很快就出台两次房地产新政，包括5年限售、异地申请公积金贷款首付比例不低于50%、二套房贷款利率上浮20%以上等，导致房屋流动性大幅降低，炒房客短期无法套现获利，投机热情急速降温。其实丹东早有前车之鉴，在2010年修建新鸭绿江大桥时，外地炒房客就将丹东原本2 000元/平方米的房价炒到5 000元/平方米，之后新鸭绿江大桥未能按时通车，大量炒房客被套牢。尤其是在中央定调“房住不炒”的大背景下，短期话题炒作风险太大，千万不要逆势而为。

商业地产：最后一块蛋糕还是陷阱？

很多房地产商，大家最熟悉的不是它的住宅品牌，而是它的商业地产，最典型的就是万达和万达广场。越来越多的人开始关注商业地产，一方面，随着住宅市场调控政策的进一步紧缩，保值增值能力更强的商业地产似乎越来越有吸引力；另一方面，像万达这样的房地产巨头又在悄然退出商业地产板块，商业地产似乎又越来越有风险。那么，商业地产到底是房地产领域的最后一块蛋糕，还是陷阱？

什么是商业地产？顾名思义就是商业用途的地产，区别于以居住为主要目的的住宅房地产。商业地产主要是用于各种零售、批发、餐饮、娱乐、健身、休闲等经营用途的房地产形式，从经营模式、功能和用途上区别于普通住宅、公寓、别墅等房地产形式。规模庞大的商业地产，其经营多是开发商整体开发，以收取租金获得投资回报，甚至打包上市，形成商业地产金融；而规模较小的，虽然也是采用租金回收形式，但更多的是商铺出租，零散经营模式，如各类商业街等。

按照细分功能，商业地产可分为六类。第一类，零售功能性房地产。最常见的就是百货商场、商业街、超市、家居建材等，此外一些聚集上述多种功能于一身的大型购物中心和 Shopping Mall（购物中心）等也算作此类。第二类，娱乐功能房地产，也就是大家所熟悉的电影城、娱乐城和 KTV（配有卡拉 OK 和电视设备的包间）等。第三类，餐饮功能房地产。诸如美食城、大型饭庄、各种类别的快餐小吃美食店和甜品冷饮店等都可算作这一类别。第四类，健身服务和休闲功能房地产，如健身房、操舞室、美容院等等。第五类，商品批发商业地产。最典型的莫过于小商品批发市场。第六类，居住及办公用商业地产，这类目前也是商业地产的主打之一，主要是指写字楼、酒店式公寓、产权式公寓和老年公寓等等。

商业地产与住宅有着显著的区别。一是产权方面，商业地产产权年限是 40 年，而住宅用地是 70 年，综合用地是 50 年。二是居住成本方面，商业地产居住成本各方面都比住宅高很多，如电费，商业地产近 0.99 元 / 度，而住宅地产只需 0.6 元 / 度，水费和煤气费亦然。三是地段方面，商业地产对地段要求更高，如对“易达性”的要求很高，而住宅弹性空间则大很多。四是客户方面，商业地产的客户主要是经营商户、商铺投资者和目标消费者这三类，而住宅地产的客户主要是自用型客户和投资型客户。

我们回顾一下商业地产这几年的表现。近几年，购物中心、写字楼、公寓等不断涌现，虽形式不一，但发展很多，大致有以下三个特点：第一，投资加速，商业地产库存大幅增加。2017 年办公楼竣工面积 2 244 万平方米，同比增长 36.1%；商业营业用房 7 322 万平方米，同比增长 7.5%。第二，共享时代，商业物业的租金分化。以北京为例，全市及五大核心商圈写字楼市场需求提升，租金继续温和上涨，有效净租金同比上涨 2.6%；而上海中央商务区的写字楼租金环比微跌 0.3%，非中央商务区则环比上涨 1.3%。第三，融资趋紧，房地产企业探索新渠道。商业地产开发商资金沉淀一向严重，融资模式较为单一，但随着资产证券化逐渐发展起来，如新派公寓就破冰长租公寓REITs，发行金额为 2.7 亿元的权益型类 REITs 基金产品来进行融资。

未来商业地产可能会出现更加分化的趋势：一是城市分化。京沪等一线城市在交易规模和活跃度方面都明显领先于国内其他城市，如2014—2016 年间上海的大宗物业投资额和活跃度都已超越香港和新加坡。二是区域分化。未来 3~5 年，特别是一线、准一线、区域性中心城市核心商业地段将会很少有土地、新建写字楼等入市，更多的是核心区域存量市场的改造提升。三是类型分化。随着商业地产的房子、购物中心竞争加剧，商业地产走向了以经营品牌为导向，在马太效应下，出现不同商业品牌的分流和分化。

全球最大的商业地产市场美国为我们提供了一些有意义的参考：第一，美国的商业地产体量大、流动性高、夏普比率高，和其他资产相关性低、回报比较稳定。平均来看，25 年商业地产私募市场夏普比率高达 0.85，而公司债、REITs 和股市只有 0.5~0.6，换而言之，承担 1% 的风险水平，可以获得 0.85% 的年回报率，而且还有利于分散化投资，长期的盈利增长率稳定在 2.5% 左右小幅波动，总回报率较为稳定。第二，在美国最受投资者欢迎的商业地产类型是 CBD（中央商务区）及郊区办公楼，以及出租公寓等，投资占比高达 70%。这可能是因为投资者对这一类型更为熟悉，而且这一类型也能有效抵御经济下行风险。

从未来的政策定位来看，商业地产与住宅的紧缩政策不同，整体上处于政策空档期。“房子是用来住的，不是用来炒的”这一核心定位大幅削弱了住宅的投资属性，使其回归居住属性；而与之相对的，商业地产基本不受政策约束，甚至还受益于各地政府对城市发展的支持政策。

一种是新区域政策。比如上海，政府推出“大浦东”与“大虹桥”两翼发展规划，给商业地产发展带来前所未有的机遇，同样，世博板块、虹桥商务区、临港新城等区域市场的发展规划也将对商业地产的发展形成政策利好。

另一种是新优惠政策。比如广州，广州在2017年直接推出政策，允许将商业用房等改造成租赁住房，其土地使用年限不变，但调整后的用水、用电、用气价格按照居民标准执行。虽然这类改建租赁住房不得销售，但在租金走高之下可以获得较好收益。

当然，任何投资都有风险，商业地产的潜在风险主要表现在两个方面：

一是转型风险。中国经济正处于结构调整的阵痛期，房地产作为旧经济的代表，发展必然受到影响。同时房地产需要沉淀庞大的资金，在转型整体流动性紧缩背景下，部分资金实力不强的房企显得更为艰难。而且，目前很多商业模式在互联网加成下，使得消费者都从线下沉淀到了线上，并逐渐形成线上购物的消费习惯，这对线下的商业地产业是一个重大冲击。

二是人口风险。商业地产的发展依赖于人气的聚集，而人气必然受城市总人口尤其是有较高消费能力的群体基数的影响。目前一线城市人气地段的商业地产早有入驻，相对成熟，因此它们更多的将是存量的整改更新，收益可能并不乐观。二三线非核心区域甚至四五线城市的增量，也面临城镇化速度放缓，较高收入群体迁徙至核心城市和区域而导致的人口流失，剩余群体消费能力和意愿明显降低等问题。

商业地产与住宅有着显著区别，未来商业地产可能会越来越受到青睐，但从结构上看，不同类型、不同城市、不同区位商业地产的分化会越来越严重，投资者在分享商业地产蛋糕的同时也不要忘了规避背后的转型和人口风险。

思维升级：一万元也能投资房地产的几种方法

投资最让人难受的不是没发现机会，而是发现了机会却没有能力去把握。这在房地产投资中经常出现。很多人，尤其是大城市的年轻人也许很早就看好房地产，但苦于资金不够，所以只能看着房价这班列车从眼前飞驰而过。这是典型的由于缺乏金融意识而犯的低级错误。如果个人是刚需，资金缺口又不是很大，那么应该学会合理地利用杠杆，通过金融工具来解决现实的居住需求，也许当下会觉得债务很重，但只要看清了过去十年的金融化大势，我们就应该明白，十年前的1元债务和十年后的10倍收益相比根本不值一提。反之，如果个人不是刚需，而且资金缺口很大，那就是不一样的问题，大量借钱去买房并不是一种很合理的选择。

首先，把鸡蛋放在一个篮子里是最危险的投资方式。买房资金占用量极大，买房对很多人来说不仅要all in自己的鸡蛋，可能还要去借大量鸡蛋。过去10年这样的操作也许可行，因为房价的表现太过突出，不仅可以消化杠杆，还能获得较高的额外收益。但未来10年房价不可能再重复过去 10 年的奇迹，波动会加大，这个过程中如果投资者还继续套用过去 all in 的投资方式，会有很大的风险，尤其是对一些中小城市的投资者而言。

其次，投资不能只考虑前端的收益，而忽视了后端的退出和兑现。房子作为一种很“重”的资产，流动性比很多金融资产要差很多。尤其是在中国，房地产市场的交易成本明显高于其他国家，其中包括契税、所得税、营业税等，大概是房价的 4%~5%，这些成本对房地产的交易产生了限制，降低了其流动性。所以在正常情况下，房地产交易的成交周期明显偏长，少则半月到一月，多则半年到一年，尤其是房地产下行周期的时候，很可能有价无市。此外，目前中央定调“房住不炒”，对投机买卖施加诸多限制，导致购房群体明显缩小，这也会限制房子的流转，比如，海南的房价上升，但它推行限购政策，即便投资者想买房，交易也无法进行。

因此，直接买房其实是投资房地产最笨重的一种方式，当下我们可以通过更多间接的方式投资房地产，不仅一样可以获得房地产上涨的红利，而且可以避免房地产资金占用大、流动性差的风险。换句话说，我们即便只有 1 万元，或者想及时变现，都可以找到适合个人的房地产投资方式，下面就介绍一下最主流的三种方式。

房地产相关的股票

在买房者分享房价上涨红利的背后，还有一个最大的受益群体，那就是房地产企业。一类是房地产开发商，比如招保万金。另一类是房地产相关的服务商，比如房地产交易中介、房地产网站等等。投资这些企业的股票同样可以分享房地产发展的红利，但由于大部分房地产服务商是在海外上市，国内投资者不便参与，所以主要的投资方式就是投资A股市场上的房地产开发类企业。股票市场的门槛和流动性优势自不必说，但是房地产股是否完全和房价吻合呢？这个的确需要具体分析。

从历史来看，中国房价和股价存在一定的相关性，房价上涨，房地产企业业绩上涨，从而推动房地产企业股价上行，但考虑到货币政策、地产调控等政策调整影响，房价和股价变动并不完全同步，一般房地产股会先于房价反映利好政策。以2014—2017年的上行周期为例，房价和房地产股节奏有明显区别，2014年房地产市场行情没有明显反映，主要是“930新政”效果暂未显现，全国百城住宅价格指数连续8个月下跌，但此时房地产股已经开始逆势上涨，申万房地产指数上涨了65%，跑赢同期上证综指53%的涨幅，不少房地产个股翻番。2015年在“330新政”和连续双降等多重利好的催化下，一线城市房地产行情正式启动，量价齐升，房地产股表现较好；但2016年房地产出现过热，中央提出“抑制资产泡沫”，政策转向的时候，房价表现依然坚挺，但房地产股已经提前反应，申万房地产指数全年涨幅在29个行业中排名倒数第六。由此可见，在进行房地产股票配置时，需重点关注捕捉政策转向拐点，具体来说是在政策松动时，也许房价还没启动，但已经是投资房地产股票的好时机，到房价上涨到尾声，尤其是引发政策打压的时候，即使房价仍然在涨，但房地产股票的行情也不会有较好的表现了。

在进行股票投资时，除了关注房地产周期之外，还有两点需要特别注意：

一是要防范企业分化的风险。过去是鸡犬升天，未来是大浪淘沙，随着房地产行业的集中度提升，房地产行业内部的分化会进一步加剧，落后的企业可能被淘汰，龙头企业可能会强化。二是要防范企业去杠杆的风险。房地产和杠杆相伴相生，房地产企业投资需要大量的资金，大部分是通过杠杆实现的，在严监管的背景下，去杠杆势在必行，进而对房地产企业融资产生一定的影响，需重点关注其中存在的风险。

房地产相关的基金产品

按照募集方式，基金产品有公募基金和私募基金两大类。公募基金主要是房地产行业主题基金，大多是针对二级市场，这类基金与房地产股票走势高度相关，投资策略可参考房地产股票投资。私募基金主要是房地产投资基金，大多是针对一级市场，投资者需满足合格投资者要求，参与房地产企业和项目投资，从中获取投资收益。通常房地产投资基金收益较高，收益率多为15%~20%之间，因为过去十多年房地产一直处于上升周期，但就产品本身来说，一般周期较长，风险就会相对较大。在具体投资过程中应结合发行主体资质、投资标的质量、基金管理人历史业绩等多个因素，全面评估投资的安全性和收益性。

房地产相关的资产证券化产品

包括类REITs、CMBS（商业房地产抵押贷款支持证券）、房地产ABS等类型，具有类固收属性，投资者门槛相对较高，需满足私募合格投资者要求。未来最主流的就是 REITs，也就是房地产投资信托基金，目前它是国外房地产投资的主要形式，和基金的运作形式相似，通过发行股份或受益凭证的方式募集资金，由专门的托管机构进行托管，并委托专门的投资机构进行房地产相关投资经营管理，到期将房地产投资收益按比例进行分配，从而实现分散投资、集中受益，长期回报率相对稳定。目前国内 REITs 尚处于起步阶段，更准确地说是类 REITs，多通过券商或基金子公司的“资产支持专项计划”等方式对接私募合格投资者。

实 业 投 资 篇

预测趋势：产业兴衰的逻辑

实业投资：不是企业家，你一样可以做

投资股票市场是回报最高的，据统计，发达国家股市平均回报率为 8.4%，新兴国家股市平均回报率为 7.4%，全球股市的收益率比债券的收益率高出 3.2%，更不要提全球房地产和艺术收藏品的年均回报率不足 3%。为什么股票收益如此之高？因为股票是参与实体最深的投资方式，股票的高回报从根本上反映的是实体经济创造的利润，看上去买股票收益较多，但其实最早投身这些公司的实业投资者收益更多，可能是成千上万倍的收益。

实业投资又可以称为产业投资，用理论的话来说就是使用货币购买生产要素进行生产，从而获得收益的过程，简单来说，就是投资的实体企业。最直接的方式就是创办一个公司或者作为合伙人投资一个公司。实业投资的收益高也很容易理解，做实业公司是直接参与实业，买公司股票是间接参与实业，前者比后者风险大得多，收益自然也更高。实业投资的数据不容易统计，大家可以从上市公司的统计中感受一下实业公司的赚钱能力。从宏观上来看，自 2008 年至今，平均每年

有超过 1 735 家上市公司净资产收益率超过 8.4%，超过 635 家上市公司净资产收益率超过 20%。而 2008 年上市公司总数才只有不到 2 000 家。从微观上看，A 股的很多蓝筹公司净资产收益率常年维持在高位，比如海康威视的年均净资产收益率高达 38%，最低时也有 23.8%。贵州茅台的年均净资产收益率高达 34.4%，最低时也有 24.4%。

尽管近年来中国经济进入结构调整时期，大部分公司的业绩下滑严重，但相对来说，实业投资的收益想象空间还是最大的，尤其是 TMT、健康、新能源等新兴产业，这也是很多人创业或者投资创业公司的原因。这些年大量的政府官员以及国企高管投身创业大潮，其实都是在用自己的实际行动投资实业，创业者用人力资本投资实业，投资人用金融资本投资实业，但对于广大的普通投资者来说，不管是辞职创业还是股权投资，都有相当的难度和门槛，这两种方式不是一种普遍适用的投资方式。但这并不意味着实业投资就和普通投资者没关系了，普通投资者可以换一个思路，通过以下几种间接的方式进行投资，同样可以最大限度地分享实业发展的红利。

一是股票二级市场，以及相关的权益类金融产品，包括股票基金等。股票作为一种权益类资产，代表着股东对企业的所有权。股票回报收益率远远高于其他资产的原因正是因为它分享到了大部分的实业投资收益，比如买茅台股票其实就是分享了茅台公司利润增长的红利。只不过买股票和直接参与实业的形式不一样。实业投资的范围更广，不仅仅局限于已经上市的公司，还包含众多初创公司、未上市公司等。

股票市场投资相比直接的实业投资有一定的优势：首先，从流动性上来看，实业投资的流动性较差，比如个人投资了一个创业企业的股权或者创办一家企业，短期内很难把价值变现，而股票投资则是一个二级市场，可以随时变现。也正因为股票市场良好的流动性，股票在定价上通常会有额外的流动性溢价。其次，从投资风险来看，投资股票市场比直接投资实业的风险要小，除了流动性优势之外，还有一个重要原因，就是股票市场上的公司质量比较高。上市公司都经历了 IPO 的考验，不论是营收能力还是管理水平都比大部分未上市公司高。

当然，股票市场也有劣势，就是股票市场的定价经常会偏离真实价值，股票的定价机制中掺杂了监管限制、行业预期、题材炒作等诸多因素，因此股价运行与企业实际运营状况偏离的情况会经常出现。

二是一级市场基金。我们在这里说的主要是以 VC（风险投资）、PE（私募股权）、产业基金为主的私募股权基金。私募股权基金主要出现于企业上市之前的各轮投资，通过早期对未上市企业进行股权投资，后期通过转让、被并购、上市等不同途径退出以实现收益。市场基金常见的有三种形式：VC、PE 和产业基金，三者之间有细微的差别，VC 一般投资于企业早期，PE 一般投资于 IPO 之前的几轮融资，而产业基金更类似于 VC，但是投资方向有特定的产业领域。一级市场投资有以下几个特点：首先，一级市场的信息不对称程度非常高。即使是专业的投资人也会出现判断失误甚至上当受骗的情况。其次，一级市场的风险非常高。一般越早期的投资成功率越低，VC 投资的成功率为 20% 甚至更低。最后，一级市场的收益率同样非常高。一般 VC、PE 的复合年均回报率在 20%~30% 之间，比股票市场的平均回报要高得多。

三是主流的场外市场。场外市场主要包括全国中小企业股份转让系统（新三板）、区域性股权交易市场（新四板）等，投资者可以投资其中一些挂牌企业的股权，这些企业虽然不是上市公司，但质量也不错，而且一般经过了股改等规范的挂牌流程，信息也相对透明。但由于政策和市场积累的历史原因，这两个市场的成交量还比较小，交易极不活跃，并没有发挥应有的作用，投资风险也非常大。2015 年新三板市场曾经井喷过，发行了许多新三板基金，但现在绝大部分基金收益为负，跌幅最大的基金超过 80%，给投资者造成了巨大的损失。新四板市场是由地方政府管理的、非公开发行证券的场所，相比于新三板市场，新四板市场挂牌几乎没有要求，但是相应的企业质量和交易活跃度也更低，所以投资价值不大。但值得注意的是，新三板市场在未来有很大的发展潜力，随着开放程度和交易便利度的提高，新三板市场未来可能成为介于非上市企业和主板创业板上市公司之间的一个重要投资类别。

四是众筹。目前众筹的主要形式更多是通过一定的平台筹集众人资金用于公司运营，并由发起人或职业经理人进行管理。最开始国内互联网巨头相继入局，知名众筹平台包括淘宝众筹、京东东家、苏宁众筹、36 氪股权众筹平台、人人投等。但是由于专业性强、投后管理不规范等众多因素，普通投资者遭受了很多损失，引发了诸多纠纷。例如人人投和诺米多关于资金用于利益输送的纠纷案。最终很多众筹平台的股权众筹名存实亡，剩下的大部分都是产品及项目众筹。例如京东东家在 2017 年前“绘事后素”项目之后就再也没有新的项目上线。对于普通投资者来说，众筹曾经也是一种参与实体项目的重要方式，但由于监管不健全、行业不规范，短期应当慎重选择此种投资方式，等未来监管清晰、行业规范后再做考虑。

实业投资作为一切投资收益的来源，有着最高的收益率和最大的风险。对于普通投资者来说，即使不是企业家，也可以通过一级、二级市场，场外市场以及众筹等方式来分享实业发展的红利。

规律总结：产业兴衰背后的五大逻辑

中国可能是世界上财富波动最大的国家。翻阅近十年的胡润百富榜，我们可以发现每一年都不一样，首富们你方唱罢我登台，反观其他国家，大部分时间是一人多年蝉联首富。个人财富的波动背后其实是企业财富的波动，而企业财富波动的背后是产业的兴衰更迭。万达和王健林的成功是由于房地产行业的兴起，马云、马化腾的成功是由于互联网行业的兴起，马明哲的成功是由于金融行业的兴起。每个时代都有属于这个时代的产业风口，要想跟上财富的步伐，就必须理解财富背后产业兴衰的逻辑。

经济学给我们提供了一个最经典的分析框架，就是供给和需求。任何一个产业的兴衰都逃不出供需关系的变化，产业崛起无非是需求扩张或者供给改善，产业衰落也无非是需求萎缩或者供给过剩。从需求端来看，一切产业最终都是服务于人的需求，人的需求可能会因为人口数量、结构、收入水平的变化而发生变化，比如劳动力人口增加会催生房地产需求，人口收入提升会带来消费升级等等。从供给端来看，在同样的人口需求之下，如果一个产业能以更低的生产成本生产更多更好的产品，就可以创造更多的利润，进而刺激产业的发展。供给侧的进步可能来自三个方面：一是生产要素，劳动力、资本、土地等生产要素如果有增长红利，就会降低相关的生产成本，比如人口红利导致劳动力成本下降，劳动密集型产业随之兴起；反之，当红利退去的时候，相关的产业会衰落，比如人口老龄化之后劳动密集型产业会向国外转移。二是技术创新，有时是大的技术革命，比如蒸汽机、电力带来的工业革命；有时是小的工艺进步，比如福特流水线；有时是提高现有产品的生产效率，降低生产成本，比如过去手机几乎没有视频应用，但4G时代视频已经普及了；有时是创造新的产品，满足过去无法满足的需求，或者激发新的市场需求，比如人工智能技术让人们开始有无人驾驶的需求，这在过去是无法想象的。综合上面的分析，可以看出决定产业兴衰的关键因素有以下五个。

人口结构

不管一个产业的直接需求是来自个人、企业、金融机构还是政府，最终都是人民来买单，所以人口结构的变化是决定产业兴衰最核心的因素。人口结构包括很多方面，最重要的是年龄结构和区域结构。首先是年龄结构。新生人口、劳动力人口、老龄人口的需求是不一样的，各个年龄段人口的变化会直接影响相关产业的需求。新生人口增多会刺激孕婴童产业发展，比如二胎放开之后，婴童相关产业规模快速扩大；劳动力人口增加会刺激房地产以及相关行业需求，比如21世纪前十几年中国劳动力人口大幅增加，尤其是22~30岁的婚龄人口大幅增长了1个亿以上，这带来了巨大的房地产刚需，带动房地产行业迎来黄金时代；老龄人口增加则会带动养老、健康、医疗等相关的银发产业。其次是区域结构，这个主要是指人口在城市和农村之间的分布，可以用城镇化率的指标来衡量，一般来说，城镇化率处于30%~70%之间会快速提升，我国城镇化率过去这些年基本每年都提高1个点以上，这一方面带来了巨大的房地产需求，另一方面带来了巨大的基础设施建设需求，所以和基建相关的建筑、建材和机械产业随之兴起，全球五大工程承包商都在中国的现状，就是在这种背景下产生的。

收入水平

处于不同收入阶段的人的需求是不一样的。经济学里有个恩格尔定律，简单来说，就是人们的消费结构会随着收入的提升而变化，用于购买食物、衣服的支出份额会不断下降，会逐渐转向电视机、洗衣机、电冰箱等家用电器类耐用消费品，进而转向娱乐、旅游等，对应马斯洛需求中的更高层次需求。基于国际经验，当人均GDP超过8 000美元，消费偏好和消费结构会发生变化，一个国家的产业就会进入服务业全面升级的阶段。目前我国人均GDP超过8 000美元，正处于这一关键节点，未来消费需求的趋势会和过去明显不同，从实物性消费向服务性消费，从基本消费向高品质消费，相关的服务业和高端消费品行业会崛起，比如近些年火热的境外旅游就是收入提升之后的必然结果。

生产要素

生产要素包括劳动力、资源、资本等，每一个生产要素时刻都在变动，它们的变动会影响密集使用这些要素的行业。其中最重要的生产要素就是劳动力。一般来说，当劳动力快速增长的时候，劳动力成本会有相对优势，纺织、服装、玩具、皮革、家具等劳动密集型产业将会兴起。比如20世纪90年代到21世纪初是中国劳动力增长最快的时间段，这个阶段出现了大量的服装加工企业，包括耐克、阿迪等大品牌，但目前这些企业大部分已经迁到东南亚去了。其次是自然资源，包括土地、石油、矿产等，这类生产要素基本都是得天独厚的，有了丰富的资源就可以发展资源密集型产业，比如中东的石油业，中国山西等省份的煤炭行业等，但当资源逐渐耗尽时，相关行业就会衰落。还有一个不可忽视的生产要素是资本，资本和其他要素不一样，资本只能起辅助作用，必须和其他要素结合。资本的变化可能来自资本账户开放，比如招商引资，也可能来自自身经济的发展，比如现在中国已经是中等偏上收入国家。资本要素的增长会带动设备制造业、石油化工、重型机械工业、电力工业等投资量大、资金周转较慢的资本密集型产业，比如在20世纪90年代之前，中国的这些行业一直没发展起来，但随着市场化和全球化的深入以及国民财富的增长，这些行业就逐渐发展起来了。

技术创新

技术是推动产业进步的根本动力，虽然技术创新很难，但是历史上技术创新还是在不断地发生，而每一次技术创新都会带来相关产业的兴起。第一次工业革命发明蒸汽机，机器生产逐步取代手工业；第二次工业革命发明了电，电力及相关设备应用于工业生产；第三次工业革命以信息技术为核心，互联网行业兴起，传统行业开始和互联网相结合，催生了很多新业态。技术革命不仅会带来新的产业，而且还彻底改变了传统产业的逻辑，使传统产业重获新生。如马化腾在 2013 年提出的“互联网 +”，互联网作为一种新技术改变了大部分行业，改变了零售行业，催生了像淘宝、京东这样的的互联网电商；互联网改变媒体行业，催生了新浪、今日头条等互联网媒体；互联网改变了交通行业，催生了滴滴、摩拜等互联网出行服务商；互联网改变了广播行业和教育行业，催生了喜马拉雅等互联网音频平台和知识付费平台。这些都是技术推动产业发展的典型案例，但需要注意的是，新技术、新产业产生的同时也会替代部分传统技术和产业，被替代的行业就会转向衰落，比如互联网电商崛起严重冲击了线下商场。

改革政策

中国的市场经济和国外很不一样，政策因素对产业的影响更大，所以在分析产业兴衰的时候也必须分析政策。政策分为两种，一种是短期的周期性政策，另一种是长期的结构性改革。周期性政策包括货币政策、财政政策、产业政策等等，就货币政策而言，虽然不是针对某一个产业，但货币扩张会刺激金融业以及一些金融属性强的产业崛起，比如在过去几年宽松时期发展最快的就是金融业以及房地产行业。财政政策扩张通常会带动基础设施建设相关的行业，产业政策短期能带动产业发展，但长期来看很容易形成产能过剩，光伏就是一个典型的例子。我们关注政策更应该关注结构性的改革，这可能从根本上改变产业趋势。比如房地产行业的崛起离不开商品房改革，出口制造业的崛起离不开以加入 WTO 为契机的对外开放。未来在分析很多行业前景的时候，投资者必须要考虑改革的因素，如果核心改革不推动，行业需求再大也没用。比如如是金融所从事的知识付费行业，如果说没有完善的知识产权保护制度，知识盗版横行，那知识根本没法产生商业价值。

预测趋势：未来十年最有前景的十大产业

任何一个时代都有属于它的产业风口，随着时代的进步，产业结构可能会发生天翻地覆的变化。2016 年，阿里巴巴才刚刚起步，沃尔玛雄霸全球零售市场，但 2016 年，阿里巴巴交易总额突破 3 万亿，超越沃尔玛成为全球最大的零售体。不是阿里巴巴比沃尔玛跑得快多少，而是时代给了阿里巴巴一个更便捷的赛道。超市巨头大润发曾号称 19 年不关一家店，但这两年不仅打破了这一惯例，而且还被阿里巴巴收购，是大润发经营得不好吗？不是。就像它的创始人黄明端所说的，他们“战胜了所有对手，却输给了时代”。对于新兴的企业和国家，过去大家总喜欢说弯道超车，其实这并不是一个聪明的做法，如果选择了一个正在衰落的赛道，跑得再快也是慢，我们要做的是换道超车，选择适合新时代的新赛道。下面我们就分析一下未来十年最有希望的十个产业。

医疗健康

从需求端看，一方面中国现在已经是一个中等收入国家，老百姓会越来越重视健康，另一方面，中国已经进入快速老龄化阶段，医疗健康需求会被动增加。2015 年 60 岁及以上的老龄人口达到 2.22 亿，预计到 2020 年，老年人口会达到 2.48 亿，老龄化水平达到 17.17%，其中 80 岁以上老年人口将达到 3 067 万人；2025 年，60 岁以上人口将达到 3 亿，中国会成为超老年型国家。从供给端看，由于无法完全实现市场化开放，所以我国医疗健康资源十分紧缺，供不应求，电影《我不是药神》里面反映的药价贵、看病难问题不仅让民众沉思，也让国家越来越重视医疗改革。2016 年政府发布了《健康中国 2030 规划纲要》，按照规划，中国健康服务产业规模将在 2020 年达到 8 万亿，2030 年到 16 万亿。目前我国处于老龄化和中等收入的初期，随着未来十年中国向深度老龄化和高等收入国家迈进，医疗健康产业一定会有更多的机会。

有几个方向值得我们关注：一是基因测序。它可通过诊断测试识别高危人群，从而及早预防治疗，大量节省医疗费用，好莱坞影星安吉丽娜·朱莉就是利用这个技术提前发现了患癌的可能。二是医疗器械。这是个传统行业，但技术要求在不断提高，而且在国内发展得比制药行业慢，高端被进口把持，这是政策层不希望看到的，未来一定会加速国产化，国家会有更多的投入和政策支持。三是人工智能及医疗机器人。人工智能正在像当年的互联网一样，改变各行各业，其中也包括医疗，利用 AI 技术，可以更稳更快更精准地完成目前由人类进行的一些医疗工作。此外，VR/AR 医疗健康应用、医疗物联网、生物传感器和跟踪器、移动及远程医疗等也都是值得关注的领域。

教育产业

20 世纪 90 年代的主线是工业化，出口为王；21 世纪初的主线是城镇化，地产为王；最近 10 年的主线是金融化，资本为王；未来 10 年的主线是技术化，知识为王。中国现在已经完成了从 0 到 1 的阶段，过去粗放的发展方式既不再适用于国家，也不再适用于个人，未来 10 年大家都必须有自己的核心技术和知识，而这离不开教育。中国的教育资源本来就很紧缺，尤其是优质教育资源，随着需求的膨胀和传播方式的改进，教育行业会迎来更好的机会。有几个领域值得重点关注：一是互联网知识付费。互联网让知识有了新的传播渠道，越发严厉的产权保护让知识有了付费的可能，2016 年是知识付费元年，未来 10 年是知识付费的黄金期，一方面是喜马拉雅这样的互联网知识付费平台，另一方面是知识生产商，整个知识付费的产业链会越来越完善。二是 K12 教育的升级版。所谓 K12，就是幼儿园到高中的基础教育，我国 K12 民办教育市场规模已超过 2 万亿元，出现了新东方、学而思等行业巨头，这不是一个新市场，但未来市场会逐步转型，纵向上进一步向三四线城市下沉，很多中小城市的家长越来越愿意在孩子的教育上投资；横向上进一步向其他知识领域拓展，目前新东方抓住了英语教育的风口。但还有很多领域没有充分开发，比如财商教育。三是职前教育。比如如是金融研究中心投资了一家企业，主要是做金融业的职前培训，这是一个新的市场风口。从需求上看，金融业务越来越复杂、越来越细分，机构越来越不愿意招没有经过实习培训的学生；从供给上看，目前大学教育基本都是学术教育，职业教育严重缺失，这和国外显然不同，国内很多学金融的高才生工作之后基本也是要从头学起，所以从课堂到工作岗位之间实际上是一个市场空白。

财富管理产业

任何时代金融业都是最赚钱的行业之一，但不同时代金融业的重心不同。过去中国的金融风口在银行，银行主要是帮别人借钱，因为经济发展初期没有资本，融资是主要的需求。未来中国的金融风口在非银机构，非银机构主要是帮别人管钱，因为现在不管是家庭，还是企业，都积累了大量的财富，财富管理的需求远远没有得到满足。过去大家没有财富管理的需求，也没有财富管理的意识，但现在我国的家庭户均资产已经超过 100 万，我们拥有全球最庞大的中产阶层群体。随着房地产逐渐失去投资价值，大家进行财富管理的意识越来越强。很多人会担心金融监管的冲击，但事实上监管是有益的，它能够净化行业环境，规范发展。未来财富管理有几个重点方向值得关注：一是基金公司，不管是公募基金还是私募基金都还有很大的发展空间，中国的股票市场以散户为主，机构投资者偏少，基本是八二分，未来一定会反过来，机构投资者成为主流，其中公募和私募基金都是主力。二是互联网金融，目前互联网金融主要在支付结算领域，比如支付宝，未来会进一步向财富管理领域扩展，P2P“爆雷”是一个行业洗牌的必然过程，经历这一轮规范之后，未来依然是一个重要投资方向。三是智能投顾，投资需要大量的数据处理和分析，这和人工智能、大数据有天然的契合点，以招行摩羯智投为代表，各家机构都在加大智能投顾的投入，未来值得期待。

安全产业

安全永远是第一位的，而在现在这个不断变化的社会中，新风险不断涌现，对安全行业也提出了更高的要求，未来一些新的安全问题就是行业发展的前景所在。除了传统的国防安全之外，还有一些新兴领域值得关注，一个是信息安全，这是过去被忽视的一个问题，但随着互联网越来越普及，信息泄露的风险也越来越大。脸谱网信息泄露事件给我们敲响了警钟，如果互联网巨头都没有做到保护用户信息安全，那么说明信息安全行业的确有很大的需求空间。二是海外安全。随着“一带一路”倡议的推行，中国的企业和居民越来越多地走出去，安全问题随之而来。《战狼2》和《红海行动》之所以大热，就是抓住了这个越来越严重的社会问题，毕竟海外安全问题光靠国家出动军舰撤侨来解决是不现实的。在国际上，这方面有成熟的产业体系，比如著名的黑水国际，中国也需要自己的黑水国际。2018年6月，工信部、应急管理部、财政部和科技部四部门联合发布了《关于加快安全产业发展的指导意见》，预计到2020年，我国安全产业体系基本建立，产业销售收入超过万亿元。到2025年，安全产业将会成为国民经济新的增长点，未来10年也可能是安全产业最好的10年。

新能源产业

新能源是未来最确定的产业机会之一，从各个角度来看，新能源的发展都是必然的。从经济角度，能源是经济的血液，而未来传统能源只会越来越少，按照英国石油公司的报告，目前全球原油、天然气这两大核心能源的探明储量大概可以满足50年左右的需求，探明储量增长明显低于需求增长，所以未来传统能源只会越来越稀缺，人类必须开发新能源。从政治角度看，谁新能源发展得快，谁就能掌握下一轮能源革命的先机，谁就能在国际社会中占据主动，否则国家的能源安全就没有保障，类似中兴的事件已经给了我们教训，就是不能在核心要素上受制于人。从自然角度看，当下中央更重视绿水青山，而不是金山银山。

未来 10 年将是新能源和可再生能源发展的加速期，也将是化石能源绿色发展和清洁高效利用的关键期，传统能源方面，天然气和非化石能源是两个重点方向，新能源方面，页岩油气、可燃冰、新一代核电、太阳能、风能、地热、海洋能等值得关注。此外，新能源的衍生产业链也有很大的发展空间，比如新能源汽车，2018 年中国已经成为全球最大的新能源汽车市场，在传统汽车领域我们几乎不可能和已经形成的行业寡头竞争，只能借助新赛道换道超车。

大数据和人工智能产业

大数据和人工智能这两个概念很流行，其实这两个技术是相通的，人工智能就是基于大数据分析来模拟人的智能决策和行为。马云曾说过，过去是 IT（信息技术）时代，未来是 DT 时代，所谓的 DT 就是大数据技术。大数据的核心在于体量“大”，我们个人也经常做数据分析，但一般都是极少量的数据，因为人的分析能力有限，分析误差很大，实际价值不大。而大数据不同，机器通过处理以 ZB（泽它字节，2^{70} 字节）为单位的数据，可以大幅提高决策和行为的效率和准确性。像互联网一样，人工智能技术现在已经开始颠覆很多行业。根据科技部2017年发布的规划，国家将打造四大人工智能开放创新平台，分别是：依托百度公司建设的自动驾驶、依托阿里云的城市大脑、依托腾讯的医疗影像和依托科大讯飞的智能语音，这也是未来我们需要关注的几个重点应用方向：一是人工智能+医疗，2017年8月，腾讯推出了首款将人工智能技术运用在医学领域的产品“腾讯觅影”，它是将图像识别、大数据处理、深度学习等AI技术与医学跨界融合后研发而成，辅助医生进行疾病筛查和诊断。二是人工智能+无人驾驶，百度在这方面投入较多，2018年7月，百度与金龙客车合作打造的L4级（全自动驾驶）自动驾驶巴士“阿波龙”量产下线，虽然目前还存在诸多障碍，但未来落地应用是意料之中的事。三是人工智能+城市管理。人工智能城市的本质，是在AI的赋能下，使城市成为一个协同、自组织的有机整体，并让城市管理具有运营的大脑。比如上海市政府与商汤科技达成了全面战略合作，共同推进人工智能城市在上海落地。此外，一些民生领域也值得关注，一是智能投顾，比如招行做的摩羯智投，二是智能家居，比如喜马拉雅的小雅音箱。

新材料产业

新材料是指新出现或正在发展中的、有传统材料所不具有的优异性能、高质量和高稳定性的材料。历史上，新材料是产业变革的重要推手，如白光发光二极管的出现，开辟了照明新时代，液晶屏代替阴极摄像管带来了显示革命。许多国家都将新材料作为抢占新一轮国际科技经济竞争制高点的重要抓手。我国在2016年12月成立国家新材料产业发展领导小组，并于2017年颁布《新材料产业发展指南》，2018

年工信部也继续出台一系列产业促进政策，比如编制实施2018年新材料产业折子工程，设立中国制造2025产业发展基金以支持新材料产业推广应用。之后，国家将更重视这一重要战略源头产业。新材料产业的规模在快速增长，2012年时只有1万亿，2016年时已经翻到了2.65万亿，根据工信部的预测，到2025年新材料产业总产值将达到10万亿元，并保持年均增长20%。

具体来说，有几个重点方向值得关注：一是石墨烯。石墨烯可谓是新材料之王，《中国制造2025重点领域技术路线图》就明确了未来十年我国石墨烯产业的发展路径，“2020年形成百亿元产业规模，2025年整体产业规模突破千亿元”。目前石墨烯粉体和薄膜产品已经具有量产可能，相对应的如导电导热添加剂、复合材料及触摸屏应用也有望最早实现突破。此外，由于石墨烯具有高导电性，也被尝试用于改善超级电容；由于其光线敏感度是传感器的1 000倍，未来也有望应用于传感器；对硅的替代也值得关注，石墨烯可能成为下一代超高频率晶体管的基础材料，应用于高性能计算机集成电路和纳米电子器件中。二是新型基础材料，尤其是高品质特钢、高强度合金等新型结构材料。我国人均钢铁消费量是世界水平的两倍，但在高品质特钢领域仍依赖进口。国产替代化下，我国强大的市场支撑，享誉世界的中国高铁、国家高速公路网建设，大型飞机和民用航空包括军工用钢特殊需求等，都将加快基础材料工业的转型升级。

泛文娱产业

伴随着国民收入的增长，消费正在从吃喝等基础物质需求向玩乐等高阶精神需求升级，泛文娱产业就是其中最重要的部分，它直接关系到人民美好生活的质量。未来中国是最大的泛文娱市场，没有之一，一些精品文娱 IP（知识产权）的成功证明了国内市场的潜力，比如《王者荣耀》DAU（日活跃用户数量）峰值突破 5 000 万，长期位居全球 iOS（苹果公司开发的移动操作系统）手游收入榜首，抖音不到 3 年就成长为全球下载量最大的 App（应用程序）。

未来泛文娱产业将百花齐放，有几个方向值得关注：一是 IP 运营。内容是泛文娱产业的核心，精品 IP 则是内容的核心。文学、动漫、影视、游戏、音乐、综艺节目等业态早已不是孤立发展，而是在 IP 孵化期就开始协同培育、共同打造精品 IP，从早期就开始实现资金、内容制作、演艺明星、宣传推广、发行销售、衍生产品等各个环节的贯通，深度介入 IP 经营的“全产业运作”。二是网络游戏。游戏是娱乐永恒的主角之一，2018 年中国游戏市场实际销售收入超过 2 000 亿元，其中移动端占 57%。从《阴阳师》《王者荣耀》到近来兴起的“吃鸡”、微信小游戏，一个个爆款不断蓬勃兴起。此外，AI、VR、AR 技术的逐渐普及是人机交互在视觉界面的重大突破，未来网络游戏也更注重提高用户浸入式体验感。三是境外旅游。中国已经连续 4 年蝉联全球出境旅游人数及出境旅游消费的首位，微信朋友圈、抖音等社交软件的传播，也让境外游变得不再那么陌生。2018 年俄罗斯世界杯上，中国游客明显比过去多很多，根据携程统计，估计有 10 万名中国游客赴俄游玩。

生物技术产业

现代生物技术的一系列创新正在加速向应用领域渗透，在解决人类发展面临的环境、资源和健康等重大问题方面展现出巨大潜力。生物技术产业正在成为继信息产业之后的又一个新的主导产业。在这一战略技术领域，各国都在加速抢占制高点，如美国发布《国家生物经济蓝图》，欧洲推出《工业生物技术路线图》。在我国，生物产业是国家七大战略新兴产业之一。根据2017年初国家发改委的《十三五生物产业发展规划》，到2020年，生物产业规模将达到8万亿~10万亿元，增加值占GDP比重超过4%，成为国民经济主导产业。而在技术基础方面，我国已连续5年在论文发表量和专利申请量方面位居全球第2位，仅2015年发表的生命科学论文就达8万多篇，申请生物技术专利2万多项。近年来生物技术产业规模不断上升，2016年生物技术产业规模超过8 000亿元，生物产业规模超过3.5万亿元，未来十年将是生物技术产业发展的黄金期。

生物技术产业有几个方向值得关注：一是生物医药。根据产业规划的市场规模目标，到2020年要实现医药工业收入4.5万亿元，接近整个生物产业市场规模的一半。而随着老龄化社会的加速到来，未来这一刚需的市场空间也将进一步扩展。基于生物医药需求的增长，生物制药设备也将受益，并在国家加大自主研发的利好中，逐渐实现相应国产替代。二是生物能源。生物能源的最大特点是燃烧或使用后不造成环境污染，是一种较环保的绿色能源。作为最主要的可再生能源，它是唯一能大规模替代石油燃料的能源产品，并且由于原料来源和产品替代的多样性，未来生物能源可能逐渐改变能源结构。当前生物能源液体化，如生产乙醇、丁醇等液体燃料；利用生物能源生产固体颗粒燃料，方便高效率燃烧等都是值得关注的方向，此外发展生物能源还可跳出固有的圈子，比如生产纤维素燃料后剩下的木质素中，就含有很多化工生产所需的中间产品，具有较高价值，可以继续利用并产业化。

环保产业

环保产业的发展具备了天时地利人和。首先，是天时，中国经济经过30多年的粗放发展，对环境的破坏已经达到非常危险的水平，现在应该把更多的注意力从金山银山转向绿水青山了。其次，是地利，中央现在把污染防治列为三大攻坚战之一，环保督查越来越严，企业不得不加强环保意识和能力。最后，随着近年生态中国观念深入人心，大家越来越重视身体健康，对PM2.5（细颗粒物）等污染问题的容忍度越来越低，这是推动环保产业发展的最根本动力，如果环保都做不好，就谈不上美好生活。所以，未来环保产业是个确定性很强的上升市场。2018年我国第一部环境保护类的单行税法《环境保护税法》正式实施，这将给环保产业奠定更坚实的市场基础。近年来环保行业年增长率高达20%，但行业整体却处于“小、弱、散、乱”的阶段，都是以中小规模的区域性企业为主。国内最大的环保上市公司，其市值也仅500亿左右，未来市场空间巨大却龙头缺失，新进入者有很大的机会。

此外还有几个细分方向值得关注：一是大气污染治理。说起污染，最受关注的肯定是雾霾、PM2.5，这就涉及大气污染治理。2018年国务院印发了《打赢蓝天保卫战三年行动计划》，要求到2020年二氧化硫、氮氧化物排放总量分别比2015年下降15%甚至更多，此外还对钢铁、火电等行业污染物排放标准进行了修订，未来国家对空气质量的保护将更加严格。二是水污染治理。根据《水污染防治行动计划》，也就是业内所说的“水十条”，到2020年地级及以上城市建成区黑臭水体均控制在10%以内。而2017年我国水处理行业市场规模达到2 800亿元，这样2017—2021年5年的年均复合增长率高达43.25%。三是工业污染治理。工业生产一直都是生态环境的主要污染源，我国经历了长时间的高速工业化，更是积累了大量的问题，这些问题就是未来工业污染治理的市场。按构成来看，主要是工业大气、工业水处理、工业固废、工业节能及能源服务和工业监测等领域，这些领域可能推动工业环保的市场规模突破10万亿元。

热门产业的分析方法

房地产：为什么万达不做地产了?

房地产行业正在经历一场前所未有的变局，这里的变局并不是指近几年房价又涨了多少倍，房价上涨在历史上是常见的事情，真正不同寻常的是很多房地产巨头竟然开始退出房地产市场，这在过去是从来没有过的。过去调控最严厉的时候房地产企业最多是中场休息一下，的确有很多企业在低潮期喊过转型，但它们从来没有真的放弃开垦房地产开发这片沃土。

这次不一样，巨头们开始真的退场。万达最早开始退出，从2015年开始它就大幅收缩地产业务，大幅布局文化、旅游、金融产业，甚至不惜错过了2016—2017年的大行情，2017年出售了13个万达文旅城和77家酒店。相比万达的悄然离去，万科更加直接，董事长郁亮直接公开表示“万科十年后不再是一个地产公司”。

最了解房地产行业的巨头们为何开始放弃地产？原因很简单，“春江水暖鸭先知”，房地产行业的基本面的确和过去不一样了，中国新房建设的高峰期已经过去，开发商时代已结束。在前面的内容中我们具体分析过原因：首先，从人口需求上看，中国的劳动力人口已经见顶，尤其是20~30岁的年轻人口，这意味着首次置业刚需和改善型需求增长都会放缓。其次，从住房供给上看，中国的住房存量已经达到人均1套，人均住宅面积接近35平方米的国际平均水平，整体来看中国民众已经不缺房子，社会热议的买不起房基本上是人口迁移带来的结构性问题。最后，从政策基调来看，过去房地产调控是周期性的，利用货币、信贷和限购等手段平抑房价，现在房地产政策发生了根本性变化，更注重用长效机制让房子回归居住属性，打击投机炒房，未来应该不会再出现大水漫灌的刺激政策。

总而言之，中国房地产企业轻松赢利的时代肯定是结束了，传统的房地产开发业务还会继续存在，但不论从利润率还是成长性来看，未来10年都无法和过去10年同日而语，这就不难理解房地产巨头们的选择。对于他们来讲，可以利用过去积累的传统优势率先转型，抓住房地产行业的新风口，以下几个方向值得关注：

存量房交易

随着城市化进程的逐步深入，越来越多的城市新房建设趋于饱和，存量房交易将会成为主力。以北京为例，从 2009 年开始，北京二手房住宅交易量就超过新房交易量。2016 年二手房交易量已经接近总体成交量的 80%。而现在美国已经有超过 85% 的交易量是由二手房贡献的，未来中国一定也是同样的趋势。在这个过程中，和二手房交易相关的服务商会受益，比如作为交易中介的链家，链家过去仅是一个局限于北京等少数城市的交易中介，但现在越来越多的城市进入二手房交易时代，链家已经成为布局 30 多个城市的独角兽，5 年间估值增长了 40 倍。可以断定，未来二手房在各个城市的占比都会伴随着城市化的推进而提升，从新房到存量房为主的趋势明确。

在这个过程中，交易平台和互联网、AR/VR 等新技术的结合也越来越多。比如链家除了线下门店之外，还有链家网和链家 App，大部分房源信息都可以通过网络了解到。又比如最近发展比较快的贝壳网，它不仅可以把房源信息整合起来，还可以利用 VR/AR 技术远程看房，利用新技术提升用户体验。

租赁服务

链家董事长左晖说过一句话，未来 5 到 10 年会有 35% 的人住在别人的房子里。什么意思呢？就是未来越来越多的人会选择租房，而不是买房。一方面，对很多在大城市打拼的年轻人来说，房价在相当长的一段时间内可能还是遥不可及的，而如果单从租售比和住房品质来看，租房的性价比要比买房高很多。另一方面，随着二三线城市的经济发展和房价上涨，越来越多的城市会出现同京沪深一样买不起房的状况，尤其是杭州、武汉等新一线城市。

过去大家对租房存在顾虑，主要是租房市场太混乱，租户没有保障，但从国际经验来看，租赁是解决城市住房尤其是大城市住房问题的一个重要手段。目前随着市场的不断发展，国内的租房市场也在加速完善，现在市场上大致有两种服务模式：一种是自持租赁，房地产企业通过“持有 + 运营”的模式为市场提供租赁。2016 年底的土地拍卖甚至出现了 4 宗 100% 自持比例的土地，其中就包含了轰动一时的万科翡翠书院，这应该是北京第一个自持租赁项目，最长租期达到十年之久，10 年一次性支付租金 180 万的高价一度让市场怀疑其可行性，但很快其出租率就超过 80%，说明品质化的生活方式是有市场的。另一种是转租赁。房地产企业先以相对低价租赁市场上的房子，然后包装运营，再转租给市场上的租户。典型的就是自如，这是北京非常主流的一种租房方式，自如每年流动的租金超过 100 亿，现在估值已经 200 多亿。不管哪种服务模式，都有效解决了过去租房市场最大的痛点——与房东的协调问题，租户直接和运营公寓的企业打交道，用户体验比直接租赁好很多，这也是越来越多的人选择租房的一个原因。

后端服务

过去房地产是一锤子买卖，房地产企业卖完房就撤出了，并没有充分开发客户价值。家庭住房是最重要的一个生活场景，没有之一。在这个场景中，住户会产生各种生活需求，这些需求就是市场所在。

现在的市场方向大概有两种，一种是存量项目的物业管理，比如近几年万科收购许多物业管理公司，帮助一些存量楼盘运营升级，现金流表现效果良好；另一种是以后端服务为核心的新建项目，典型的是医疗及养老地产，也就是在地产项目中配建医疗、养老等核心配套设施及服务。比如万科在杭州设计的养老社区的样板中，他们提供专业的照护、医疗、娱乐等综合服务，现在不仅杭州本地的人去，很多外地老人也会过去养老。万科的目标是未来 9 年覆盖 10 万以上老人。

特色地产

房地产不是没有需求，而是市场需求变了，基本的居住需求已经基本满足，主要需求转变为获得一些特色的体验，比如旅游地产。传统的旅游地产区域有长三角、环渤海等地区，目前旅游地产发展热度最高的区域毫无疑问是海南，出现了许多类似恒大海花岛这样十分受人追捧的项目。这三个地区的旅游地产项目基本占全国一半以上。

地产金融

不管是自持租赁，还是后端服务，都面临资金缺口的问题，以资产证券化为核心的房地产金融也会迅速地发展起来。一方面，通过 REITs 和 CMBS 等各类房地产的资产证券化产品能帮助企业融资，盘活存量资源，另一方面，个人投资者需要新的投资选择，而且伴随着金融创新的推进，不断有新工具和新融资模式可以利用，比如 2017 年首次长租公寓资产类 REITs“新派公寓权益型房托资产支持专项计划”发布。

万达转型仅仅是整个房地产行业变局的开始，中国的房地产企业轻松赢利的时代结束了，过去通行的房地产逻辑已经不再适应未来。

房地产行业虽然依然有空间，但增长点已经不是传统的开发业务，而是在存量交易、租赁服务、后端服务、特色地产和地产金融等领域。

大健康：“健康中国”时代有哪些新刚需？

健康，是人类永恒的追求和美好生活的基础，没有健康，一切都是过眼云烟。不管从需求还是供给来看，大健康都是未来十年确定性最高的产业之一。

从需求端来看，大健康产业的需求刚开始爆发。首先，人均收入提高，消费升级。根据中国统计年鉴的数据，1995 年到 2013 年这 18 年间，人均医疗保健支出占比从 3.2% 大幅增长至 7.1%。随着人均收入的增长，生活压力加大，不管是老年人还是年轻人，健康意识都逐渐增强，这是医疗保健支出快速增长的基础。其次，老龄化时代到来，健康产业的刚需人口增加。按照国际惯例，65 岁以上人口占比超过 7% 就算进入老龄化社会，而 2017 年我国 65 岁以上人口占比已经高达 11.4%，算是深度老龄化社会。我国老龄人口有 1.58 亿人，占全球老龄人口的 20%，而且老龄化趋势还在呈加速发展态势。根据世界卫生组织的统计预测，到 2020 年，中国老龄人口将达到 2.5 亿，占总人口的 17.6%，这部分人口都是健康产业的刚需人口。最后，国民预期寿命提升，可消费时间拉长。1990 年我国国民平均寿命是 67 岁，2015 年已经增加到 76.3 岁并在持续上升。

从供给侧来看，大健康产业还处于供不应求的状态。电影《我不是药神》讲述的天价药故事引发社会广泛关注，但电影呈现的只是

“看病难、看病贵”问题的冰山一角。归根到底，是医疗健康资源非常紧缺，而这种紧缺既有经济原因也有制度原因，不是短期内能解决的。国家的策略是加大力度发展大健康产业，现在健康中国已正式上升为国家战略。2016 年国务院发布《健康中国 2030 规划纲要》，明确提出健康服务业总规模在 2020 年要超过 8 万亿，2030 年要超过 16 万亿，并成为国民经济支柱性产业。

相比这个目标，我国的大健康产业还略显稚嫩。我国 2016 年医疗卫生支出在 GDP 占比仅 6.2%，发达国家平均在 10% 以上，美国卫生总支出 2014 年达到 2.98 万亿美元，GDP 占比高达 17.1%。人均来看，美国人均医疗卫生支出每年 1 万美元左右，中国 2016 年人均医疗卫生支出仅 505 美元，不足美国的 1/20。从健康产业内部来看，产业结构以医疗为主，比较初级。中国的医疗在大健康产业中占比 64%，而美国这一比重不到 35%，其健康产业更多的来自对疾病的预防、健康促进和慢性病管理等健康管理领域。

未来的大健康产业也不会局限于传统的医疗药品，一定会伴随着人民的新需求涌现出许多新兴的细分行业，有几个方向值得大家关注：

和老龄人口相关的养老产业

我国养老负担越来越沉重，传统的养老方式已经无法满足需求，产业化是必然趋势。目前我国养老产业还很初级，处于供不应求的状态。一方面，优质公立的养老机构一床难求，等不起。以全国标杆公立养老院的北京第一社会福利院为例，它仅能提供 1 100 张床位，但排队登记的老人一度超过 1 万人，每年轮候只能入住几十位。另一方面，民营养老机构严重两极分化，低端机构质量很差，而高端机构价格又过于昂贵，其一般收费区间在每月 8 000 至 30 000 元不等，只有少部分高收入家庭能消费得起。

针对这种问题，各级政府和部门也出台了多项支持养老产业的政策，包括金融扶助、场所保障、税费减免和财政补贴等多种方式，比如北京市政府要求 2020 年每个街道乡镇需建设一所养老照料中心，每新增一个床位可资助 2 万元，最高可有 300 万元，设备购置也资助 50%，最高可达 150 万元等。

从阶段上看，我国养老产业仍处于高速增长期。我国养老服务的床位数从 2005 年的 158 万张迅速增长到 2016 年底的 730 万张，PPP 养老项目投资额从 2016 年初的 1 227 亿元，迅速增长到 2017 年 8 月的 1 900 亿元。

再细分一下，养老地产未来是一个重要的养老模式。目前参与养老地产的机构主要有三类：一是大型开发商，万科、保利、复星、绿地等，如万科的“随园系列”、绿城的“乌镇雅园”；二是有长期低成本大资金的保险机构，比如泰康人寿的“泰康之家”、太平集团的“梧桐人家”等；三是寻求产业布局的产业资本，如和谐基金、红杉资本、云锋基金等。盈利模式上，主要是“会费 + 月费”的会员卡模式，保险公司主导的项目还与其养老保险产品销售进行捆绑。比如说，养老机构一次性收取会员费 100 万到 500 万元不等，后续每月缴纳 5 000 元到 1 万元的月供，如果需要其他特殊服务尤其是生活不能自理的老人就另外收取特护费。不过这种模式下，养老公寓不是可销售的物业，没有产权产证，会员卡也不能作为个人资产证明，性质上只属于长期租赁合约或会员资格，所以法律上难以获得完全保障，市场比较信赖的主要还是一些大机构。

和生活压力相关的保健产业

保健品按种类可以分为膳食补充剂、运动营养品、体重管理产品和传统滋补类产品。据统计，我国保健品行业规模在2017年已经有2 376亿元，全球占比16%，是仅次于美国的全球第二大保健品市场，但我国人均保健品消费仅为25美元，远低于其他发达国家，仅是美国的12%、日本的17%、新加坡的22%，也就是说，中国未来保健品市场还有很大的增长空间，成为全球最大市场只是时间问题。具体来说，有几个细分领域值得关注，包括孕保、美容和运动等。

目前市场上保健品生产厂商众多，以中小规模为主，市场集中度低。2017年我国大概有2 317家，而前20名企业的收入份额占比只有38.6%。这也是因为我国保健品品类与发达国家相比仍很单一。目前汤臣倍健算是国内保健品行业的龙头，它主要做膳食补充剂产品，其他行业实力较强的还有金达威，主要做营养强化剂产品。

和消费升级相关的医美产业

消费升级带来了更多人对美的追求，医美行业也进入了高速发展期。目前我国这方面的市场渗透率远低于发达国家，未来发展空间巨大。根据德勤的数据，2016年，中国的医美产业市场规模为1 250亿元，2017年达到1 760亿元，2020年有望达到4 640亿元，年复合增长率高达40%。

从产业链来看，医美产业上游主要是医疗美容耗材及器械的生产，整体来说进入门槛较高，而且进口产品除了生产成本高外，进入中国还需交纳 50% 的税，因此价格更高，未来进口替代是必然趋势，如双鹭药业和华东医药早已布局玻尿酸业务。中下游主要是各种医美机构如公立医院的整形美容科、连锁医院、整形医院等。中下游整体而言，私立医院是市场主体，占据 85% 的份额，也就是以民营企业为主，这种情况主要是因为民间资本进入医疗美容领域的注册门槛不高，而公立医院有较多限制不够专注。

但目前市场上传统医疗美容机构普遍陷入困境，这主要是由行业混乱、营销费用较高所导致的。根据清科研究中心的数据，其营销渠道占总价值分配的比重高达 50%，销售费用也占 20%，最后剩余的机构利润不足 5%，同时非法执业现象比较严重，导致整体行业价格混乱、透明度较低。所以，未来医美产业会有一轮大洗牌，这个过程中优质的龙头品牌会涌现出来。

大制造："中国制造 2025"将带来哪些投资机会？

中国制造业正面临前所未有的挑战，过去中国制造主要靠劳动力成本优势，但现在成本优势已经式微。不仅东南亚、非洲等地区的新兴制造国在加速崛起，甚至连美国等发达国家也开始推动制造业回流。当劳动力红利消退之后，中国制造的先天缺陷越发暴露出来，即自主创新的不足。不管对制造业企业还是对整个国家来说，这都是一件非常令人不安的事情。中兴事件已经敲响了警钟，在大部分制造业领域，中国面临和中兴一样的问题——核心技术受制于人，一旦技术断供，我们就会非常被动，还有市场份额和品牌的巨大损失。正是在这种背景下，国家才要加快制造业的转型升级。

在当前逆全球化的背景下，各国都在加快修炼制造业的内功，中国、美国、德国各自提出了制造业发展计划。美国提出了工业互联网，主要是将互联网的优势扩大到制造业，实现从软件到硬件的升级，也是外部制造业的回归。德国提出了工业 4.0，主要是从优势的传统工业出发，实现从硬件到软件的升级，也是优势产业竞争力的提升。我国在 2015 年正式提出《中国制造 2025》计划，主要是从硬件到软件的全面升级，从制造大国向制造强国转变。从国务院印发的规划来看，《中国制造 2025》主要将在以下十个产业领域发力：

信息技术产业

信息技术产业主要包括三个领域，第一是集成电路及专用装备比如智能设备的芯片，第二是信息通信设备比如 5G 通信技术，第三是操作系统及工业软件比如 CAD 等制图软件。这一类产业是制造业的核心，为产品提供最具有话语权和议价权的关键部件或基础设施。这一产业芯片和 5G 通信这两个细分行业最有可能成为中国的下一代制造业的核心竞争力。

从芯片行业来看，产业链主要分为三个部分：设计、制造、封装测试。我国目前主要竞争力在侧重劳动密集型的中下游，上游的关键芯片供应能力不足，未来更多的发展机会则集中在芯片的设计环节。因此中下游可以重点关注具有竞争力的龙头企业，而上游则关注一些技术实力雄厚的初创公司。从 5G 通信行业来看，随着 4G 逐渐步入尾声，作为新一代通信技术，5G通信网络建设及发展中将会涌现出众多投资机会。5G发展早期主要是芯片、光纤光缆及相关器件投资机会，中期主要是设备、基站及相关投资机会，后期则主要是运营商、终端及相关应用投资机会。而且由于行业重资产重投入的特性，寡头垄断局面显著，投资者在不同时期都应当重点关注相关领域的龙头企业。

高档数控机床和机器人产业

这两个领域与我们日常生活没有直接联系，因此多数人会忽视掉这两个至关重要的行业。它们是通过对人力的替代极大地提高了产品的生产效率。从数控机床来看，一方面，目前国内数控机床处于大而分散的境地，位列前三的企业大连机床、沈阳机床、北京精雕的规模仅占国内总规模的12.9%，之后的所有厂商占比均未超过1%。另一方面，受益于《中国制造2025》，我们可以预计未来高精密机床的渗透率会由现在的24%提高到30%，高档数控机床拥有广阔的发展空间。对于普通投资者来说，等待行业龙头出现是收益风险比最佳的选择。从机器人来看，目前国际上机器人“四大家族”ABB（总部位于瑞士苏黎世的电力和自动化技术领域的领导厂商）、库卡、发那科以及安川占据的全球份额超过40%，其中库卡于2016年被美的收购。2020年，预计国内的机器人及自动化改造行业市场空间将突破万亿，尤其是工业机器人的价格在以每年6%速度下降，而中国的人力成本却在以8%的速度上升的情况下，机器人市场空间可能就进一步被打开。投资者可以重点关注国内目前最具竞争力的两种发展模式，一是以研发为导向带动企业发展，二是从低难度系统集成切入市场带动技术升级。

航空航天装备产业

用于大气层内的航空装备和用于大气层外的航天装备统称为航空航天装备。航空装备中的重点发展领域主要是大型飞机、通用航空、无人飞机以及航空发动机等核心部件。

从大型飞机来看，用于中短途飞行的窄体客机长期由空客 320、波音 737 两个系列机型垄断，两家合计占比超过 94%。国内被这两家巨头垄断的程度更高，两家合计占比超过 99%。这是一个典型的寡头垄断市场，目前没有什么有力的竞争对手。但我国目前在大力培育中国商用飞机，2017 年首飞成功的 C919，就是由中国商用飞机生产的窄体客机。短期内虽然难以撼动空客和波音的市场地位，但是在国家政策的持续支持下，配合“一带一路”倡议，中国商用飞机有可能在市场上占据一席之地。

通用航空方面，主要是指除了货运和客运以外的航空活动，包括飞机喷洒农药、抢险救灾、体育训练等，按飞行器来分主要是固定翼、旋翼机也就是直升机、飞艇和热气球等。根据民航局的十三五规划，2020 年建成 500 个以上通用机场，2030 年建成 2 000 个以上，争取实现全国 2 800 个县每个县都有一个通用机场。普通投资者可以关注通用航空龙头运营商、机场建设相关、飞行员培训等行业。

从无人飞机来看，根据艾瑞咨询预测，到 2025 年无人飞机市场总规模将达到 750 亿元，未来市场规模最高的两个方向分别是民用消费无人飞机和农林植保无人飞机，分别为 300 亿元和 200 亿元。

航天装备中的重点发展方向主要是火箭、卫星、载人航天、月球探测等方向。航天装备对于探索太空进而反哺实体经济承担着不可忽视的角色。一方面，航天领域的技术突破可以应用到实体经济，20 世纪 60 年代，美国阿波罗载人登月计划带动计算机、超高强度材料和耐高温材料等一大批新兴产业，这些产业所衍生出来的众多科技成果，推动了美国经济的进一步发展。我国虽然在航天装备领域发展的时间不长，但是也有超过 80% 的新材料是在空间技术牵引下完成的成就。另一方面，更多的是技术对人们的生活产生直接的影响，不论是卫星通信、导航还是气象预报、防灾减灾等方面，都直接服务于日常生活。从航天来说，短期主要是院所改制政策的推进下，军工资产注入航天公司预期下，拥有核心资产的企业值得大家关注。

海洋工程装备及高技术船舶产业

海洋工程装备的重点领域是用于海洋开发和利用的相关装备和系统例如深海空间站，以及大型浮式结构物例如海上机场、海上发电厂等。从海洋开发和利用来说，当前市场整体需求持续低迷，新订单减少，现有订单出现大量延期、撤单情况。2018 年初工信部等八部门印发《海洋工程装备制造业持续健康发展行动计划（2017—2020 年）》，提出了三个重点发展领域，一是有相对较好需求的海洋油气开发装备及其相关模块，例如深水和超深水大型浮式生产储卸装置、大型液化天然气浮式生产储卸装置等。二是具备商业开发前景的新型海洋工程装备，例如海上风电、深远海养殖、采矿以及旅游休闲装备等。三是关系国计民生和军民融合的重大装备，主要是指海上通信、导航保障，海洋环境目标态势感知等一系列基础设置装备建设。从大型浮式结构物来说，根据十三五规划纲要列出的百项重大工程，除航母和远洋岛屿机场之外，预计在5年内，我国还会建设2~3个海洋大型浮体，这些浮体将会集航空港、码头的功能于一体，对我国海洋战略有重要意义。最后，高技术船舶这一方向可以重点关注豪华邮轮和液化天然气船等船舶，以及重点配套设备的核心技术发展。

先进轨道交通装备产业

该产业发展的重点领域是现代轨道交通，即高铁和地铁。从高铁来看，铁路投资是这一轮基建大潮的重点，铁路投资由14年前的1 000亿发展到如今的超8 000亿，未来配合地方的铁路投融资改革，会有更多的市场化投资落地，过去几年高铁干线搭建基本完成，但支线还有很大空间。从地铁来看，2018年7月份刚刚发布的国务院52号文将修建地铁的门槛大幅提高，虽然不达标在建项目只占总体里程的8%左右，但是在去杠杆的背景下，未来投资的增速可能会趋于平稳，主要的机会还是在中游的机械和电器设备领域，以及下游的公用事业相关领域。

新能源汽车产业

未来主要方向一方面是整车制造的领先企业，另一方面是核心部件比如电池制造的相关企业。2018年2月，在由财政部牵头发布的新补贴政策中，短续航电动车补贴金额明显下降，续航里程超过300千米的中高端车型补贴有所增长。产业政策更加倾向于高品质和长续航，和过去普遍补贴有很大改变，这也是未来市场需求的发展方向，在政策和市场导向下，行业会进一步整合。尤其是在特斯拉超级工厂落户上海临港之后，将进一步促进新能源整车市场的竞争。对于拥有核心技术优势的上中游的企业来说，具有一定程度的利好。

电力设备产业

发展的重点主要是发电端的水电、核电等各类发电机组以及新能源、可再生能源等，传输端的储能、输变电设备以及用户端的设备和关键的元器件等。从发电端来说，目前核电、风电、光电等是政策支持的重点，对资源和环境的损害相对较小，符合未来美丽中国的发展方向。从传输端来说，特高压是不可忽视的亮点，国家电网近年来着力推广，技术发展较快。目前世界电压等级最高、输送容量最大、输送距离最远、技术水平最先进“四项第一”的准东至皖南 ±1100 千伏特高压直流输电工程，在 2018 年底时昌吉—古泉 ±1 100 千伏特高压直流输电工程双极全压已经送电成功，世界最高电压 ±1 100 千伏已经实现了工程应用，代表了中国目前在世界特高压领域的竞争优势，未来可以像高铁一样输出。从用户端来说，我们需要重点关注新技术的融合，比如智能电网。

农机装备产业

发展的重点主要是粮、棉、油、糖等大宗粮食和战略性经济作物相关的农机装备、高端农机装备以及农业信息化整体解决方案。我国虽然是农业大国，但在农机装备上相当落后。2017 年中国农机工业 2 429 家规模以上企业主营业务收入为 4 291 亿元，甚至比不上全球五大农机巨头约翰迪尔、凯斯纽荷兰、爱科、克拉斯、久保田其中前三家的营收总和。目前我国农机装备市场不仅总体规模比较小，结构上也有很大的问题。一方面农机结构不平衡，主要是空间上、时间上和作业阶段三个方面的不平衡。另一方面中高端产品供给不足，关键零部件无法独立生产。根据《农机装备发展行动方案（2016—2025）》的规划，到 2025 年，全国的农作物耕种收机械化率要达到 75% 以上，形成 3~5 个具有国际影响力和竞争力的领军企业，关键零部件自给率要达到 70% 以上。所以未来投资者可以重点关注拥有核心自主技术的龙头企业，它们在行业整合后会有更大的机会。

新材料产业

新材料主要是指相对于传统材料，人们根据现代科技的研究，开发出的新材料。除了前文提过的白光发光二极管和液晶屏等之外，手机中的锂离子电池，里面的电极材料就是一种新材料。目前在传统的化工新材料包括特种工程塑料、先进陶瓷材料等领域，中国制造已经卓有成效，但是在半导体材料、新能源材料、面板显示材料等新兴的核心领域，还存在诸多困难。

生物医药及高性能医疗器械产业

随着中国经济的发展和老龄人口的增加，生物医药及高性能医疗器械的需求会随之膨胀。按照国家规划，2020 年要实现医药工业收入 4.5 万亿元。但是我国居民用药、用械仍然面临很多问题，主要有三点：一是创新药比例过低，不足 20%，落后于发达国家 60% 的水平。二是仿制药市场十分混乱，各种仿制药药效不一。三是高性能医疗器械供应能力无法满足市场需求。目前国内通过鼓励创新、仿制药一致性评价、缩减按甲类管理的医用设备名单等政策积极进行改革。长期来看投资者重点可以关注创新药、仿制药和高端医疗设备这三个方向的龙头企业。

大消费：未来十年最具爆发力的五大消费方向

投资、消费、出口是中国经济增长的“三驾马车”，过去投资是跑得最快的一驾马车，现在消费已经取代投资，成为中国经济最主要的增长动力。2018 年上半年消费对中国经济增长贡献率达到 78.5%，创下历史新高。不管从宏观还是微观角度来看，未来大消费产业都有很大的发展空间。

从宏观上看，中国经济进入中等收入阶段，催生出新的消费需求。2017 年中国人均 GDP 超过 8 800 美元，根据国际经验，当人均 GDP 突破 8 000 美元时，服务业全面跃升，恩格尔系数下降，消费结构将加速升级，新的消费需求会不断涌现。从微观上看，人口结构变化催生新的消费群体。一是中产阶层崛起，据统计，中国中产阶层成年人口数量超过 2 亿人，总财富高达 28.3 万亿美元，人均财富约为 13.9 万美元，他们将成为消费扩张的中坚力量；二是 80 后、90 后甚至 00 后成长为消费主力，消费观念更为积极，从数据上看，这些年轻群体的消费支出年增长速度高达 14%，相当于 35 岁及 35 岁以上人群的两倍。

未来 10 年可能是大消费产业最好的十年，中国将上演一场史诗级的消费升级，其中最具爆发力的可能是以下五个方向：

健康消费

随着居民生活水平的不断提升，民众对健康的重视程度也越来越高，在健康方面的消费支出不断增加。健康消费以下三大领域值得关注：一是医疗防护，居民健康意识逐步增强，不再局限于传统的疾病诊疗，更注重疾病预防，如应对雾霾的健康消费支出直线上升，3M口罩在中国的年销量破亿，小米空气净化器销量创新高，突破300万台，销量增速超过150%。除基础防护外，我们也更关注新型检测技术，基因测序通过测定基因全序列，预测罹患疾病的可能性，可实现精准医疗，受到高度关注，2013年安吉丽娜·朱莉进行乳腺癌基因检测后，基因测序市场增长率超过20%。二是医疗保健，由于居民收入的不断提高，居民有意愿并且有能力向医药保健行业投入更多的资金，2007—2017年人均医疗保健消费支出从699.09元增加至1 451元，翻了一番，2017年人均医疗保健消费支出在消费支出的比重提升至7.9%，医药保健行业迎来重大发展机遇。三是养老服务，在急剧老龄化的大趋势下，居民养老观念发生了巨大的变化，传统的居家养老模式难以为继，养老需求加速“井喷”，养老院“一床难求”现象较为普遍。

知识消费

未来10年是知识经济时代，没有知识就没有核心竞争力。现在城市家庭消费支出中增长最快的就是教育等知识消费，年均增速20%左右。有几个领域值得关注：一是互联网知识付费，2016年可以说是互联网知识付费元年，一方面，版权保护逐渐完善，知识付费有了更坚实的生存基础；另一方面，消费升级对精品内容的需求越来越强烈。

随之崛起的知识付费平台，比如喜马拉雅 FM，2017 年“123 知识狂欢节”销量接近 2 亿，较上年增加了 3 倍多。再就是知识 IP 的崛起并逐步产业化，比如如是金融研究院正在做的金融领域 IP 矩阵。二是课外培训，2017 年全国中小学生校外培训总体参与率接近 50%，平均支出约为 5 616 元，在北京、上海、杭州、长沙等城市，单人年培训费用最高甚至超过 10 万元，大量品牌培训机构大受追捧，2017 年主攻 K12 辅导的学而思净利润增长超过 100%。三是海外留学，由于出国留学人数不断增加，与之相关的语言培训需求持续高涨，2017 年海外留学人数首次突破 60 万人，我国持续保持世界最大留学生生源国地位，2018 财年第三季度以语言培训见长的新东方净收入同比增长 41.2%。

娱乐消费

消费升级就是当人们满足了对温饱的物质需求，会更多地追求精神层面的娱乐需求，这给泛文娱产业带来了巨大的市场空间。社交、游戏、文娱等细分领域已经让投资者看到了这个庞大的市场。2017 年国内最大社交平台微信日活跃用户超过 9 亿；爆款游戏《王者荣耀》月收入超过 30 亿，其中一款皮肤单日销售量 1.5 亿，跃居全球手游综合收入榜冠军；电影《战狼 2》刷新中国票房纪录，高达 56.8 亿，跻身全球票房 TOP100（前 100 名）；视频网站爱奇艺付费会员数高达 5 080 万，会员收入从 2015 年的 9.97 亿增至 2017 年的 65.36 亿，3 年时间增长 6 倍多。有钱又有闲的“有闲阶级”正在崛起，他们的时间还没有被充分填充，泛文娱市场还有巨大的潜力。

旅游消费

休闲旅游已成为现代生活的“标配”、幸福生活的“刚需”，2017年，我国旅游人次超过51亿，人均出游达3.7次，旅游总收入高达5.3万亿，对经济贡献超过10%。随着消费升级，居民的旅游需求蓬勃增长且不断升级，以下三大方向发展迅速：一是出境旅游，受签证便利、航班增加、收入增长等持续利好刺激，我国出境旅游保持高速增长，2017年中国公民出境旅游1.3亿人次，国际旅游支出超过7 000亿，连续多年保持世界第一大出境旅游客源国地位。二是文化旅游，游客不再满足于千篇一律的观光体验，渴求探寻精神层面的深度体验，如刚刚结束的俄罗斯世界杯，就有超过10万中国游客赴俄旅游观赛，人数较上一届巴西世界杯增加了10倍以上，在世界入境游客中排名第一。三是休闲旅游，伴随着消费升级，旅游不再只是观光，休闲度假的观念逐步形成，这种旅游不是为了“到此一游”，而是更注重休闲、品质、体验，所以高品质的度假酒店、个性化民宿和短租公寓需求上升。比如莫干山山谷的“裸心谷”，就是让人们远离尘世喧嚣，体验大自然，尽管定价高达2 200~18 000元/晚，但还是供不应求，入住率常年高达80%，每个房间年收入为100万，而上海排名第一的酒店静安香格里拉每个房间的年收益才55万元。

品质消费

消费升级的直观表现就是人们越来越讲究生活品质，从将就到讲究，多花一些钱来进行一些高品质消费的意愿增强。奢侈品消费就是品质消费的一个典型案例，中国顾客近年来成为奢侈品市场上的最疯狂的买家，目前中国家庭年均奢侈品消费超过 7 万，中国消费者的奢侈品年支出超过 5 000 亿，买走了全球近 1/3 的奢侈品。2017 年中国顾客购买力回升带动全球奢侈品行业回暖，创下奢侈品消费量历史新高。如此庞大的市场让越来越多的国际一线奢侈品牌加大了对中国的投入，过去中国明星很少代言奢侈品，但现在较为知名的国际大牌基本上都进行中国化了，这和当年肯德基开发油条产品逻辑一样，背后是中国市场的崛起。

大 IT：如何寻找下一个 BAT 和 TMD？

以智能手机的普及为分水岭，IT 行业经历了互联网和移动互联网两个时代。前半场是互联网时代（也就是个人电脑时代），后半场是移动互联网时代（也就是智能手机时代）。BAT 和 TMD 分别是前后两个半场上的超级独角兽。所谓 BAT，是指百度（B）、阿里（A）和腾讯（T），TMD 指的是头条（T）、美团（M）和滴滴（D）。不管是做股权投资还是二级市场投资，投资者最希望寻找的就是像独角兽这样的投资机会。

从历史来看，大 IT 行业是最容易出现独角兽的地方。一是技术应用范围最广，互联网作为核心的 IT 技术几乎可以应用于一切领域，颠覆这些领域的传统模式；二是规模经济效应最强，互联网的核心理念是共享，互联网最大的功能也是连接更多的人，这个过程中单位产品的销售成本会大幅降低，形成很强的规模经济效应。

尽管很多领域的独角兽已经形成垄断之势，比如搜索引擎中的百度，电商领域中的阿里，即时通信领域中的微信，新闻领域中的头条，团购领域中的美团，出行领域中的滴滴，但IT行业的创新从来没有停止，互联网也永远不会停留在一个固定的边界。伴随着消费升级和技术创新，未来还会有一批又一批的独角兽出现，以下几个方向值得关注：

新零售

大而全的综合电商平台格局基本已经形成——淘宝和京东，一个做多元化，一个做正品，分工明确。但这并不意味着电商行业的大门已经关闭，未来新电商还是会有独角兽出现。

一是模式创新。还是卖东西，但是用创新的销售模式压低价格，比如拼多多用社交的方式去做团购，用户在拼多多平台上主动发起一个团购价，在熟人间组成团队，如果拼团不成功自动退货。拼多多主要依附于四五线城市长尾用户的爆发，这一部分人的需求也许不能通过精品电商满足，但他们对价格高度敏感，而且也在逐渐成为主流需求。拼多多目前的年活跃用户将近3亿人，2017年的交易额达到了1 412亿元。

二是细分领域深耕。淘宝是大而全，但某些特殊产品，尤其是新崛起的高附加值、大额商品的交易很多都需要新的交易平台，比如链家通过深耕二手房市场积累了大量有价值的数据，在“互联网+”时代和租售并举的时代，链家的细分领域下，数据就是财富。链家目前已经完成将近500亿的C轮估值，成为行业独角兽。主打二手车业务的优信、瓜子，通过积累数据、精细运营和管理实现了一站式服务，升级和改善二手车存量市场的需求，目前的估值范围大约在5亿到20亿美元之间，可以判断它们是行业内的准独角兽。

新娱乐

移动互联网时代娱乐消费升级，《王者荣耀》在巅峰时为腾讯贡献了一半以上的营业收入，证明了文娱市场的巨大空间。游戏、音乐、视频三个方面，未来都有可能出现独角兽。

一是游戏。游戏市场需求庞大，游戏供给过去没有体系化、品质化，比如盛大游戏和网易最早从事游戏代理，随后腾讯、网易自主开发游戏，这属于业务模式升级。如果业务模式进一步升级，也许会出现类似暴雪、steam（一个整合游戏下载平台）这样的优质公司或游戏开发者平台。

二是音乐，版权保护到位促进音乐付费市场的形成，比如 iTunes（苹果公司的数字媒体播放应用程序）、网易云音乐和腾讯音乐。网易云没有从网易独立出去，其市场估值也是在几十亿左右。同时这些平台反过来也会对创作者形成孵化，有更多更深入的整合方向。

三是视频，随着 5G 的推广，网络视频会更加普及，网络平台可能会取代电视台成为主要的影视渠道。短视频方面有赋权给普通受众的快手、抖音；长视频方面有各种细分领域，如网络自制视频和自制剧，还有大型赛事的转播和独播等，比如芒果 TV 凭借湖南台综艺节目的全网独播而吸引了大量忠实粉丝。

新教育

互联网重新定义教育行业，因为在线上本就可以完成很多知识的传播和培训，基于互联网基础的知识付费，可以最大限度地兑现知识的价值。不仅是新东方等传统巨头的线上化，更重要的是一些新业态，主要有三块：

一是知识付费平台。现在综合性的平台已经相对成熟，比如喜马拉雅。未来可能会有一些细分领域，比如面向年轻白领的知乎 Live、面向业界人士的投研社等等，在不同的领域有不同的平台。

二是知识付费社群。围绕 IP 打造社群，比如知识星球、小红圈。其实长远来看，知识付费都是要精细化到不同的群体，做社群本质上是为内容传输服务。

三是知识 IP 生产。教育最终是要输出知识，但现在平台很多，优质的知识产品相对稀缺，主要是因为没有形成产业化，很多 IP 都是兼职生产。

新技术

除了传统的互联网转型升级，新的信息技术也在不断涌现，未来有可能像互联网一样颠覆传统行业。

一是大数据和人工智能。我们每时每刻都在产生海量数据，但过去这些数据没有被充分利用。未来基于大数据分析的人工智能将颠覆很多领域。比如今日头条，在传统的新闻媒体领域，它依靠基于用户偏好大数据的智能推荐迅速崛起，抖音也是根据用户浏览产生的大数据不断推荐用户喜欢的视频，不到 3 年时间就成长为全球下载量第一的 App。当然，人工智能的应用还远不止这些，比如人工智能还可以和金融结合，最重要的一个方向就是智能投资顾问，可以根据客户的风险偏好、承受能力等来推荐最优的资产配置组合。

二是区块链。很多人通过比特币认识了区块链，但区块链绝不是比特币这么简单，区块链是一种去中心化的分布式数据技术，除了可以在货币金融领域创造出颠覆性的比特币，还可以在诸多领域加以运用，比如跨境支付、供应链金融、物流传输。

大 IT 行业虽然已经有很多神话，但并不意味着没有投资机会，沿着新零售、新娱乐、新教育、新技术四个方向，我们依然有可能捕捉到下一只独角兽。

大文娱：荷尔蒙经济学的逻辑

文娱消费是未来最有潜力的消费方向之一。大文娱的需求来自人类最本能的荷尔蒙[①]，要明白这个行业的逻辑就必须理解荷尔蒙经济学：人们有自由选择正向或者负向精神状态、生活方式的权利。除了《王者荣耀》和《战狼 2》的奇迹，未来大文娱产业还有更广阔的前景，这是时代背景所决定的。

第一个背景是史无前例的消费升级。中国现在人均 GDP 接近 9 000 美元，必然会经历消费升级的过程。中国的新中产阶层约两到三亿人，这是世界上最大的文娱消费群体。

第二个背景是史无前例的经济金融周期。中国经济进入“减速提质”阶段，随之而来的可能是“口红效应”，就是经济萧条的时候低质

① 荷尔蒙，激素的旧称。——编者注

易耗品卖得更好，文娱消费的需求会出现明显提升。很多优秀的电影作品都诞生在大萧条时期或者经济萧条时期，如卓别林、奥黛丽·赫本等主演的影视作品都产生在美国大萧条时期，迈克尔·杰克逊的作品也是产生在 20 世纪 80 年代美国经济的滞胀时期。

第三个背景是技术和产品的快速迭代。互联网时代的潮流来去匆匆，从互联网时代到移动互联网时代，人们的通信方式、语音方式、互动方式都在发生迅猛而深刻的变化。互联网的产品迭代也导致风口增多，“你的同龄人正在抛弃你”已经成为普遍的焦虑。但其实，就连如何贩卖和安抚焦虑，在今天都可以成为一门生意。

第四个背景是日益扩大的代际鸿沟。大文娱服务的客户群体有不同的思维方式和生活状态，这也是大文娱细分市场的一种表现。90 后大多都是独生子女，是和电脑一起成长的，他们在网络世界有更强的社交需求、寻找温暖的需求。90 后的消费更注重互动和情感表达，比如会对喜欢的主播和视频制作者进行打赏，也会为喜欢的游戏不断充值。另一点是市场在细化，只要瞄准观众的核心需求，不管这个群体有多小众，好作品和好渠道绝对有市场。电影也是如此，文艺片和一些小众的电影越来越受到大家的关注，比如《无问西东》《二十二》。

从具体形态来看，大文娱行业包罗万象，涉及游戏、电竞、电影、电视、营销、出版、非物质文化遗产、艺术、收藏等等，总体可以分为五个层次。

第一个层次，满足型消费。中国的人口基数大，人群分布复杂，满足型消费可挖掘的价值空间很大；比如“小镇青年”，不管是《前任 3》还是快手、抖音，都以该群体为诉求核心；又比如日渐崛起的女性消费市场，也有很强的需求空间。

第二个层次，改善型消费。这种消费往往伴随着重要的技术革新和革命级应用产品出现，一款新产品可能会进一步更新迭代大家的互动方式。比如改善社交体验的微信。

第三个层次，提升型消费。很多知识付费平台、知识 IP 的付费社群，基本上是满足人们自我提升的需求。随着知识付费行业的崛起，产品越来越丰富，消费者的要求也会更高，对干货、精品内容的需求越来越大。

第四个层次，炫耀型消费。在虚拟世界和现实世界，都可以有炫耀型消费。在虚拟世界，有人疯狂打赏主播，为的就是享受独家定制的刷屏。在现实世界，和明星名人合影几乎都成了产业。

第五个层次，自我实现型消费。比如观看高层次的体育竞赛、进行艺术收藏、支持慈善、环保、公益等都不是传统的刚需，为的是实现个人价值和社会价值。

那么，我们应该如何去把握大文娱的投资机会？下面有四个关键点。

第一点是跨界。跨界是用不同的或者用其他行业的思维去做你所在的行业，使用新的理念、新的激励、新的方式来做文娱。既是产业 + 金融的整合，也是产业 + 互联网、产业 + 大数据的整合。比如美国的网飞和亚马逊投资电影，是互联网巨头向文娱进军的体现；BAT 巨头跨界文娱，也是同样的道理。又比如现在最大的在线票务平台——猫眼电影，就是利用线上购票的大数据，对整个电影行业的数据进行收集整合，把不透明变为透明。如今 90% 的观众是从线上购买电影票，猫眼电影的市场占有率达到 60% 以上，拥有 1 亿多人次的用户画像数据，以及实时观影票房数据，这些数据能够对原本不透明的院线排片产生指导，在未来也能去协助指导一部电影的定位、受众，挖掘目标人群的喜好点和需求点。

第二点是垂直。深耕某一个领域，有鲜明的界定和专业特质，成功才能像滚雪球，越滚越大。比如徐峥的囧系列，开心麻花的喜剧电影，《羞羞的铁拳》之前是《夏洛特烦恼》，证明了开心麻花的创作能力特别强，它就专注于从话剧到影视，如果让开心麻花去做电竞，或者让他们去做艺术品收藏，那就是不垂直，不专业了。

第三点是精准。要把握未来目标客群的痛点。以《芳华》和《无问西东》为例，前者抓住了老一辈的痛点，后者抓住了年轻一辈的痛点，那么这两大群体就分别是这两部电影的主要受众和观影人群。未来大文娱的里面会产生很多小众的产品或者服务，包括前面提到的《前任 3》。

第四点是矩阵。内容和 IP 的持续性是文娱行业的一个难题，解决方法是建立 IP 矩阵。不管是文化知识产品还是影视娱乐产品，都需要多个 IP 联动互补，一方面可以以团队力量增强内容可持续性，另一方面可以有效降低投资的风险。

黄 金 投 资 篇

基础认知

黄金价格的决定因素有哪些？

2013年，华尔街金融大鳄大举做空黄金，黄金价格下降20%，中国大妈横空出世，300吨黄金照单全收，导致国际金价创下当年内最大单日涨幅。中国大妈因抢购黄金一战成名，《华尔街日报》为此甚至创造了英文单词“dama”（大妈）。虽然有些调侃的意味，但也可从中看出黄金在家庭资产配置中的地位。

黄金作为一种特殊的全球交易的标的物，之所以能受到哄抢，主要是因为其具备商品、货币和避险等多重属性。首先，从本质上看，黄金是一种大宗商品，是珠宝首饰等产业的重要原材料；其次，从职能上看，黄金具备一定的货币职能，即使在黄金非货币化后，仍是各国官方储备的重要组成，是被国际认可的结算方式；最后，从功能上看，黄金具有避险功能，每当发生重大政治事件、经济大幅波动或危机时，黄金就是资金的避风港，如英国脱欧公投黄金价格暴涨8%，这正是“盛世买房、乱世藏金”的逻辑。

正是由于具备多重属性，黄金的价格决定机制较一般普通商品更为复杂，价格决定因素众多，主要包括黄金供应与需求关系、通货膨胀、突发事件、金融机构出售黄金、美元汇率波动及技术进步等因素，而且在不同时期，决定因素也存有差异。

短期来看，供求关系对金价的形成具有基础性作用。黄金商品是不易消耗品，与一般的商品不同。经过加工后黄金商品可以重复使用，这就决定了黄金供应主要来自两方面：一是新出产的黄金，主要由产金国供应；二是存量黄金转化。存量黄金转化，主要包括三部分：一是旧金熔化还原或再生黄金，二是各国中央银行、国际金融机构减持黄金储备形成的黄金供应，三是投资商和投机商“反向投资”所形成的部分。

影响黄金供给的主要因素是价格、成本和储量。价格的高低直接影响黄金供给量。在黄金价格高时，生产商可以通过增加黄金供应量以增加利润收入。黄金生产成本对黄金供给的影响主要体现在劳务成本（劳动者工资）、生产资料成本（工具等）、开矿成本（矿井品质）三个方面。储量决定一国能够提供多少黄金产量，是黄金供给的最终体现。黄金是不可再生资源，只有不断开发新的矿产资源才能保证市场供应。

需求因素也是影响黄金价格的重要基本面，影响黄金需求的因素主要体现在以下四个方面：制造工业用金的需求、政治经济局势变动、通货膨胀和国家对黄金管理的法律。制造工业用金是影响黄金需求的主要因素，但随着科技发展和工业进步，新技术将会让新材料逐渐代替黄金满足其在工业方面的需求，工业方面的黄金需求会逐渐降低。政局动荡时，黄金保值性和流通性凸显，因此政治经济局势的变动影响对人们对黄金的需求，也体现出了黄金在非常时期的权威性。严重通货膨胀时，黄金作为储藏价值职能的一种特殊商品，可以作为防范通货膨胀的手段。国家对黄金管理的相关法律政策变动直接影响到黄金的需求，如 20 世纪 80 年代前，中国一直不允许黄金的流通和交易。

从黄金生产和金价波动的历史来看，布雷顿森林体系崩溃以后，黄金摆脱固定价格，世界黄金产量基本上与黄金年度价格呈现反向关系，符合一般商品的供求规律。如果不考虑中央银行的售金行为，2000 年以来，黄金的终端消费达到峰值，有所波动，近年来有较大恢复。根据世界黄金协会 2010 年 2 月的报告，2009 年较 2008 年黄金消费量下降 11%，主要是工业需求和珠宝需求下降所致。但 2009 年 ETF（交易型开放式指数基金）的黄金需求较上年增加 85%，预计 ETF 的需求将持续上升。2009 年总供给量增加了 11%，主要是矿山产量提高以及旧金料增加。世界黄金矿山产量自 2001 年出现峰值后持续下滑，消费量与产量的差额近年呈扩大趋势，黄金价格一路走高。同样，由于金价走势还受到多种复杂因素的影响，金价的走高也会影响黄金的生产和消费。

中期来看，黄金价格与通货膨胀、美元汇率等因素关系密切。汇率的急剧变化、大众对银行信用的预期改变等都会导致黄金价格的波动。一般来说，美元和黄金存在高度的负相关性，美元涨则金价跌，美元跌则黄金价格涨。在过去 20 多年中，当美元对其他货币坚挺，国际市场上金价就下跌；而美元贬值时，则黄金价格逐渐回升。美元汇率上涨表明美国国内经济运转良好，投资人竞相追捧美国的股票和债券，黄金的价值贮藏功能受到削弱；而美元汇率下降时往往代表美国通货膨胀、股市低迷等，此时黄金的保值功能又会体现出来，这是由于美元贬值和通货膨胀会刺激对黄金保值和投机性需求上升。1971 年 8 月和 1973 年 2 月，美国政府两次宣布美元贬值，在美元汇价大幅度下跌以及通货膨胀等因素的作用下，1980 年初黄金价格上升到历史最高水平，突破 800 美元／盎司[①]。从 2001 年开始的超过 8 年的黄金牛市，也可以认为是由于美元一直呈贬值趋势。

但要注意的是，有些时候会有相反的现象出现，即美元涨，金价同样也涨。尤其在金融危机爆发后的这两年内，这一现象经常出现。黄金和美元的负相关性，反映了黄金的金融属性，但黄金还有另一个属性，货币属性，因此偶尔美元上涨，金价也上涨。美元和金价同时上涨也符合市场规律，因为金融危机冲击的是以美元为基础的整个信用货币体系，而黄金是对冲市场信用风险最好的工具。

长期来看，黄金价格走势主要取决于技术革命等因素。从 1920 年至今近 100 年的历史跨度来看，美股与黄金的比价呈现明显的周期波动特征，而且该周期与技术周期高度吻合。过去 100 年内，美股与黄金的比价经历了三个周期，周期的波峰分别出现在 1929 年、1965 年和 1999 年，35 年左右一个周期。1920—1929 年、1942—1966 年、1980—1999 年是美股与黄金比价的上升期，在这三个时期，全球范围内爆发了三次技术革命。20 世纪 20 年代，以电力、通信、交通为代表的第二次工业革命爆发，带动股市大幅上涨。20 世纪 40 年代到 60 年代，以计算机、航天、原子能为代表的第三次科技革命爆发，推动劳动生

① 1 盎司约为 28.35 克。——编者注

产率大幅提高，也推动股市相对黄金价格的飙升。20 世纪 90 年代以互联网革命为特征的新经济催生了美国经济进入自二战以来最长的繁荣期，并促使美股相对黄金的比价大幅上升。

由此可见，在技术革命爆发阶段，股票相对于黄金更具有投资价值。相反，在技术进步低迷期，往往伴随着泡沫经济、货币超发、通货膨胀等问题，经济增长乏力，黄金的投资价值较为突出。20 世纪 70 年代的全球性通货膨胀、21 世纪初期的美国房地产泡沫，其背景都是由于缺乏技术创新导致发达经济体增长乏力，劳动生产率增速放缓。这一时期，黄金相对于股市的投资价值较为明显。2011 年以来新一轮技术周期启动迹象逐渐显现，移动互联网、页岩气革命、3D 打印技术、大数据、新能源汽车等技术革新的出现，正在改变全球的生产和生活方式，在这一背景之下，呈现了股市上涨、金价下跌的趋势。

除了买金条，黄金的投资渠道还有哪些？

“盛世古董，乱世黄金”，黄金在普通投资者的投资中一直占有重要地位，但过去大部分人可能只关注黄金本身，并没有充分关注与黄金相关的一些金融产品。实际上，随着金融体系的不断发展，投资黄金的渠道远不止黄金本身，还有更多其他投资渠道，包括黄金股票、黄金资管产品、黄金账户、黄金凭证、互联网黄金、黄金 T+D[①]、黄金期货、黄金期权等方式。

① 上海黄金交易所统一制定的、规定在将来某一特定的时间和地点交割一定数量标的物的标准化合约。

实物黄金

这是最基础的投资渠道，一种是偏重于黄金属性的金币、金条、金块、金砖等，一种是偏重于工艺和收藏溢价的金饰、黄金纪念品等。这些产品都可以从线下的银行、金店，或者线上的淘宝、京东等渠道购买，但出售时面临很多限制，流动性很差。许多商家只接受该店卖出的产品，而且在这个过程中一般都存在价差，卖价比买价低很多。首先，一般金币、金条、金块的投资属性更偏重于黄金属性，超过黄金本身的溢价比较低，市场定价比较合理，非常适合作为投资品。它们一般都铸有编号、公司名称和标记、纯度标记等。金币、金条、金块来源于金砖，每块金砖约 400 盎司。因此金砖的投资者一般是政府、银行和大黄金商等。金币、金条和金块比较适合普通投资者，市场上主要是私人和中小企业投资这些产品。其次，金饰、纪念币等黄金纪念品更偏重于工艺和收藏溢价。比如 2017 年的黑马产品，内蒙古自治区成立 70 周年金银币发行价在 4 200 元，目前市价在 6 000 元左右。因此该类投资品的价格更多由市场供需所决定，但是由于市场存在很大的信息不对称，溢价不透明，非专业的投资者在进行这方面的投资时应该十分谨慎。

黄金相关股票

黄金相关股票主要指的是黄金开采、冶炼、加工和金饰经销等领域。比如中金黄金就是以黄金的勘察、采选、冶炼、加工为主营业务。豫园商城就是以金饰的批发和零售为主营业务。因此买卖黄金股票不仅包含投资黄金的逻辑，还相当于对整个黄金生产、销售的链条进行投资，因此这种投资行为比单纯的黄金买卖或股票买卖更为复杂。对于投资标的的选择，不仅涉及黄金市场走势的分析，还包括相关公司的经营状况，甚至还要考虑到原材料价格上涨对中下游产业的影响等因素。

黄金类资产管理产品

这类产品主要是由银行、基金等金融机构发行的以黄金为底层资产的资产管理产品。而信托一般多为金融机构定制，目前很少有针对个人投资者的黄金信托计划。银行一般是以理财或结构性存款的形式发行，例如中国工商银行个人高净值客户挂钩黄金 AU9999 人民币理财产品，作为一款非保本浮动型的理财产品，不超过 15% 的资金将投资于挂钩 AU9999 收益信托（或资管）计划，而 AU9999 是上海黄金交易所的黄金投资品种，这就使产品与黄金价格有比较强的相关性。从基金来说，主要是指黄金 ETF 以及投资于黄金相关的基金产品。黄金 ETF 的机制与股票 ETF 的机制大体类似，主要区别在于标的指数从跟踪股票价格指数变为单一商品价格，成分股从股票组合变为单一实物商品。目前可供投资的黄金 ETF 有跟踪国内现货黄金价格的黄金 ETF，例如黄金 ETF（518880）、博时黄金、黄金基金等。投资于黄金相关的其他基金产品，一是主要投资于境外黄金 ETF 的基金。例如诺安全球黄金结合了 QDII 和 FOF 两种特性的基金，这个基金主要投资于境外的黄金 ETF，在投资黄金的属性上叠加对人民币贬值预期的对冲。二是包含了部分海外黄金类股票投资策略的基金。例如易方达是一种具有 QDII、FOF 以及 LOF（上市型开放式基金）三重属性的基金，它主要投资于海外的黄金基金和黄金公司股票。

黄金账户投资

这种方式将黄金当作存款，有黄金活期、黄金定期和黄金定投三种。前两种类似于银行正常的活期、定期存款，第三种又称黄金积存，通过提前设定投入计划进行定期黄金买入，以此来分散风险，平滑投资成本。

黄金凭证投资

黄金凭证也叫“纸黄金”，是由银行和黄金销售商提供黄金凭证，投资者可以像交易股票一样根据凭证进行交易，许多银行会提供卖空服务，部分符合条件的黄金凭证可以兑换成实物黄金。例如招商银行提供的双向纸黄金产品，主要包含人民币纸黄金和美元纸黄金两种，在该产品中，投资者可以通过该产品进行卖空操作，且人民币纸黄金可以兑换 50 克招行金投资金条。

互联网黄金投资

互联网黄金平台作为近些年出现的新型平台，主要以平台为中介，连接手中持有黄金的用户和有黄金需求的企业。从而为用户持有的黄金提供相应的收益和流动性，可以看作是黄金领域的 P2P。它一方面为黄金持有者提供了额外的收益和流动性；另一方面由于高度的信息不对称，风险堪比 P2P 平台。

黄金 T+D 交易

黄金 T+D 是由上海黄金交易所制定的产品，T 指 Trade（交易），D 指 Delay（延迟），采用保证金及 T+0 交易并且可以进行双边买卖，目前主要通过银行进行开户及交易操作。目前招商银行、中国工商银行以及交通银行等多家银行已经开通此项业务。

黄金期货投资

黄金的期货是黄金市场以未来时点的黄金价格为交易标的的期货合约，到期后可以选择实物交割也可以选择用相反方向的操作进行平仓，目前国内主要是通过期货公司进行开户及交易操作。与黄金 T+D 类似，这种投资方式也采用杠杆和双边买卖的方式进行交易，对于普通投资者来说难度较大。

黄金期权投资

期权是期权卖方约定在未来按某一约定价格向期权买方提供买入或者卖出的服务，同时买方向卖方缴纳权利金的约定。如果价格走势对买方有利，买方会通过行权获得收益；如果价格走势不利，则放弃行权损失权利金。由于期权买卖操作比较复杂，同时世界上的期权市场也仅有芝加哥商品交易所等少数几个，我国目前除了试水 50ETF 期权外并没有开放其余的期权交易。国内银行提供一些期权投资工具，主要针对个人投资者，比如中国银行 2006 年推出的个人黄金期权业务。

投资方法：发现黄金的黄金时代

如何判断黄金的黄金时代？

黄金作为硬通货，具有一定的避险功能，每当出现经济大幅波动或危机、重大政治事件时，黄金就会成为资金的避风港。所以在2008—2012年的全球QE和2016年的欧债危机爆发后，黄金作为避险资金的首要选择，市场表现良好，迎来了两轮牛市。近期，地缘政治风险正在上升，全球不确定性因素增加，市场对黄金投资的关注度也随之提高。那么，如何判断黄金的黄金时代？

短期来看，黄金的价格由短期供求关系决定。2017年全球黄金供给相对平稳，黄金供应量为4 398吨，金矿产量创下新高，再生金供应量有所下滑，总体减少4%。但需求降幅更为明显，2017年全球黄金需求量为4 072吨，同比下降7%，为2009年以来最低水平。从需求降幅来看，降幅最高的为黄金的投资性需求，由于世界经济回暖、全球股市走高及利率上涨，投资者配置黄金的热情有所下降，配置总量为1 232吨，骤降23%，尤其是美国市场对金条和金币的需求大幅下滑，从2016年的93吨锐减至2017年的39.4吨，创下十年新低。紧随其后的是中央银行黄金储备为371吨，同比下降5%，主要是因为委内瑞拉发生经济危机，大量黄金储备作为抵押向国外银行借款，从2014年360吨下滑至2017年150吨，三年降幅超过50%。有两项黄金需求出现小幅上涨：一是体量最大的金饰需求为 2 136 吨，同比增长 4%；二是技术制造需求为 333 吨，同比增长 3%。短期内，全球经济面临共振向下的风险，利率成本有回落的趋势，黄金的投资需求有望改善。

中期来看，主要看美元走势的强弱。黄金价格与美元汇率、通货膨胀等因素关系密切。2018 年以来，尽管全球贸易冲突逐步升级、地缘政治风险事件频发、市场避险情绪高涨，但作为避险首选的黄金却未能顺势而起，反而在低位震荡，甚至从 2018 年 4 月的 1 360 美元 / 盎司跌至 8 月中旬的 1 160 美元 / 盎司，4 个月内累计跌幅约 15%，而与此相对的是美元指数一路走强，看似不合逻辑，实际上是有迹可循，也是多种因素博弈的结果。

一是美元指数走强，削弱黄金的避险功能。理论上，贸易摩擦升级，市场避险情绪蔓延，加大了市场对避险资产黄金的需求，进而对黄金价格形成一定的支撑，利好黄金。但实际上，考虑到强势的美元指数后，这种支撑就显得微不足道，甚至是极为脆弱。由于美元汇率与黄金价格高度负相关，历史上，70% 的时间美元指数与黄金价格呈反向走势。

由于美国经济整体向好，2018 年第二季度 GDP 增长 4.1%，创近四年新高，受经济复苏利好提振，美元指数持续上行，加上美国正处于加息周期，新兴市场的大量资本加速回流又进一步强化了美元指数上涨。与此相对，新兴市场为稳定汇率，避免货币大幅贬值，会选择抛售黄金储备，减少对黄金的需求，因此美元走强抑制黄金避险需求。

二是利率比通胀更强劲，抑制黄金的对冲需求。除避险属性外，黄金还具有抗通胀特性。2018 年上半年美国通胀水平呈上行趋势，6

月同比上升至2.9%，创下近6年新高水平。但是由于美联储接连加息，有助于控制通胀，因此市场对未来美国通胀水平预期并不高，相对可控。利率端比通胀端更加强劲，会抑制黄金的抗通胀需求，黄金有机会迎来一轮上涨行情。

现阶段美元指数处于高位，相对美国经济实力已经超调，随着美元加息进入后半程，负面滞后影响逐渐显现，美元将面临一波重新定价，金价存在一定的上行空间。

长期来看，新一轮科技革命将弱化黄金投资价值。科技进步是黄金价格的重要影响因素，黄金价格周期和技术周期存在高度的负相关性，通常技术进步提升全要素生产率，助力经济增长，这时作为经济晴雨表的股市表现好于黄金，相对黄金更有投资价值。但当技术进步处于低迷期时，经济增长乏力，甚至出现泡沫经济、通货膨胀等，黄金更值得投资。

目前，新一轮科技革命正在孕育之中，以人工智能、区块链、云计算、大数据、物联网等为代表的新一代信息技术取得积极进展和重大突破，催生新技术、新产业、新业态、新模式等新经济，颠覆并重塑传统经济发展模式，为高质量经济发展赋能，成为未来新的经济增长点。科技革命催生技术进步，引领经济增长，利好股市，进而对黄金投资产生了一定的挤出效应。

结合黄金价格决定因素分析可知，短期上，黄金价格变动取决于供求关系，目前全球经济面临共振向下的风险，利率成本有回落的趋势，黄金的投资需求有望改善；中期上，黄金价格与美元汇率、通货膨胀水平相关，现阶段美元指数处于高位，相对美国经济实力已经超调，随着美元加息进入后半程，负面滞后影响逐渐显现，美元将面临一波重新定价，金价存在一定的上行空间；长期上，黄金价格受科技革命影响，新一轮科技革命正在孕育之中，如果信息技术实现重大突破，技术周期正式启动，股票的投资机会将大于黄金，会压缩黄金的投资空间。

贵金属：为什么银行会强力推荐它？

贵金属是银行的一种常见的投资品。顾名思义，贵金属投资就是有关贵金属产品比如金、银的投资。目前，贵金属投资的主要平台包括各大主要银行，以及进行电子交易的贵金属期货交易平台。不过，贵金属交易平台目前处在鱼龙混杂、实践领先制度规范的阶段。根据国务院发布的38号文和央行五部委的联合发文，目前我国仅有的两个合法的黄金交易所是上海黄金交易所和上海期货交易所，其他的交易所都是不合法、不正规的。贵金属交易平台的骗局层出不穷，投资需要特别谨慎。

最稳妥和最正规的贵金属投资渠道是银行投资和现货投资。按照央行的规定，黄金资产管理产品发起设立都应该向人民银行进行备案，黄金资管业务纳入理财业务的监管体系，换而言之，在银行进行黄金资产管理投资是合规的、存在制度保障的。

具体而言，贵金属投资包括这样四个种类：实物贵金属、贵金属积存、账户贵金属、代理金交所产品。

实物贵金属

投资品种包括黄金现货、白银现货，可投资的标的物很多，可投资的市场也相当广阔。以黄金为例，具体来说按照加工程度可分为金条、金币和金饰品等，金条价格一般按照国内外的指导价格，也就是伦敦金价、上海黄金交易所的当日报价来计算，其重量没有统一规定；饰品的价格一般在黄金现货价格的基础上略有增加（每克大约上浮20至30多元人民币），包含加工、设计的费用。黄金饰品大致分为纯度较高的足金和质地偏硬、有其他金属混合物的K金两种，一般来说足金价值高于K金。金币的收藏价值是最大的，特殊年代、特定纪念用途的金币其定价基础和现货黄金不是一个档次。银条、银饰品和银币也有类似的特点，即可以按照收藏价值—审美价值—保值价值的顺序对现货价格进行定位，方便长期投资。

贵金属积存

贵金属的积存也就是贵金属的定投。这种投资方式类似于商业银行零存整取，即在期限内按期存入定额资金，到期后按照合同获取足额的等价贵金属（一般是黄金）。这种投资方式适合资金有限但又想进行贵金属投资的年轻人群。

账户贵金属

在中农工建交五大行中，都可以看到账户贵金属的专属页面。投资者在银行开启了账户贵金属的账号后，就可以通过人民币或美元买卖贵金属份额进行投资，并可以在页面上实时跟踪各种贵金属价格行情的变化，黄金投资者还可以对黄金实物进行提货。账户贵金属投资的种类覆盖所有市面上通行的贵金属，交易方式可以双边交易，也可以按照类型将其分为实时交易、挂单交易、转换交易和定投交易，具有相当大的灵活性。五大行的贵金属点差都有所区别，投资者需要加以注意。另一点是，账户贵金属实际上是代理交易平台，有可能面临流动性风险和其他损失，风险比前两种投资方式要大。

代理金交所产品

对于与金交所签订合约的银行，投资者可以选择通过银行账户进行金属交易所产品的投资，可以实现的功能包括竞价、询价、租借、结算、交割，这种类期货或者期货交易风险比上述几种都大。另一种贵金属定投的方式是黄金 ETF，也就是通过股票或银行账户持有基金对黄金这类型的贵金属产品进行投资，一般是紧密跟踪黄金市场价格的开放式基金。

贵金属投资主要有四个优点：一是价格透明，比如黄金在国际国内都有指导价格，国际指导价格是一天报价两次的伦敦金价格，国内指导价格是上海黄金交易所的报价，二者都按天浮动，我们可以很容易监测市场环境的变化；二是没有时间限制，黄金的世界市场没有停板、停市，香港金市收市之后伦敦又开，伦敦收市之后美国金市还在继续交易，全年 365 天、全天候 24 小时都可以进行黄金交易；三是贵金属投资的类货币属性——具有优秀的保值性、抗通胀性；四是贵金属作为持有品含有的隐形便利，即交易成本低、产权流动方便、可以作为可靠的抵押品。首先，相比其他种类的投资，黄金的交易成本低，只需要一定比例的报关税，而股票的转手则需要印花税，持有成本更高；其次，贵金属的产权流动最方便，它不像房产一样涉及登记制度和遗产税等问题；再次，庞大的、多种多样的黄金市场为购买和转让提供了极大便利；最后，黄金是一种国际公认的抵押品，不管是民间的典当，还是银行业的贷款，都可以用黄金作为等价物进行抵押。

贵金属投资的缺点十分明显：实际上由于大多数人不能区分贵金属投资中的现货、等价物（如"纸黄金"）、期货，导致远远低估了投资风险。黄金期货的杠杆并不低，而且因为市场比较大、价格影响因素多，价格具备不连贯性，虽然有一定的方向性指标但难以预测短期变化，因此遇到暴涨或暴跌，经验不足的投资者容易出现爆仓从而无法止损的情况。

综合来看，贵金属投资有几条基本逻辑：

一是可以按照收藏价值—审美价值—保值价值的顺序对现货价格进行定位。稀缺性越高的产品越有收藏价值，这部分稀缺性往往是出自特定年份，有特别意义，具备历史收藏价值等；做工越精致、品牌效应越强的饰品价格就越高；从保值角度来看，纯度越高，价格也就越高。

二是贵金属投资从长期来看具有强保值特征，但用凯恩斯的话说"长期来看我们都死了"，所以不妨用中期视角，比较贵金属和其他资产的投资回报率。我们从投资轮动和美元影响两个角度进行分析。从历史数据来看，在大缓和时代，也就是股票牛、房地产牛的时代，投资贵金属相对来讲不是最佳选择，但在市场情绪恐慌震荡的年代，比如金融危机，黄金作为避险资产和货币等价物的属性得以凸显。另一方面，黄金的期货价格和美元往往是负相关。美元走强，意味着美国经济的基本面依旧稳定，美元作为货币资产的价值屹立不倒，黄金的价值就会相对疲软；美元走弱，黄金作为货币等价物就会走强。

Part 4

高级投资：大宗商品、期货、海外投资与另类资产

期货：最诱人、最危险的投资

期货与现货不同，现货是实实在在可交易的货物，而期货则是在现货交易的基础上发展起来的，它的标的物是标准化的远期合约，这份合约由期货交易所统一制定，并在所内交易，约定在未来某一特定时间（也就是交割日）以确定的价格（也就是期货价格）交易一定数量的标的物（也就是合约的规模）。而这个标的物，也就是合约所对应的现货，可以是大宗商品，金融资产如股票、债券、外汇等，也可以是某个金融指标如股票指数等，同时它也是国内有限的风险对冲工具之一。

期货主要有五种：第一类是商品期货，这也是国内目前最主要的期货品种。商品期货又可以分为工业品、农产品和其他商品等。工业品期货主要是金属商品，如铜、铝、螺纹钢、线材；还有能源，如原油、汽油、燃料油等，以及新兴品种如天气、天然橡胶等。农产品期货主要基础资产是大豆、豆油、豆粕、小麦、玉米、棉花、白糖、猪腩、菜籽油等。第二类是金融期货，是国内之前放开后来限制住的品类。但 2018 年 7 月 23 日，证监会副主席公开称股指期货交易有望恢复常态。这样未来金融期货也将是块值得关注的领域。股指在国外主要是英国 FTSE（富时）指数、德国 DAX 指数（德意志交易所集团推出的一个蓝筹股指数)、东京日经指数，国内的则主要是香港恒生指数、沪深300指数。第三类是利率期货。它主要是以债券类证券为标的物的期货合约，它可以避免利率波动引起的证券价格变动的风险。第四类是外汇期货。它是以汇率为标的物，用来规避汇率风险，约定在交易日按当时的汇率来进行货币兑换的期货合约。第五类是贵金属期货，主要是以黄金、白银为标的物的期货合约。

期货不同于远期合约，它是在交易所交易的标准化合约，有一些规范的制度，大致有以下几个重要的制度：第一，持仓限额制度和大户报告制度，就是对用户持仓数量进行限制，同时当会员某品种持仓合约的投机头寸达到交易所规定的头寸持仓限量80%以上，就要向交易所报告其资金和头寸情况，以此防范大户操纵市场价格、控制市场的风险。第二，保证金制度，就是要按照买卖期货合约价值的一定比例，一般是5%~10%，来缴纳财力担保的保证金。第三，强行平仓制度，就是交易保证金不够且未在规定时间内补足的话，或者持仓超出限额时，就会强行平仓，以防止风险扩大。第四，涨跌停板制度。与股票一样，期货也有每日价格最大波动限制。第五，每日结算制度。交易所逐日盯市，每日结算所有合约的盈亏、保证金手续费等，并同时进行款项的划转等。

整体来说，期货投资有以下六个主要特点：

第一是杠杆率高。投资者只需交纳5%~15%的履约保证金就可控制100%的虚拟资金，以小博大，用少量的资金进行大宗的买卖。赚了，则高杠杆下获利诱人；但亏了，高杠杆下它也将是最危险和致命的投资。

第二是随时平仓。期货交易是“T+0”的交易，在把握趋势后，可以随时交易，随时平仓。

第三是双向交易。跟股票市场只能买和持有后的卖不同，期货在交纳保证金后，可以直接选择看涨买入或看空卖出，两个方向都可以选择。同时先买后卖，也可以先卖后买，投资方式灵活。

第四是负和博弈。股票市场的价值有很大部分是来源于上市公司新创造的利润，而期货市场则是彻底的负和博弈，双方进行多空力量的买与卖的交锋，一方所赚的钱就是另一方所亏损的钱，而且都是加杠杆的，在这过程中还要扣除交易中介费。

第五是交易便利且合约履约保障性强。期货交易所实行会员制，场外客户必须委托期货公司代理交易，而且期货合约是标准化合约，运作高效便利。此外，交易所充当任何一个买方或卖方的交易对手，为每笔交易做担保，并进行结算确认，所以履约保障性高。

第六是期货除了单向投机，还可用于价格发现、对冲风险和套期保值。单向的杠杆多空头交易是最诱人但也最危险的投资。但除此之外，期货还有几个正途，如价格发现，就是市场不断撮合对远期价格涨跌的看法，而在这个过程中逐渐趋同逼近形成真实的价格；还有跨市场反向操作对冲风险或套期保值。例如某个纺织企业，有大量棉花储备，但管理者担心未来棉花价格下跌，他就可以在期货市场上看空棉花，这样当棉花价格真实下跌时，他在现货市场上的亏损可以在期货市场上获得弥补，从而对冲了风险。股指期货亦然，当目前股票市场行情不好频频下跌的时候，持股较多的投资者也可成为股指期货的空头，从而对冲风险甚至获得更多的收益。期货也是国内少有的能有效对冲风险的工具。

那么如何做好期货投资呢？大致有以下三点需要注意：

第一是认知自身的能力边界，按需投资，稳定心态。期货投资按目的可分为投机和对冲风险。后者只需要选定与既有投资或持仓大致相同的金额，进行反向操作即可，从而实现跨市场对冲风险保值。而大多数人更热衷于投机收益，并且在高杠杆下预期收益翻倍，俗称炒期货。但投资专业性较高，对投资者的心性要求也很高。尤其是期货行情瞬间变化，高杠杆成倍放大收益和亏损，并且在保证金制度下一旦爆仓将直接予以强行平仓，因此投资者的投资能力和心性非常重要。期货投机最诱人，但也最危险。

第二是掌握期货投资的知识与能力，把握好机会与风险。期货背后也有基础资产，以大宗商品为例，就是铜、棉花、橡胶等，而对标的物的判断往往来源于对基本面的分析与认识，甚至是对相应品种市场的深入调研。在选定特定品种后，进行基本面和技术面的分析，再结合宏观因素和自身资金实力和风险偏好来进行投资。同时在这一过程中，保持实时关注相关期货指数，如南华工业品系列指数等。

第三是厘清国内外期货市场的关系。一方面，二者在期货制度和上市品种上是有一定区别的。国内期货交易所主要是上海期货交易所、郑州商品交易所、大连商品交易所和中国金融期货交易所，而国外发达的期货市场主要是美国、英国和新加坡等。总体而言，国外的上市品种尤其是金融类期货品种更多，交易时间更长，最长有 24 小时，无涨跌停板等限制，机制更为成熟。另一方面，国内外期货市场联系紧密，尤其是大宗商品类，但我国大宗商品的定价权很薄弱。目前中国已成为许多大宗商品的重要消费国和最大进口国，但在定价上影响力较弱。如全球四大粮商，美国邦吉、美国 ADM、美国嘉吉和法国路易·达孚，通常被称为国际粮食市场的“幕后之手”，它们垄断了世界粮食交易量的 80%，是包括大豆等大宗农作物的定价者。还有石油，目前占主导的仍然是“石油美元”体制，美国就可以通过美元支付结算体制掌控石油定价权。

总而言之，做好期货投资，需要我们认知自身的能力边界，按需投资，不能只看到诱人的一面，也要看到期货投资的风险。

大 宗 商 品 篇

大宗商品：牛市和熊市的信号分别是什么？

在金融投资市场，大宗商品是指同质化、可交易、被广泛作为工业基础原材料的商品，如原油、有色金属、钢铁、农产品、铁矿石、煤炭等。它可以分成三个类别，分别是能源商品、工业基础原材料和农副产品。由于我国期货市场的交易量、持仓量和资金量与国际市场有一定差距及其他综合原因，大宗商品的定价权大多在国外，尤其是美国。而对于大多数普通投资者而言，投资大宗商品这类资产，最简单易行的方式就是进行商品期货交易。下面我们来分析大宗商品牛市的主要驱动因素，并结合大宗周期指出牛市及熊市的信号。

大宗商品的牛熊走势与经济周期循环息息相关，在经济运行的闭环中有承上启下的意义。承上是企业成本大概率决定商品价格的底部区间，供需相对变化决定商品价格的运行趋势；启下是商品价格直接带来工业企业利润和库存行为，并直接影响通胀和预期，进而影响货币政策。

具体来说，大宗商品的运行主要受供给、需求、流动性、预期、情绪和仓位等因素驱动。价格底部受到供给端约束；上行空间受到需求端约束；供需的相对变化博弈，尤其是边际变化决定趋势方向；流动性影响商品价格走势变化幅度；预期主要是预期差；情绪和仓位通常会影响商品价格运行节奏。

就商品周期而言，从 1970 年到 2016 年共有 3 轮周期，每轮周期中从兴起到衰退分为四个阶段。对应时间上，第一个周期是从 1970 年到 1985 年，第二个周期是从 1985 年到 2000 年，第三个周期是从 2000 年到 2016 年。其中最后一轮周期的牛市从 1999 年到 2008 年持续了近 10 年，主要是因为中国经济增长带来了巨大商品需求。就三轮商品牛市的涨幅而言，1970—1974 年是 318%，1986—1990 年是 193%，第三轮的商品超级周期只是时间跨度更长，平均涨幅只有 220%。

而历史上的大宗商品牛市，往往又可以被分成以下三种类型：

需求驱动型

需求总是成就大宗牛市的基础，供不应求时大宗商品价格往往大幅走高，这也是宏观经济会好转的表现。以上文提到的三轮原油牛市为例，三者无一例外都处于全球经济的繁荣期，尤其是 2003 年至 2008 年更是典型的需求驱动型牛市。这段时间全球工业生产平均年化实际增速高达 4.4%，以中国为代表的新兴经济体增速更是高达 7.7%，尤其是中国经济一再超预期，巨大的需求进一步推升了原油价格，可以说需求贡献了原油价格上涨近八成。再以国内为例，从 2004 年 7 月开始，南华商品指数每次的趋势回升都是需求拉升的结果，每次的趋势回落也都来自需求端的疲软。需求可以来自房地产周期，也可以来自朱格拉周期或者库存周期，当周期叠加时，影响还会被显著放大。

供给驱动型

以两次石油危机为例，1973—1974 年，OAPEC（阿拉伯石油输出国组织）削减20%的原油产量，导致原油价格直接从3美元上涨至12美元，引发第一次石油危机；1979—1980年又相继爆发伊朗伊斯兰革命和两伊战争，引发第二次石油危机。而当时需求却随着经济繁荣快速增长，供给缺乏弹性导致油价进一步上涨以消化超额需求，以第二次石油危机为例，其间原油价格累计上涨105%。再以农产品为例，对农产品影响更多的就是供给周期，更多关注的是气候情况，农产品价格历次上涨均和气候变化有关系。其原因是农产品需求短期变化不大，影响更多的是供给，供给就是产量的多少，产量又取决于播种面积和单产水平，土地的有限性导致播种面积不大，更多体现在单产水平，而影响单产的更多是天气情况。1973年的农产品大涨是气候原因，1995年、2007年、2008年和2012年，历次农产品上涨都跟天气有关。

金融流动性驱动型

国际大宗商品价格的上涨，除了供需改变的原因外，还需要两个条件，一个是廉价货币泛滥作为牛市的温床，另一个是大宗商品本身的属性是否能让全世界投资者达成共识形成共振效应。其中更为主要的莫过于流动性带来的金融驱动大宗牛市。

美联储调整美元供给量，可以很明显地影响到原油价格和其他大宗商品价格。如：最初的QE量化宽松计划直接导致了国际黄金价格的大牛市，黄金这一避险品种价格从900美元直接暴涨到2011年9月的1 866美元。而在2015年初，美联储暂停QE量化宽松计划，随着美元供给的减少，美元指数上涨，大宗商品市场又集体陷入价格暴跌的深渊中无法自拔。得益于“石油美元”体系，在国际原油交易中美元广泛沉淀，因此美元供给增多，石油价格增长，反之亦然。

每个商品周期都由四个阶段组成：冲击阶段、调整阶段、扩张阶段和投降阶段。和经济周期的复苏、繁荣、衰退、萧条四个阶段一样，不同阶段的商品走势是不一样的。冲击往往是牛市的扬帆，调整是牛市的回调，扩张是牛市的进一步上升，投降则是显现出熊市的轮回。

研究大宗商品进入下一个周期或阶段所依赖的要素，也就是大宗商品牛市和熊市的信号，可以主要分析四个重要宏观因素：经济增速、利率水平、通胀率和美元。

第一个阶段是冲击阶段。商品牛市从这阶段开始，这一阶段的特征是由于供需的短暂错配，如最典型的供不应求，导致商品价格连年上涨。基本面数据的改善要到周期的晚些时候才会出现。在此前三轮周期中，这一阶段都有着以下两个明显特征，即美元贬值和通胀率加速回升。而与我们直觉相反的是，经济活动加速和利率回升并不是商品牛市第一阶段的必要条件。

第二个阶段是价格的调整阶段。这个阶段在过去三轮商品周期中，四个宏观因素的变化一致。其中，美元回调不断升值，而通胀率不断下降，利率水平和经济总产出 GDP 水平不断下滑。

第三个阶段是扩张阶段。此时商品供应在增加，而价格也在加速上涨。在此阶段中，往往伴随着美元指数的下降，利率水平却不断升高。同时通胀率和经济 GDP 水平却呈现不同的状态，通胀率以上升为主，只有第二次商品周期是下降的，GDP 也是以升为主，第一次商品周期时却是下降的。

第四个阶段是投降阶段。一个周期仿佛一次轮回，供需再次进入错配高峰，该阶段主要是供过于求，商品遭遇投降式抛售。在这一阶段中，宏观经济的信号是经济增速放缓、通胀和利率下降以及美元走强。

海外投资篇：外汇投资、海外买房、海外保险与股市

未来十年全球投资的四条主线

过去十年，中国参与全球化的重心逐步从贸易转向金融。除了中国的企业越来越多地走出去之外，中国居民的海外投资需求也在加速膨胀。根据招商银行发布的《2017 中国私人财富报告》，中国高净值人群中拥有境外资产配置的人群占比由 2011 年约 19% 上升到 2017 年约 56%。海外投资的渠道也越来越多样化：一是外汇投资，尤其是美元配置需求增长明显；二是海外地产投资，美国、加拿大、澳大利亚等国都是投资热门；三是海外保险，尤其是香港保险，分流了很多内地的保险需求；四是海外股市，主要是通过沪港通、深港通、QDII 基金等渠道参与。

海外投资之所以受到越来越多的青睐，一是可以分散风险，国内资产泡沫化，海外资产可以在一定程度上对冲；二是可以获取不错的附加收益，除了经济上的收益之外，还有移民、留学等相关的福利，这也是吸引很多人海外投资的地方。无论如何，中国目前家庭资产配置中的海外资产比例还非常低，有很大的增长空间。未来海外投资是必然趋势。下面介绍未来十年全球投资的核心主线，不管是通过什么渠道、利用什么工具，未来全球的投资机会可能都会围绕这些主线展开。

中国的消费升级

未来中国在全球分工中的角色将逐渐从生产国转向消费国，随之而来的将是史诗级的消费升级。从收入水平来看，2017 年中国人均 GDP 突破 8 800 美元。按照国际经验，人均 GDP 超过 8 000 美元，已经进入消费和服务业升级的关键阶段，人均可支配收入增速开始超过 GDP 增速，人民对美好生活的需求日益增长。二是新中产阶层崛起。有机构估算中国的新中产阶层人数达到 3.85 亿人，不论这个数字是否准确，可以确定的是，未来中国的新中产阶层人数一定全球最多，这将带来全球最大的消费需求。三是 80 后、90 后新一代消费人群的崛起。根据《2018 中国消费趋势报告》统计，70 后对消费的贡献度在逐步下降，80 后、90 后对消费的贡献度则持续上升，其中 90 后消费金额同比增长 73%，增幅是 70 后的 2 倍。四是互联网新零售将催生新的消费模式。2017 年可以说是“新零售”的元年，从便利蜂无人便利店，到阿里自营的盒马鲜生，到永辉超市的超级物种，再到美团点评对标推出的掌鱼生鲜，传统零售业态依托物联网、人工智能和移动互联网等新技术积极转型，让消费需求能够更好地拉动实体经济，锦上添花。

美国的再造

2010 年，美国制造业增加值占全球比重被中国超越，此后退居第二制造大国。美国制造业提供的就业经历了大幅下跌后逐步反弹，2017 年以来，美国制造业逐步回归，工作岗位增加近 14 万个，其中很多工作需要的是知道如何使用机器人的技术工人，逐渐实现自动化。这是因为金融危机后美国重新制定“再工业化”战略，力求创造出更高端的、具有更高附加值的新兴产业。美国的确有独特的优势：一是美国制造的能源、交通等成本相对较低。美国的劳动力成本偏高，但美国劳动生产率是中国的 6 倍以上，两者相抵。而其他很多成本都比中国低，比如页岩气革命推动能源价格大幅下降，电力价格只有中国的一半。二是自动化程度较高，工业基础好。调查表明，销售额在 1 亿美元以上的美国制造商中，72% 已开始投资额外的自动化技术和先进制造技术。预计 2025 年，制造业 25% 的工作会走向自动化，且机器人系统的价格将持续下降。

印度的改革

印度是未来潜力最大的国家之一，不但即将成为第一人口大国，而且已经成为全球增速最快的主要经济体。2015 年印度 GDP 增速首次超过中国，2017 年印度经济仍然维持在 7% 以上的增速。从长期来看，印度也在发生一些积极的变化，莫迪政府的改革举措值得关注：莫迪对内按照“小政府、大治理”的模式，精简政府机构，提升政府工作效率和治理能力，同时推行“印度制造”“数字印度”“清洁印度”等发展理念和规划。对外倡导经济外交，积极招商引资，借助外资助力国内发展。借助政策和外资两种途径，解决印度经济发展进程中的两个“不匹配”问题，即制造业与经济基础不匹配、发展高端产业战略与印度充沛但素质偏低的劳动力结构不匹配，推进印度国内的基础设施建设，进而带动制造业的发展。

非洲核心国家的经济起飞

随着“一带一路”倡议的加速实施，中国对非洲的支持力度不断加大，中非合作越来越密切。虽然大部分非洲国家仍处于动荡之中，但一部分核心国家还是较有潜力的。中国的支持为非洲后发国家的工业化和现代化奠定了坚实的基础：一是基础设施现代化，中国帮助非洲大量兴建基础设施，目前已经为非洲国家总共修建了近 6 000 公里铁路，实现非洲铁路网的互联互通；二是人才现代化，中国在非洲举办多期援外培训班，帮助非洲培养人才；三是工业现代化，中国按照市场化运作为非洲国家建立工业园、出口加工区、经济特区，投资于非洲制造业、出口加工业，推动非洲的工业现代化。这些外生性的支持有助于加速非洲经济的起飞，进而带来意外的投资机会。目前，中国的支持已初显成效，不少非洲新兴国家发展势头良好，以埃塞俄比亚为例，自 2015 年以来，埃塞俄比亚 GDP 保持 10.8% 的年均增长速度，2017 年 GDP 总额更是接近 800 亿美元。根据国际货币基金组织预测，未来 5 年埃塞俄比亚的人均 GDP 增速将达到 6.2%，仅次于印度和缅甸。

汇率的逻辑：人民币会升值还是贬值？

汇率是两国货币的相对价格，汇率波动不仅会影响一个国家的国际贸易和资本流动，也会对每个人的生活和投资产生直接的影响，比如出国购物的成本、海外留学的学费、海外买房的价格等等，所以理解汇率的逻辑是海外投资的一堂必修课。

从货币功能看，货币主要有保值、支付和投机三种需求，基于这三种需求诞生了三种主要的货币定价理论：一是基于保值功能的购买力平价理论，两国货币购买力决定了汇率，购买力变动（两国的相对通胀率）决定了汇率变动。二是基于支付功能的国际收支理论，汇率取决于进出口，与外需、内需、两国相对价格密切相关，即两国相对收入和通胀率决定汇率。三是基于投机需求的利率平价理论，一笔资金投在两国，最后收益率应该相同，汇率变动取决于利差。

从不同期限看，考虑到反应的时间长短，汇率分析的逻辑应该是：短期来看，汇率变动取决于市场情绪。短期汇率出现不寻常的波动，是由市场上交易主体主观情绪的变化导致的。当乐观情绪主导市场时便会导致汇率的非理性上升，如在2017年初中国强调了支持人民币的决心之后，有效提振了市场情绪，人民币“势如破竹”，48小时内暴涨近2 000点。而当负面情绪发生时，便会出现非理性下跌。如2016年6月24日，英国脱欧公投结果公布后，英镑对美元汇率下跌逾10%，创历史最低。

中期来看，汇率变动取决于资本流动。汇率作为外国货币的一种价格表现，受到资本市场上供求关系的影响。一般来说，资本净流入将有助于本币升值，资本净流出将带来本币的贬值。资本流动即国际收支平衡表中经常项目和资本项目下的资金流动，与贸易、投资、套利、投机和避险等需求密切相关。如2017年世界经济温和复苏，国内经济稳中向好，中国作为重要的出口国，出口同比增长10.8%，贸易顺差2.87万亿元，扭转此前连续两年出口下降的局面，积累了大量的经常项目顺差，支撑人民币贬值预期逆转，逐渐走强。

长期来看，汇率变动取决于经济基本面。尽管从中短期看，人民币汇率与经济基本面的关系并不一致，从长期来看，人民币汇率与宏观经济的走势高度吻合。经济基本面向好，经常账户快速增长，形成正向预期，推动本币汇率长期走强。如2014年美元强势单边走强，2014—2016年美元上涨27%，欧元下跌23%，人民币贬值12%，主要是因为各国基本面都较差，而美国领先全球经济复苏，表现出一枝独秀的相对强势。

汇率变动受多重因素影响，尽管过程较为复杂，但还是有一定的规律可循，下面将结合汇率的逻辑对各国货币汇率的未来进行分析。

美元中短期震荡下行，长期可能进入升值周期

对内，受经济复苏利好提振，美元已处于高位，短期来看，美元相对美国经济实力已经超调，随着美元加息进入后半程，负面滞后影响逐渐显现，美元将面临一波重新定价。2018年特朗普面临中期大选压力，在美国收紧贸易政策的大背景下，汇率一般会作为主要抓手附带政治意义。在减少贸易逆差、促进出口的政策目标下，美元配合政治意图，进一步走弱的可能性加大。但长期来看，美元可能还有一定的升值空间，这是因为如果特朗普的“税改”政策能够取得预期成效，将为美国经济增长继续提供更为强劲的动力，而其他国家经济发展前景暂不明朗，美国较其他发达国家具有较为光明的发展前景。

人民币短期企稳，中期有贬值风险，长期可能升值

短期来看，由于央行采取逆周期调节措施，外汇投机成本上升，

这就释放出了稳定汇率的信号，有效遏制人民币贬值预期。再加上我国经济基本面运行相对平稳，汇率持续大幅贬值的可能性不大，破 7 概率较小。中期来看，对内，中国经济正处于经济结构调整中，尚未完全出清。在经济转型优化过程中存在着极大的不确定性，一旦成效不佳，将会对人民币汇率产生不利的影响，存在一定的贬值风险。对外，中美贸易顺差大幅缩减，2018 年上半年贸易顺差仅为 9 000 多亿，同比收窄 26.7%，加上国外轮流加息，资本流动不可忽视，这也进一步加大加剧了市场的贬值压力。长期来看，中国作为全球第二大经济体，正处于经济赶超的最后一个弯道，如果改革取得预期的成效，经济成功转型，中国经济将会被赋予更强劲的增长动力，进而成长为全球第一大经济体，人民币汇率会更加坚挺。

英镑有一定的升值空间，但需警惕脱欧中的不确定性

目前英国量化宽松逐渐退出，进入加息周期，2017 年 11 月英国央行加息 25 bp 至 0.5%，近期再次加息 25 bp 至 0.75%，这是英国自 2007 年 7 月以来的两次加息，有助于汇率上行。同时，英国经济逐渐回暖，正处于经济修复阶段，将支撑英镑继续上涨。但英镑也存在着一定的风险，现阶段其中最大的不确定来自英国退欧谈判的进程，“硬脱欧”是英镑面临的最大风险 。

日元短期有升值潜力，但长期可能走弱

短期来看，日本央行近期释放出来的强硬信号将被视为退出 QE 的前奏，日本央行退出 QE 已提上日程，市场将会做出短暂的回应，日

元短期内会有升值的表现。但长期来看，日本老龄化十分严重，消费乏力，企业信贷疲软，经济长远来看没有增长亮点，会影响日元走强。

欧元区极不稳定，总体不看好

对于混乱的欧元区来说，欧元未来表现不容乐观。目前欧元持续强势，经济稳健复苏、货币政策逐步紧缩为欧元提供上涨动力，但前期快速上涨透支了未来欧元的上涨空间，使得欧元上行有顶。再加上欧盟政治局势不明朗，一体化和分裂力量进入长期博弈阶段，成为欧元波动的主要因素之一。

海外买房：不可忽视的机会与风险

房地产是中国造富最成功的资产，没有之一。所以，当国内房地产市场调控政策不断升级，地产投资出现拐点，不少中国投资者开始转战国外市场，海外房地产投资成为越来越多国人的选择。

近年海外地产投资高速增长，已成为趋势。2015 年中国海外地产总投资额为 213.7 亿美元，增长 41.5%；2016 年中国海外地产投资额达到 330 亿美元，同比增长 53%；2017 年中国在海外的房地产投资高达 395 亿美元，约 2 502 亿元人民币，不断刷新纪录。在资本管控力度加大、境外汇款限制趋严的背景下，海外地产投资仍能保持高速增长，足见中国投资者对海外地产的投资热情。

从性质来看，海外地产投资分为企业的商业地产和居民的住宅投资。商业地产是海外地产投资的主力，2014 年海外商业地产投资额首次超过国内，在商业地产交易总额中占比高达 52%，2014—2016 年海外土地、办公楼和酒店的投资，占中国对外资本投资的 90%。

企业是商业地产投资的重要主体，其中保险企业是中国在境外进行房地产投资的主要投资群体，因为银保监会减少了保险企业在境外投资的限制，允许保险公司运用总资产 15% 的资金投资海外，保险企业有了通往国外的窗口，这在一定程度上鼓励了更多的保险资金将资产配置在海外。比如 2013 年平安保险 2.6 亿英镑购得伦敦金融城的标志性建筑劳合社大楼；2014 年安邦保险以 19.5 亿美元的巨资收购纽约著名的华尔道夫酒店大楼，创下了美国酒店并购的新纪录。

住宅型地产更受高净值人群的青睐，主要是因为住宅投资回报率稳定，风险相对较小。胡润研究院发布的《2017 中国高净值客户海外置业展望》报告显示，接近半数的中国高净值人群将海外房地产投资作为最主要标的，其中公寓和别墅居多，该人群平均每人拥有 2.3 套海外房产，拥有 4 套及以上海外房产的人占比高达 15.6%。

从区域来看，海外地产投资的热门区域有美国、英国、澳大利亚、新加坡、新西兰、加拿大、泰国等。

美国是中国高净值人群海外置业的首选。原因有三：一是近年来房价平稳上涨，租金回报率较高，一般可达到 7%~9%，回报可观。二是永久产权。美国房屋产权为私有制，一经购买便拥有房子、土地的永久产权。三是教育资源优良。美国是世界上教育质量最高的国家之一，拥有众多世界知名大学。但是需要注意的是美国的房产税政策和其购房税费比较复杂，各州不太相同，从整体来看，美国房产税税率的中位数为 1.31%。

英国由于人均拥有土地少、可供开发的增量土地资源有限，房地产长期处于供不应求状态，导致房价稳定增长，英国巴克莱银行根据2017年数据预测，未来5年，英国房屋价格将上涨6.1%。而且英国对全球购房者无任何限制，是全世界最开放、最自由的投资市场之一。

澳大利亚2017年房地产市场趋于平稳，还具有政治经济环境相对稳定、租金收益稳健、生活品质佳、留学、华人聚集等优势，成为移民的优先选择。但是目前澳大利亚政府禁止海外购房者购买二手房，海外投资者只能购买新房或期房。

新加坡是亚洲最佳房地产投资地，购房性价比高，可拥有房子99年产权、教育条件良好、环境安全以及生活舒适，且贷款年利率较低，仅1.5%左右。新加坡买房后虽不能直接移民，但作为世界最开放的经济体之一，买房后可申请长期居留准证。但目前新加坡房价指数持续走低，作为投资有一定风险。

新西兰购房可享受免税政策，不用缴纳房产税、契税、房产买卖印花税等，同时还没有资本增值税。

加拿大2017年房价指数不断创历史新高，而且货币政策宽松，买房利率较低，政府对首次买房者有多项优惠政策。

泰国的房地产投资近来日渐升温，主要原因有两个：一是收回成本的周期短，按照曼谷的平均房价和平均租金算，在曼谷买公寓经过219个月左右基本就能收回购房成本。而在中国，北京是623个月，上海是656个月。二是税费较低，泰国的房产有永久产权，没有持有税。

从投资方式上看，国外投资房地产的方式更加多样化。除了和我国一样购买房屋实物外，还可像金融产品一样进行交易，常见的方式有房产投资基金即常说的REITs，是通过发行股份或受益凭证汇集资金，由专门的基金托管机构进行托管，并委托专门的投资机构进行房地产投资经营管理，将投资综合收益按比例分配给投资者的一种信托基金。简而言之，就是将投资者的资金聚集起来购买不动产，然后交由专业的公司进行管理，每位投资者持有不动产的一定份额，不仅能和常规的股票一样获得股利，还能分享由于房产增值产生的利润，同时流动性强，能够及时变现。

作为一种投资方式，海外地产投资具有众多优点：

第一，海外地产投资不单是财务投资，也是一种消费，代表了一种生活方式。海外购房可以享受很多附带的生活便利，比如移民、子女教育、休假等。如韩国、塞浦路斯、匈牙利、葡萄牙等七个国家买房就可以直接移民。

第二，海外地产投资价格相对不高，性价比不错。相比国内北上广深一线城市动辄上千万的居民住宅，部分海外房产的价格相对较低。而且在产权方面，海外房产绝大部分是永久产权。

第三，可以通过海外置地以合法渠道实现海外资产配置，实现投资多元化。目前不少发达国家房屋供不应求，房价平稳上涨，房屋租金回报率可观，是较为理想的投资标的。

不过，海外地产投资也有一定的风险，需要投资者加以考虑。

第一，海外地产投资税费较高，维护成本高。国外的房产税主要是持有税，而不是购买税，因此每年都要缴纳高昂税费。如美国房产需要每年缴纳房产税，每个州和地区都不一样，一般在1%~3%，政府会对每个房子进行评估，根据评估价值计算房产税。

第二，海外地产投资有一定的政策风险。国外对炒房有严格管控，比如澳大利亚从 2015 年开始出台管控政策，海外购房者不得购买二手房、提高土地税、取消海外资产可在澳大利亚的银行贷款等政策，2017 年 7 月部分地区更是对于海外买家额外征收 7% 的印花税。再如，加拿大收取空置税，温哥华市政府规定，如果一套房子在过去的一年内没有自住超过 180 天，或者出租超过 6 个满月，除非有特殊原因，比如居住者生病住院、房子被法院收回等，否则都需要缴纳空置税，其目的就是降低房屋空置率，打击炒作。

为什么越来越多的人开始购买海外保险？

最近几年，伴随着国内的消费升级和新中产阶层的崛起，海外保险已经成为大众资产配置中一个越来越重要的选择。我们可能或多或少地了解过海外保险的一些信息，但大多是来自保险公司的销售人员，下面从第三方研究的角度介绍一下海外保险。

从海外保险购买地来说，大多数人购买海外保险的第一选择依然是香港。无论从地缘、文化还是保险业的发达程度来看，香港都是内地居民购买海外保险的第一选择。作为全球第三大金融中心，香港是全球最自由的经济体和最具竞争力的城市之一，保险业非常繁荣。自 19 世纪中叶以来，接近 200 年的发展历史使香港的保险业发展已经十分成熟。根据香港保险业监管局的数据，内地客户保费最近几年增长迅猛，2010 年仅 44 亿港币，2016 年已经达到 727 亿港币，6 年内增长了 16.5 倍，占比由 7.56% 升至 40.59%。

从购买的产品险种上来看，内地居民在香港购买的保险以医疗或保障类保险产品为主，约 95% 是危疾、医疗、终身人寿、定期人寿以及年金等医疗或保障类型的保险产品。约 99% 保单为非整付保费保单，即保费非一次性交清类型的保单。从这点来说，内地居民购买保险的目的更多是处于寻求长期保障而非追求短期投资回报。

以香港保险为例，海外保险的优势非常明显：

第一，市场竞争充分，监管严格。

香港保险业始于 1841 年，历经 100 多年的发展，竞争激烈，信息透明度非常高。从市场参与者来说，香港汇聚了全亚洲最多的保险公司，包括保诚（世界保险业排名第 9，世界 500 强第 56），友邦（AIA，世界保险业排名第 49，世界 500 强第 383），安盛（AXA，世界保险业排名第 3，世界 500 强第 25），宏利（世界保险业排名第 34，世界 500 强第 250）。全球排名前 20 位的保险公司都在香港设立了业务机构。从监管上来说，香港保险业采用的是政府他律和行业自律监管相结合的监管体制，并对保险中介人也即保险代理（代表某家保险公司、保险经纪（代表投保人）进行严格的资格考试及审查。

第二，理赔便捷。

香港保险在理赔方面，核保时比较严格，而理赔时只要符合保险责任，审核比较便捷。香港保险理赔全程可以通过邮寄方式完成，具体流程为：通知代理人，搜集资料，递交资料，等待审核，领取理赔金。比如患者在内地的三甲医院检验出保单保障疾病的其中一项，并确诊，即可向保险公司邮寄递交该医院开出的确诊证明、理赔文件等资料和香港银行账号，大约 1 到 4 周内就会收到理赔金。

第三，全球理赔。

一般来说，香港保单可以进行全球理赔，无论是国内还是国外，审核一旦通过，一般两周内就会得到国际理赔支票，如果在香港有银行账户，可以直接打入银行账户内。实际上，很多国内的险种例如重疾险等虽然可以做到全球理赔，但是首先需要选择特定的医疗机构，其次，需要出具中国大使馆认证的证明材料，最后必须回国内才可以进行理赔。

第四，保费相对较低。

一方面，保险的费率主要是按照当地的人口寿命、发病率、死亡率等因素进行计算，目前香港人平均寿命接近 85 岁，而内地仅为 75 岁左右。因此一般来说，香港保险的费率在条件相同的情况下比内地要便宜 20%~30%。另一方面，香港保险市场由于竞争比较充分，优胜劣汰之下保费溢价水平不高。

第五，保障范围更广。

以重大疾病为例，一方面，内地保险公司仅覆盖 53 种严重疾病并且一般仅限致命性疾病，而香港重疾险可以保障超过百种的疾病，并且分为早期、严重和多重保障的层次。另一方面，当触发赔偿条件时，内地保险公司只会进行一次赔付而香港的重疾险可以多次赔付，不过最近很多大内地保险公司也推出了类似产品。

第六，作为资产，投资的性价比更高。

从资产配置的角度来讲，在香港购买的港币或者美金保单可以作为资产全球化配置的重要补充。尤其是在人民币贬值预期较强的时候，许多投资者会选择将人民币换成美元出境或者直接购买美元保单，分散贬值风险。随着美联储进入加息进程，国债收益率上升，美元保单的吸引力将会进一步加强。

香港的保险收益率相对较高。内地保险公司投资范围受限，对固定收益类资产和权益类资产有严格的比例限制，使得内地保险产品的投资回报率远低于香港保险产品的投资回报率。相较于内地 4% 左右的年化收益率，香港的保险资金可以进行全球化投资，很多保险产品收益率稳定在 6%~8%。

当然，收益与风险永远是对等的，海外保险的风险也显而易见：

第一，信息不对称，摩擦成本高。整个香港市场有超过 160 家保险公司，保险品种很多，保险条款非常复杂，并且中文版本是以繁体记录，表述方式也与内地不尽相同。比如，在分红问题上，香港监管机构并未对红利的演示做出明确要求，大多数产品采用 6% 作为向客户的演示水平，但是由于其本身并没有强制性，实际上很多产品无法达到这一水平，能否实现更多需要看保险公司的资产管理水平。

第二，汇率风险高。涉及币种转换的购买必然存在汇率的风险，而保险作为一个存在长缴费周期和长收益周期的产品，所存在的汇率风险无法忽视。香港保单通常以港币或美元计价，由于港币按固定比率与美元挂钩，因此在缴费周期和收益周期内，人民币对美元的汇率的波动会传递到居民购买的保险产品的价值，而这些风险全部由投保者承担。

第三，隐性成本高。在香港购买保险，存在很高的隐性成本。一方面，从保费的支付和获赔来看，2016 年 10 月中国银联暂停了对香港保险缴纳的支付渠道，同时内地居民到境外购买的人寿保险和投资返还分红类保险都是金融和资本向下的交易，由于当前外汇管理政策尚未开放这些项目，存在政策风险。获赔方面，由于香港是美元和港币保单，无法直接赔付人民币，因此获赔后还需要进行外汇兑换。另一方面，一旦产生纠纷，香港依据英美判例法系进行判决，对内地居民十分不利。

第四，退保损失大。投保人在中途退保时只能获得保单的现金价值。而香港监管部门对保险产品的现金价值没有具体的要求，因此很多保单在前期现金价值很低，投保人如果中途退保会产生比较大的损失。

另类资产篇：比特币、艺术品与另类投资品

比特币的本质：史上最大泡沫还是数字黄金？

区块链技术和基本的投资逻辑前面已有介绍，本节内容主要聚焦比特币——这个最先将区块链技术带入大家视野的应用。最开始中本聪创造比特币的目的是希望创造一种去中心化的数字货币。但是显而易见，一旦货币没有了中心化的发行机构，怎样实现货币的创造、交易和建立人们对货币的信任就成了最关键的问题。

首先是货币的创造和交易。假设市场上有很多个拥有账本的用户，如果其中一个用户产生一笔交易，他会将这个交易告诉其他拥有账本的用户，然后让每个拥有账本的人一起做一个数学题。解题的办法只能靠猜，猜的次数越多，猜出答案的可能性越高。谁先猜出来，谁就可以获得将信息记录在账本上的权利，同时会获得比特币作为奖励和记录交易的手续费，最后其他人再根据记录者的账本信息更新各自的账本。

换成区块链的术语，账本的每一页都是一个区块，账页的排列顺序由时间戳按时间的顺序排列好。从这个角度来看，由一个一个区块串联成链，这就是区块链。在这个交易过程中，将交易的细节告诉其他用户的技术就是点对点信息传输技术，不让拥有账本以外的人知道交易具体内容的技术是非对称加密技术，整个猜题的过程就是工作量

证明这种共识机制。比特币用这样的方法将这三种核心技术捏合起来组成区块链技术。中本聪作为发明者在创世区块也就是账本的第一页中“挖”到了世界上最早的50个比特币，由此揭开了区块链技术革命的序幕。

比特币就通过奖励记账者这样一种手段被创造出来了。作为第一种数字货币它有以下几个基本特性：总量只有2 100万枚，每10分钟产生一个区块，每个区块有50个比特币的“挖矿”奖励，每隔4年这个数字就会减半，因此大约在2140年所有的比特币都会被挖出。在所有比特币被挖出后，账本记录者的奖励将会变为向交易者收取的手续费。

那么它是如何建立人们对数字货币的信任呢？整套机制的核心是通过工作量来提高造假成本并辅以众多细节构造了一个安全度极高的支付系统。

首先，从信息的记录方式上来看，所有的交易信息都记录在区块链上并且每笔交易的流转都可以直接追溯到最初的区块上，所有信息对于所有用户都是透明可见的。其次，从系统的机制上来说，在底层系统上，所有人都会默认账本记录是最长的真实的账本。如果有人想篡改账本某一张账页的数据，因为账页之间是串联的，因此他需要篡改之后每一张账页的数据，并且需要创造出一条记录最长的账本才可以成功。但是由于现在区块链的算力竞争非常激烈，导致攻击者的造假成本非常高昂。一般来说，一笔交易一旦经过六个区块确认之后就可以确保交易生效，这种通过工作量维护的系统以抬高攻击者造假成本的方式使比特币近似拥有不可篡改的特性，以此建立了人们对比特币这种数字货币的信任。

但是比特币作为最早的探路者，存在着很多的不足：

第一，比特币技术缺陷比较明显。最主要集中在两个方面：一是速度慢，比特币每秒交易的处理笔数只有个位数，形成鲜明对比的是支付宝“双 11”最高处理速度达到 25 万笔每秒。二是扩展性不足，比特币诞生之初只是为了创造一种数字货币系统，仅能用于支付。后续出现的以太坊、EOS 等均基于自身的基础链创造了一个可以容纳分布式应用的平台，更不用说已经出现了许多专门将区块链技术应用到不同行业的项目。

第二，相关利益群体难以达成共识。目前整个比特币生态中，已经形成了社区开发者、矿工、交易所、用户等多个利益群体。每个人都有权力用自己的选择进行投票。换句话说，支付宝的用户无法决定支付宝的系统升级，但是比特币的相关方却可以对比特币的升级拥有决定权。最典型的例子就是 2017 年 8 月比特币分叉出的比特现金，针对比特币交易速率低的问题，比特币选择隔离见证方案，另一部分人则支持扩大区块容量，最后原有比特币群体分裂为比特币和比特现金两个群体。

第三，货币定量变相造成通货紧缩。比特币的总量只有 2 100 万枚，固然满足了深受通货膨胀之苦的群体的期望，但是随着财富的不断创造，这实际上造成了通缩。在这种情况下，生产者的财富被货币持有者所剥削，这又造成了另一种方向的不平等。

第四，“挖矿”过程造成资源浪费。比特币“挖矿”中进行大量运算去“猜”答案的过程浪费了大量的电力，而且由于越来越多的人参与进比特币“挖矿”中，算力竞争在过去几年愈演愈烈，后来更是出现了专门用于“挖矿”的ASIC（专用集成电路）矿机。根据统计，目前全球矿场每小时耗电大于60万度，每年大于52亿度，如此大的电力只是去做没有任何意义的随机运算，造成了巨大的资源浪费。

第五，算力分布出现中心化倾向。由于比特币价格飞涨，“挖矿”难度迅速提高，出现了专门“挖矿”的“矿池”，目前比特大陆旗下加持有股份的矿池总算力已经接近53%，实际上已经成为现在比特币生态中的一个不可忽视的问题。在比特币的机制下，所谓的“51%算力攻击”是指一旦有人拥有超过全网51%的算力，就有能力撤销已经发生的交易。虽然比特大陆作为最大的受益者并没有经济上的动力去发动这种攻击，但是这已经与中本聪创造比特币时的目的背道而驰。

区块链技术整体还处在一个非常初级的阶段，对于普通投资者来说应该以谨慎为主。而比特币作为区块链技术的第一个应用，有开创性的意义，但是不论是技术、扩展性等方面都存在一些难以解决的问题。比特币实际上已经不足以代表整个区块链技术的未来，反而更像是记录在青史上的过去。

艺术品：被绝大多数人忽视的疯狂资产，如何估值？

艺术品，是被绝大多数人忽略了的重要资产。在中国，艺术品投资占比不大，但增长很快。根据《财富》杂志的数据，艺术品相较股票、房地产而言，一直保持上升趋势，尤其是在高净值人群中越来越受欢迎。从西方发达国家的经验来看，中高收入阶层对艺术品鉴赏、收藏的偏好非常明显，80% 的富人都收藏有艺术品。

艺术品在历史上一直是一种重要的保值资产。希特勒攻下巴黎时首先抢夺的就是黄金和艺术品，战败前也是最先隐藏黄金和艺术品；国民党去台湾前放弃了很多财产，却带走大量艺术品，这样才有了台北故宫博物院。在当代，天价的艺术品也经常出现，比如 2012 年保利拍卖的李可染的《万山红遍》以 2.93 亿元成交，1978 年他的作品价格仅 900 元一张，25 年间增长了 300 多万倍。2017 年底达·芬奇的《救世主》在纽约佳士得以 4.5 亿美元成交，2017 年 4 月香港苏富比拍卖会上明成化斗彩鸡缸杯以 2.8 亿港币成交。

艺术品投资其实有一个成熟的体系。从投资的角度来说，大致有以下类别：书画、文珍古董、现当代艺术、古籍手稿、玉石、珠宝钟表、邮票纸币、摄影作品和名酒等。整体上，除了个别小众类别的艺术品是个人对个人进行私藏交割外，其他种类大多逐渐形成了较为成熟的产业链体系。以书画为例，产业链主要由艺术家、画廊、艺术品经纪人、拍卖公司和收藏者构成。艺术家负责创作，画廊和艺术经纪人作为中介为两端搜寻符合条件的交易对象，同时也筛选、包装、推广合格的艺术品进入市场，拍卖公司则主要是二级市场的重要平台，从事中介拍卖服务，此外也有部分拍卖公司在拓展艺术品金融、市场咨询、储藏保管等衍生业务。

中国艺术品的市场总规模目前有 3 500 亿元左右，艺术品拍卖市场整体规模基本稳定在近六七百亿元；艺术品金融市场，2013 年起步，2014 年约 200 亿元，2015 年迅速发展，2016 年已经达到 600 亿元。同时一大批市场新业态和艺术品产业业态也在蓬勃发展。细分的市场份额上，以拍卖市场为例，书画绝对是主导力量，占比近65%，瓷玉杂项紧随其后，占据20%的份额，再次是油画和当代艺术。

回顾中国艺术品市场的历史，总共有三次周期性高峰：第一次是1995—1997年，第二次是2003—2005年，第三次是2009—2011年。以第三次为例，当时市场资金泛滥，参与主体扩大、艺术品投资信托问世，使交易额一下从2009年的212亿元增长到2011年的947亿元，超过美国成为世界第一大艺术品市场。到2015年，经济持续低迷，艺术品市场也逐渐冷落下去。

艺术品资产的一大特质就是非标准性，也就带来了一大难题，比如如何估值。一般来说，艺术品的价格主要受四个因素的影响：

第一是艺术品市场整体表现。综合世界所有艺术品来看，这也是最重要的因素，几乎占据近70%的重要性。简单说就是水涨船高，为什么中国的艺术品前几年特别受投资者青睐，就是中国经济下的艺术品市场大势好。同时，市场大势背后也有艺术品细分市场的各种状况，如20世纪80年代印象派特别受欢迎是由于日本人在炒作。此外，细分市场也受鉴赏力和鉴赏品位的影响。

第二是艺术家的知名度。比如北齐南吴，也就是北派的齐白石和海派的吴昌硕，实际上齐白石受到吴先生影响很多，但在很长一段时间，北派的艺术家知名度很高，但海派的知名度较低，导致了相关作品价格上的低估。艺术家姓名的整体认知度，其实就是品牌，如一张作品是齐白石的，或者是莫奈、毕加索的，每个人的均价都有很大的差距。

第三是艺术家在专业领域的地位。之前说到每个艺术家的作品均价有很大差距，其中一个重要原因就是他们在艺术史上的地位。如塞尚是后期印象派的主将，拉斐尔是文艺复兴意大利三杰之一，齐白石是近现代中国绘画大师。

第四是艺术品的创作时期。不同的时期代表创作者不同的艺术创作水平，比如早期作品略显青涩，后期则成熟甚至是集大成而作，或者部分作品是精品，部分只是应景之作等，价格自然也大有不同。

各种艺术品主要有以下四种估值方法：

第一种是市场比较法，就是利用市场上同样或者类似的标的，比如相同年代、相同类型、相同区间地位的作品近期交易价格，进行直接比较或者类比分析，再根据对象具体特质略有加成或下降拟定大致价格。这是国内目前最常用和最实用的估价方法。

第二种是成本加总法，即根据对象的生产成本或创作成本，进行各项费用要素大致累加合成得到的估价。这种方式比较适用于艺术品本身材质价值占比较大，艺术加工附加值大致可估算出的品类，如现代玉石，和田玉的材质价值与加工费构成最基本的价格，再叠加渠道费用等可得出大致价格。但这种估价方式需要对市场行情较为熟悉。

第三种是拍卖市场参考法。中国艺术品拍卖从 20 世纪 90 年代起步，至今已有 20 多年历史。国内拍卖模式大同小异，主要是拍品征集、拍品鉴定、市场推介、预展拍卖等几个环节。由于有多方竞价，大致形成较为公开的价格走势，再结合拍卖品与艺术品标的的品相和艺术价值等综合可得出大致价格。目前我国拍卖行市场集中度较高，北京保利、中国嘉德、匡时国际是中国艺术品拍卖行业的第一梯队。

第四种是专家咨询法。投资艺术品要点不仅在于估值，更在于估真假。无论是书画的赝品、古董的仿品还是美玉或石头等，都需要对所投的艺术品类有较为深刻的认识和理解。如和田玉中，新疆料、俄料、青海料都有不同的特质和价格，很多假品以石头、卡瓦石、韩玉等来冒充，还有仿冒籽玉的做皮做色等，辨别这些都需要积累经验和眼力，咨询专家很多时候也可作为一种分析估值的依据。

另类投资品：让你大开眼界也可能改变你一生

“不要把鸡蛋放在同一个篮子里”是投资永恒的真理。多样的资产配置可以有效地分散风险。简单的道理易于传播，但却很容易遗漏一些关键信息。像这句话一样，鸡蛋不仅不能放在一个篮子里，也不能放在相近的篮子里。比如，如果一个人投资了黄金，又投资黄金公司的股票，看似分散了投资，但是一旦黄金价格下跌，不论是黄金还是股票都会承受损失。

因此除了主流的股票、债券和现金之外，了解更多的另类投资，然后根据底层资产之间的联系进行资产的分散配置显得十分必要。

根据普华永道的数据，全球另类投资在2004—2007年间增速高达28.5%，预计未来几年增速将会保持在9.9%，整体规模将会在2020年达到15.3万亿美元，另类投资主要的投资方向是私募股权和对冲基金，二者合计占比超过80%。

在之前的内容中我们已经提到了很多另类资产。既有实物投资品，例如房地产、黄金、大宗商品等，也有公募、私募基金，例如FOF、PE、VC以及P2P等非标准化的债权。下面重点介绍一下没有提及的一些比较重要的另类投资品，基于投资策略的不同，主要有对冲基金、并购基金、养老基金、困境投资基金以及 MOM（管理人的管理人）基金等。

对冲基金

对冲基金一般是指通过金融衍生品和证券市场进行双向投资，实现跨产品、跨市场的风险对冲，追求正收益的基金。根据采取的策略不同又可以分为宏观策略、相对价值、事件驱动以及权益对冲四种。采用事件驱动策略投资困境证券的对冲基金同样属于接下来将会提到的困境投资基金。以权益对冲为例，国内股市每买入一手 50ETF 指数基金，然后买入同样数量的 50ETF 卖空期权，理论上这种操作可以完成风险对冲，不论 50ETF 的价格如何波动，最后收益都是 0。一旦市场对于 50ETF 指数基金或者 50ETF 卖空期权的定价出现失误，对冲基金都可以通过反向操作获取稳定的正收益。但是这存在两个问题，一是存在产品费率、结构、流动性、对于卖空的限制等市场内的问题，比如 2015 年股灾时股指期货因为监管几乎陷入瘫痪。二是不同的交易时间、交易规则甚至交易币种不同产生的跨市场问题，比如在新加坡上市的富时 A50 指数期货和 A 股之间的任何对冲都存在这个问题。因此从实际操作上来说，完美的对冲很难做到，更多的是尽量对冲，缩小风险敞口，在控制风险的前提下获取正收益。目前来说，一般国内的对冲基金平均收益率在 11% 左右。

并购基金

并购基金主要通过收购目标企业股权，进而获得企业的控制权，通过重组改造提高企业质量，然后再以IPO或出售股权的方式实现退出。全球的并购市场在2008年金融危机之后稳步增长，最近5年全球并购市场发生并购投资超过20 000件，总金额高达2万亿美元。从行业来看，主要集中在工业、信息技术、非必需消费品及医疗健康等领域。从国内来看，2013年到2018年，中国并购基金募集超过900只并购基金，募资规模超过7 000亿。投资的方向则主要集中在医疗健康、信息技术、金融等领域。值得一提的是，并购基金在中国发展出了“PE+上市公司”的中国特色运作模式，这是一种PE担任并购基金普通合伙人（GP)，上市公司担任有限合伙人进行杠杆式投资，服务于上市公司产业并购的一种模式。例如爱尔眼科2014年与东方资产管理股份有限公司、中钰资本合作成立了两只并购基金，主要用于投资优质医院项目。这种参与方式由于深度介入实业，风险高，收益也高，一般年化收益率可以接近20%。

养老目标基金

养老目标基金是一种创新型的公募基金，以追求养老资产的稳健增值为目的，持有期限较长，主要采用目标日期和目标风险两种策略。前者随着目标日期（一般是退休日期）的逐渐接近动态调整资产配置比例，降低权益类比例以符合投资者不断降低的风险偏好；后者则是追求将风险恒定在某一水平以符合不同投资者的风险偏好，一般分为激进、稳健和保守三种类型。中国主要采取FOF基金的形式。养老目标基金的推出主要是由于主要依靠基本养老保险的养老体系存在较大的问题。一方面支出在不断增加。首先，2017年我国65岁以上人口占比高达 11.4%，正在快速进入老龄化社会；其次，目前我国居民平均寿命 76.3 岁，未来预计平均寿命还会进一步提高。这都导致未来养老金支出将会不断增加。另一方面，亏空扩大，未来预期收入下降。首先，由于历史原因，养老金账户亏空严重，2016 年城镇职工养老金收缴支出差额为 –5 086 亿元；其次，2012 年中国劳动力见顶之后，后续的二胎政策效果不佳，2017 年中国出生人口 1 723 万人，比 2016 年减少了 63 万。总体来说，在中国这是一个全新的产品，没有过往的历史业绩可以比较，但是养老目标基金的推出对于我们进行资产配置，做好养老筹划有很大的帮助。

困境投资基金

困境投资基金指专注于困境资产投资，通过折价买入资产并持有，直到资产赢利能力和现金流修复，再将资产出售获利的基金。困境基金主要兴起于 20 世纪末美国的垃圾债违约潮，在 1998 年亚洲金融危机和 2008 年金融危机后扩散到世界其他地区。参与者主要是私募股权基金和对冲基金。根据统计，目前投资于困境资产的私募股权基金和对冲基金有近千只。困境投资基金最大的优势在于可以和其他资产形成有效的风险分散，非常适合经济危机期间的投资品种，21 世纪以来，专注于困境资产的私募股权基金累计回报率超过 500%，对冲基金累计回报率接近 600%，远高于同期的标普 500 和道琼斯工业指数 210%、245% 的涨幅。

MOM 基金

MOM 基金指基金的基金经理并不直接管理基金投资，而是将基金资产委托给其他基金经理进行管理的基金。在国内，由于缺少配套的政策，MOM 基金主要是以券商资管计划的方式发行。2014 年 11 月 10 日国内首只 MOM 类券商资管计划招商智远群英荟 MOM 成立。MOM 基金相比于其他基金来说非常小众，目前仅以招商证券为首的 4 家券商有相关的产品。根据相关统计，截至 2018 年 5 月末，我国仅有 21 只 MOM 产品，总规模 19.98 亿元，2017 年平均收益高达 7.59%。

结合房地产、黄金、大宗商品等实物投资，FOF、PE、VC 等基金以及各种标准化证券、非标准化的股权、债权等投资方式，如果我们能够运用好这些工具，完全可以实现分散投资风险，获取稳定正收益的目的。

Part 5

投资方法论

做财富的朋友：让投资的逻辑改变你的人生

投资是个技术活，事后诸葛亮只需要一句话，但在事前做出正确的选择却需要千百次的学习、思考和分析。

如果没有专业的知识和经验，我们就没有独立的判断，就一定会随波逐流、后知后觉。我们之所以会对乐视充满信心，因为很多业内人士一致认为乐视是一家好公司，千亿市值可以实现。我们明白比特币价值的时候，为时已晚，因为我们不是自己发现的比特币，而是通过媒体了解到的，届时比特币的价格可能已经1万美元，买进去就是接盘侠。

如果拥有专业的知识和经验，有能力做出独立的判断，情况就会完全不一样。我们不会相信很多人对乐视的追捧，因为只要扒开它的财务报表，就会发现这是一个透支过多的公司，风险远远大于收益，绕道而行是最好的选择。我们也一定会更早发现比特币的投资机会，因为我们的投资逻辑不是来自媒体，而是来自投资圈对区块链技术的认可，即便没有及时发现比特币，我们也一定可以顺藤摸瓜分析出区块链在A股市场的投资机会。

那么如何才能做出最优的投资判断？唯一的方法是持续不断地学

习。著名的投资人徐小平老师发表了他对区块链技术的专业解读，为什么他能看到我们看不到的东西？因为他一直在学习，徐老师为了学习区块链，经常彻夜跟区块链的专家交流，所以他的成功绝非偶然。

讲这个故事就是告诉大家，真正的投资是一件专业的技术活，需要长时间的学习和积累。过去我们只需要简单的理财，投资是少数人的奢侈品，但在这个充斥着财富焦虑和风险的时代，每个人都需要通过持续不断的学习建立专业的投资观。

第一，过去资产单一，可以选择的种类不多，现在资产有上万种，每个人都需要专业化的资产配置，这是投资的第一个意义。过去的理财非常简单，一是银行的理财产品，获得固定收益；二是投资大城市的房地产；三是风险偏好较高的股票投资，总的来说可选择的资产不多，也不需要多元化的资产配置。但现在不一样了，量化基金、P2P、海外保险、比特币、艺术品，资产各式各样，选择越来越多，鸡蛋不能放在一个篮子里，必须依靠专业的投资方法，自上而下从整个资产市场出发，按照风险收益比价去选择性价比最高的资产组合，而不是只关注某一个资产不动。

第二，过去有很多资产稳赚不赔，没有任何风险，收益还很高，现在没有这种轻松收益的机会了，风险无处不在，每个人都需要更专业的风险控制，这是投资的第二个意义。十年前，学习专业投资的必要性不强，因为低风险高收益的机会有很多，比如房地产投资。但现在情况有所不同、信托产品出现违约、股票出现爆仓、理财不允许保本等等，导致连本带利都丢掉的风险加大，这几年我们身边这样的案例越来越多。打个比方，过去我们的财富一直在平坦宽阔的高速公路上行驶，现在突然进入崎岖不平、布满荆棘的山路，这就要求我们必须学会专业的驾驶技术，利用专业的交通工具。

我们正处于一个财富大变革的时代，大到企业财团，小到我们个人，每个人都在为财富的剧烈变化而焦虑。越是变化，越需要不断地学习，以此来建立专业的投资逻辑，只有这样才能真正享受投资的价值，做财富的朋友。

做人性的敌人：投资是一场战胜自己的修行

说起投资，我们联想到的第一目标是什么？大部分人的答案可能是财富、赚钱，但对我而言，投资更像是一场人生的修行，第一目标不是财富，而是追求一个更好的自己。有人发现一个有趣的现象，世界上一些著名的投资大师都很长寿，连续 68 年没有亏损的罗伊·纽伯格活到 107 岁，价值投资理念的首创者菲利普·凯睿活到 101 岁，还活跃在人们视线当中的巴菲特已经 88 岁，他的合伙人查理·芒格已经 94 岁，他们还经常发表一些精彩的观点。投资是一件很辛苦的事，为什么这些大师如此长寿而又充满活力？

这不是偶然现象，从表面上看，投资给了他们财富，让他们有机会去享受最好的生活，但这并不是关键，投资本质上是一种不断突破自我、提升自我的修行，他们通过数十年的投资把自己历练成了最优秀的人生管理者。对我们来说，只要认真地修行，也有同样的机会。本书希望大家不仅要学习投资的逻辑，更要从投资中学习如何分析现实，如何建立逻辑，进而管理好自己的人生，这不仅是一门科学，也是一门艺术。

第一，从投资中学会独立思考。巴菲特说："假如你有大量的内部消息，一年之内你就会不名一文。"什么意思呢，就是如果我们总是依赖内部消息，而不去独立思考，早晚会全部亏损。不管是投资还是生活，就像开车一样，教练教给我们的是驾驶技术，最后开车的只能是我们自己。

第二，从投资中学会控制风险。投资的核心技术不是追求收益，而是如何控制风险，成功的投资者一定是优秀的风险管理者。风险管理的核心有两个方面：一是在事前留好安全边际，二是在事后及时止损。罗伊·纽伯格为什么能连续 68 年不亏损？就是因为他在投资中严格执行 10% 的止损原则，这让他成功避开了历次股灾，包括 1929 年的大股灾。

第三，从投资中学会把握机会。查理·芒格说过："如果你从我们的投资决策里剔除掉最好的那 15 个，我们的表现其实非常一般。"翻开大师们的投资历史，可以发现他们并不是百发百中，甚至大部分投资都很一般，但他们共同的特点是把握住了几个关键机会，一战成名。在生活中也是一样，20% 的选择会决定你 80% 的人生，一定要在关键时刻抓住机会，一鼓作气。有时候这种选择很痛苦，比如十年前借钱投资北京房地产的人，事后证明，这些关键的选择改变了他们的一生。

第四，从投资中学会处变不惊。投资本质上是和财富打交道，这个过程必然充满诱惑。但经济学告诉我们，高收益一定伴随着高风险，诱惑越大，风险越高。巴菲特的启蒙老师本杰明·格雷厄姆说过一句很有意思的话："牛市是普通投资者亏损的主要原因。"为什么这么说？因为每当牛市的时候，很多投资者都禁不住诱惑，盲目追涨，最后无法及时止损。不管投资还是生活，都要学会处变不惊，对诱惑说"不"。

第五，从投资中学会坚持和耐心。投资免不了波动和风险，因此最考验投资者的耐心和毅力。巴菲特很早就开始赚钱，但他99%的财富来源于50岁以后，中间也经历过很多像乐购这样失败的投资案例，但他始终没有放弃，80多岁了还在不断地学习。希望大家在学习投资的同时，也逐步培养自己的耐心和毅力。

第六，从投资中学会自我修复。美国对冲基金教父达里欧说，我们要做一个"专业的犯错者"。每个人都会犯错，但什么叫专业呢？就是能不断地从错误中反思，保证不犯同样的错误。投资世界最公平的地方在于如果你选择对了，可以获得收益，但如果选择错了，一定会受到损失，这其实是一种市场化的纠错机制，可以让我们更有效地学会修正自己的错误。

总而言之，本书不只是一本投资指南，更是一堂人生的修行指南，希望大家能从中学到一套方法论和一种思考的能力，这不仅关系到财富，更关系到人生。巴菲特曾说过，除了结婚证，他最成功的投资就是买了《聪明的投资者》这本书。

做时间的爱人：耐心是投资世界的第一原则

投资最重要的是什么？答案不是专业知识，也不是聪明才智，而是耐心。投资就是一场博弈，收益最后永远属于有耐心的人。以股票市场为例，2002 年到 2017 年间，1 002 只公募权益类基金的平均年化收益率是 11%，但很多普通基金参与者的年化收益率只有 5%，股市中的广大散户多数也是一赚二平七亏损。投资者，一年五倍者比比皆是，而五年一倍者却寥寥无几。

机会都是需要用耐心等待的。比如著名的索罗斯，他在 1987 年英国加入“蛇形浮动体系”后就意识到了其中存在的问题，但直到 1992 年才进行狙击；巴菲特很早就关注可口可乐，但直到 1988 年郭思达停止扩张，重塑可口可乐品牌价值时才开始投资。“心急吃不了热豆腐”，顺其而然才能水到渠成。

到底是什么因素削弱了我们的耐心？通过和很多投资者的接触，我发现主要有几个原因：

从众心理。这是人性的一大弱点，大家总喜欢跟别人比较，投资世界中也是如此。我们不赚钱，但总有人赚钱，而很多人见他人一直正收益，就模仿跟随，东动一下，西动一下，逐渐丧失了自己的初心和投资框架。而投资中任何完备的系统都有其适用性，很有可能在很长时间内你的投资系统没有收益，但一旦你改变，之前的投资模式却开始赢利了。比如 2017 年比特币两万美元之后，很多人沉迷于从 1 到

1 亿的神话，跟风投资，但结果“买在了山顶上”。

资金压力。国内的投资机构很多时候会面临资金端的压力，如果客户出于自身原因需要赎回资金，投资机构就不得不卖出资产回收资金，这个时候自然也有人无法保持耐心。对个人投资者来说，虽然不存在赎回的问题，但很多人过度投资，要么倾囊而出，要么是借钱投资，这个时候他们对亏损的容忍度就会很低，一有波动就会着急卖出。成熟的价值投资者之所以能保持耐心，是因为他们的资金足够稳定，能够承担损失，自然不慌不乱。

从这个角度来说，耐心不光是一种性格，更是一种能力，我们可以通过一些方法去培养。首先快就是慢，慢就是快。很多投资者其实很聪明，也很善于学习，但真正投资成功的并不多，其中一大原因就是过于聪明，一味求快。投资是一件非常危险的事。我们回顾一下一些基金投资者的排名就会发现很多基金经理短期业绩非常突出，甚至能创造出最高收益，但将时间拉长到几年的期限看，他们的业绩就逐渐落后了，这类投资者最终会被市场淘汰。耐心沉稳的投资者反而受到了市场的青睐。其次，一定要量力而行。不要轻易用杠杆资金去跟风一些高风险资产，尤其是股票。一旦有了杠杆资金，投资者就很难对波动保持耐心。

巴菲特曾说：“近乎懒惰的沉稳一直是我们投资风格的基石。”太过聪明有时候并不是好事，做一个耐心的老实人可能更容易获得成功。

做更好的自己：最好的投资其实是投资自己

投资就像一场财富的旅行，本书描绘了一张地图，各类资产的路径以及各种存在的风险都已标注，接下来就需要大家进行自我判断，谁也不能代替你做出选择。从这个意义上说，投资不是一场轻松的旅行，而是一场充满挑战的修行。成功的投资永远不是教出来的，而是自己学出来的，学习本身就是对自己的一种投资。

有人曾问巴菲特，他心目中最聪明的投资是什么？他的回答不是哪一只股票，而是一本叫作《聪明的投资者》的书。这本书的作者格雷厄姆是巴菲特的导师，巴菲特甚至说他 80% 的投资血液来自格雷厄姆，因为格雷厄姆奠定了他理性投资的基础。

对于中国的投资者来说，没有一个时代比今天更需要投资自己。过去 40 年的改革开放进程中，很多人看上去投资很成功，但事实上大部分是时代的赠予，并不是他们自己争取的。就像海尔集团 CEO（首席执行官）张瑞敏曾说的，没有成功的企业，只有时代的企业。

过去在中国赚钱主要靠的不是个人的专业知识，而是敏锐的嗅觉，及时站到风口上。因为那时候中国经济还处于从 0 到 1 的阶段，人口、制度、资源各类红利刚刚开始释放。比如，许多 70 后、80 后投资房地产都获得了不错的收益，甚至实现了财务自由，因为他们毕业或者成家立业时刚好遇到了房价上涨的最后一班车，而大部分 90 后就买不起房了，因为房价涨的时候他们还在上学，等到毕业房价已经是“天价”。又比如很多90后通过投资比特币实现了财务自由，这也是三五年的一个窗口期，如果你提前发现了比特币这个风口，即便没有多少资本，也没有多少对比特币的深入理解，仍然可以获得丰厚的收益，但如果你是2017年才发现，再怎么深入研究也很难获得超额收益。

所以，过去的投资呈现出明显的投机性特征，赶上风口就会非常容易获得收益，错过风口就会变得非常难，甚至成为接盘侠。本质上是由于过去经济和市场体系发展处于初级阶段，市场上存在大量信息不对称和套利的机会，所以四处投机比耐心投资的性价比要更高。

但现在时代已经截然不同了。第一，人口和资源红利的高峰都过去了，买房赚个十倍这种简单的投资方式已经行不通了。第二，改革开放已经40周年，大部分明显的制度漏洞已经改掉，很难通过钻制度的空子去赚钱。第三，货币大宽松时代结束，货币政策回归稳健中性，过去各类资产泡沫化的盛况不会再出现了。第四，移动互联网和大数据时代，信息的交互越来越方便，信息不对称的套利空间大幅缩小。第五，各领域的监管体系已经基本建立，类似P2P等违法投资收益的方式也行不通了。

这种背景下，市场竞争越来越激烈，不管是哪个赛道，超额收益的机会都会越来越少，赚快钱、赚大钱的概率会大大降低。如果我们还抱着过去那种不切实际的赚快钱、赚大钱的思维，那结果往往是不仅无法获得收益，还有可能扭曲心态，掉进无处不在的投资陷阱。

下一个房地产或者下一个比特币在哪？这是典型的投机思维，而这在这个时代是不可能了。未来成功的投资没有捷径可以走，只能比别人更努力地学习专业的知识、有专业的视角，才有可能发现投资的机会，规避投资的风险。如果说非要有下一个最值得投资的风口，那只有一个：就是自己。投资自己，让自己收获拥有更多的知识和技能，这将是未来投资世界中唯一的生存法则。

附录 1　从世界杯看博彩投资：最好玩又最刺激的投资[①]

要说最刺激的投资，非博彩莫属。和一般的投资工具不一样，博彩投资是 0 与 1 的博弈，没有中间状态。运气一般，可能分文不剩，运气好，就有可能一本万利。比如很多人买了世界杯的彩票，如果猜对了最冷门的一场韩国队击败德国队的比赛，最高可以获得 7 倍的回报，而如果押中了 2:0 的比分，最高可以获得 36 倍的回报。这只是中国体育彩票的数据，国外的一些博彩公司赔率更高，很多都超过 100 倍。当然，只有极少数人可以获得这个收益，大部分人都没有想到上届冠军会输给已经淘汰的韩国队，他们的投注只能是打水漂。

博彩是一种典型的零和博弈。博彩公司事先设定一定的规则，把投注者的小资金聚集起来，结果公布后按规则确定胜者和败者，胜者得到奖金，败者承受损失。

胜者获得的奖金，就是扣除博彩公司收入后败者失去的投入。虽然整个过程中总量并没有增加，但参与者互为对方提供机会和风险，每个人都有可能以小博大，有时候收益相当惊人。比如 2017 年广东双

---

① 本文创作于 2018 年 7 月。

色球开出高达 1.05 亿元的奖金，而成本仅仅 40 元。

一、风口上的博彩

正因为如此诱人的高收益，所以很多人把博彩和赌博联系在一起，两者虽然都有“博”字，但有本质区别。博彩的“博”更多的是概率的“博弈”，是经法律许可的，可以算是一种高风险、高回报的另类投资；而赌博更侧重的是“赌”字，全靠运气，大部分情况下是非法的。

从全球来看，博彩业是一个发展规范而又举足轻重的阳光行业。根据英国博彩公司的统计，2017 年全球的博彩业收入超过 5 300 亿美元，这个数字接近全球烟草行业的总收入，如果把它当作一个经济体，它可以在全球所有国家中排到第 23 名，超过比利时、泰国等 160 多个国家。

中国是全球最大的博彩市场之一。在大陆，博彩主要是彩票。中国彩民总数超过 3 亿人，根据财政部数据，2017 年全年销售彩票达 4 266.69 亿元，用 6 年的时间翻了一番，按照这个数据计算，中国人均购彩达到 306 元。在澳门，博彩业的形式更加丰富，2013 年高峰时期博彩业收入高达 452.7 亿美元，在 GDP 中占比 88%，为澳门人均创收 7 万美元。

除了直接的产业价值，博彩行业还有很多间接的好处：一是社会价值，博彩行业可以用来汇集社会闲散资金，支持社会民生事业的发展，比如中国的福利彩票就是以“扶老、助残、救孤、济困”为主要目标。二是经济价值，博彩行业作为重要的文娱产业，可以带动旅游、餐饮、交通、会展等行业的发展。

二、刀刃上的博彩

风险和收益永远是对等的，博彩业虽然能带来巨大的经济价值，但也存在巨大的风险。

对个人来说，博彩投资的极端风险难以承受。博彩的出发点是以小博大，娱乐为主。本来应该没什么风险，最多损失一点投注。但人性永远是贪婪的，就像在股票市场追涨杀跌一样，很多人会对投注上瘾，以至于风险敞口越来越大，更有甚者借债博彩，一不小心就倾家荡产。

对社会来说，博彩业也是犯罪的温床。一方面，财富的剧烈变化对人心理的冲击非常大，一旦破产甚至欠下巨额债务，很容易走向极端，危害社会。另一方面，博彩业由于利润高、门槛低，会引发资本之间的激烈争抢，易滋生黑恶势力，尤其是当博彩和杠杆结合在一起时，债务问题易成为犯罪的导火索。

正因如此，各国对于博彩业的发展非常谨慎，虽然目前有 80 多个国家和地区涉足了博彩业，但真正完全开放的只有美国部分州、中国澳门、马来西亚、摩纳哥等少部分地区，大部分地区对博彩是在严格限制的基础上部分开放，大体分为三种思路：

一是只开放部分业态。博彩的形式有成千上万种，大体可以分为赌场、体育竞猜、彩票三类。赌场门槛最高，包括 21 点、百家乐等；体育竞猜门槛中等，最常见的是赛马、赛狗等；彩票门槛最低，在全球也最为普及，我国目前只开放彩票。

二是只对部分资本开放，实施严格的牌照管理。博彩业一般需要国家授权后才可合法经营，比如中国澳门赌场实行牌照管理，只有六大博彩公司持有政府博彩牌照。

三是只对部分人群开放，实施严格的准入管理。比如韩国的赌场只针对外国人开放，韩国本地人不能进入。

三、阳光下的博彩

我国政府对博彩业的态度更为谨慎。首先，目前我国内地只开放了彩票这一种博彩业态，其他的博彩形式都不合法。其次，对彩票也采用严格的授权管理，由国家指定官方机构发行，不允许商业机构参与。《中华人民共和国彩票管理条例》明确规定，国务院授权发行福利彩票、体育彩票，除此之外，其他彩票都不合法。也就是说，目前在国内合法的博彩渠道只有两个：

一是中国福利彩票，由民政部作为管理机构，专门设立中国福利彩票发行中心作为发行机构，各省级福彩中心是销售机构。所谓“福利”，就是大部分收入用于“扶老、助残、救孤、济困”，2017 年福彩销售高达 2 170 亿。目前福彩的种类有：刮刮乐、双色球、七乐彩等。各品类的特点不一，有的返奖率高，但奖金低，比如即开型福彩刮刮乐，返奖率高达 65%；有的返奖率低，但奖金额度高，比如双色球单注奖金最高可以达到 1 000 万元，历史上最高的一次是一位北京彩民独中 110 注头奖，奖金高达 5.7 亿。

二是中国体育彩票，由国家体育总局作为管理机构，专门设立中国体育彩票发行中心作为发行机构，各省级的体彩中心是销售机构。体育彩票收入主要用于体育事业发展，体彩的种类既有和福利彩票类似的超级大乐透、七星彩等，也有竞猜体育比赛的足球彩票，世界杯彩票就是足球彩票的一种。最简单的体育彩票是胜负彩，目前已经结束的场次中最高赔率是韩国胜德国的 1 赔 6，复杂一点的有猜比分，韩国胜德国这场达到 1 赔 35。

除了买彩票，还有一种方式可以间接投资博彩，就是去投资博彩公司的股票，作为股东分享博彩业的收益。比如澳门的六大博彩公司都在港股上市，包括新濠博亚、金沙中国、永利澳门、美高梅中国、银河娱乐和澳博控股。根据最新的财务数据，2018 年一季度毛收入占比最高的是金沙中国（23%），其次为银河娱乐（22%）、新濠博亚（16.1%）、永利澳门（16%）、澳博控股（15.1%）和美高梅中国（7.8%）。

对于澳门博彩股而言，一个很重要的投资逻辑就是看内地市场。比如 2014—2016 年，由于内地经济下行，反腐力度加大，资本管制加强等原因，澳门博彩业收入逐年下滑，最低的是 2015 年下滑了 34.3%。但 2017 年，由于内地经济回升，房价暴涨，海外旅游增长等原因，澳门博彩业收入企稳，同比回升了 19%，各大澳门博彩公司的利润暴涨，其中金沙中国、永利澳门等利润都涨了 30% 以上，不少家公司股价接近翻番。这让很多投资者不用做赌徒，也可以分享博彩业的收入，是一种较为客观的投资方式。

四、笼子里的博彩

对个人投资者来说，必须时刻保持清醒。博彩是零和博弈，不要迷恋几乎不可能的高收益。我们不应该把博彩当成一种收益的方式，更多的要保持一种娱乐的心态。在此基础上，我们应该守住两条底线：

一是远离非法渠道。除了中国福利彩票和中国体育彩票两大官方产品，其他的都是非法博彩，这一点要切记。而且，现在国家对渠道也有严格限制。2014 年的世界杯曾经带动了一波线上博彩，当时 BAT 都参与了线上博彩，但 2015 年，财政部、公安部等多部门联合发布公告，严厉查处各种擅自利用互联网销售彩票的行为。比如有的彩票销售机构擅自委托销售，从事代销或代购彩票业务；有的未经彩票销售机构委托，利用互联网接受彩民订单，开展彩票买卖交易，再通过彩票销售终端机出票；有的假借国家彩票名义销售私彩，这些都是不合规的，这种模式下投资者的资金缺乏监管、没有保障，我们一定不要贪图省事和便宜。再就是很多渠道声称可以代购海外的彩票，这种也是不合规的，国家并没有相关的政策保障这种模式下个人的资金安全，我们务必不要被网上的信息所迷惑。

二是合理控制敞口。一夜暴富是极小概率事件，以六合彩为例，中奖概率只有 1/14 000 000，大部分人购买彩票都是零收益。小额投注作为娱乐没问题，但如果倾囊而出甚至借债投注，就违背了博彩的本质。目前国内彩票一般都规定了每个人的投资限额，务必不要通过代购等方式去突破这个限额。按照国家规定，彩票是彩票兑奖的唯一凭证，因此彩票中心认票不认人，当下贪图省事代购、赊购，未来可能引发更大的麻烦。

博彩业是一个富有争议的行业，从积极的一面说，它可以汇集资金，支持福利、体育等公益事业发展，也可以让大众获得更丰富的娱乐和投资方式；但从消极的一面说，博彩业也很容易滋生各种各样的社会和金融风险，稍有不慎可能就是全盘皆输。所以，我们必须把博彩这只猛兽关进理性的笼子，在不断制造高收益的同时，也不要忘了控制风险。

附录 2　A 股市场的未来：股灾的悲剧还会不会重演？[①]

赫拉克利特有句名言："人不能两次踏入同一条河流。"但 A 股市场的投资者却似乎在反复遭遇同一种悲剧。2015 年第一次股灾爆发，A 股市场在 3 个月时间里跌了接近一半，有人认为估值够低了，市场应该要反弹，结果 2016 年初又发生了熔断的惨剧，市场在不到一个月的时间里从 3 600 多点跌到 2 638 的低点。2018 年，A 股市场在内忧外患之下再次跌破 3 000 点，又有投资者认为估值已经很低了，结果市场直接连续七周下跌，几乎触及近三年低点。很多人会问股灾怎么会再次发生，其实风险的种子早就埋下，只要我们认真分析，在 2018 年初就可以看到目前股市的风险。

2018 年初我写过一篇文章，叫作《从股灾到股殇》，什么意思呢？就是 2018 年的股市有风险，但和 2015 年不同。2015 年是大股灾，来自资金端的急性病，而 2018 年是小股灾，来自资产端的慢性病。股价的核心因素有三个：盈利、流动性和风险偏好。其中风险偏好是一个主观的因变量，真正推动股价的就两个因素：资金端流动性多了，或

① 本文创作于 2018 年 2 月。

者资产端公司盈利好了。2015 年之前的牛市就是资金端推动。场内两融加上场外配资推动资金端疯狂扩张，导致疯牛。当清查配资导致资金端骤然收紧的时候，A 股市场出现流动性股灾。2015 年之后，资金端得到有效清理和控制，资产端盈利出现改善，整个 A 股市场（剔除金融石化）的利润增速在 2014 年和 2015 年只有 6.3% 和 3.6%，2016 年和 2017 年第三季度分别达到了 30.9% 和 37.9%。这样的业绩支撑 A 股市场市场走出基本面慢牛。但到了 2018 年，推动资产端改善的两个红利正在式微。

一是供给侧改革带来的涨价红利。2015 年底供给侧改革启动后，上中游传统产业产能收缩，价格暴涨，成为利润改善的最大动力。2017 年全国规模以上的工业企业利润累计同比增长 21%，时隔 5 年工业企业利润增速再次回升至 20% 以上。其中原材料加工业和采矿业贡献了工业企业 68.5% 的利润增长，而下游的装备制造业和消费品制造业对利润增速的贡献仅占三成。A 股市场的报表显示也是如此，钢铁、采掘、有色、建材等中上游行业利润激增，增长幅度远远超过下游行业。这种利润改善并非真正的需求复苏，只是供给侧收缩导致的利润再分配，而这显然是不可持续的。

二是宽松监管带来的并购红利。从 2013 年开始，通过外延式并购改善利润就成为一种流行做法。对上市公司来说，可以利用宽松的再融资和股权质押收购资产装入上市公司，改善利润。对被并购标的来说，可以绕过 IPO 的漫长审核，实现快速退出，双方一拍即合。外延式并购的并表利润成为 A 股市场尤其是创业板的重要利润来源。但从 2016 年 9 月重组新规和 2017 年 2 月再融资新政出台之后，这种红利开始逐步消退，2017 年并购重组审核数量仅相当于 2015 年的 51.5%，几乎腰斩。

当红利消退的时候，A 股市场必然有调整的压力，但调整会这么剧烈出乎大多数人的意料，因为他们忽视了 A 股市场目前一个非常危险的基因：杠杆。很多人可能会说 2015 年股灾之后不都清理完了吗？其实和股市相关的杠杆有两种，一种是资金端杠杆，也就是投资者通过场内两融和场外配资加的杠杆，目的是用更少的钱买到更多的股票，这种杠杆在股灾时已经清理得差不多了。另一种是资产端杠杆，上市公司通过质押股票、产业基金配资等形式加的杠杆，目的是用更少的钱买到更多的实体资产，这种杠杆在这两年并未解除，反而加速扩张。

一是股票质押。股东拿权益抵押借贷，简单易操作。2014 年沪深两市股票质押式回购业务待回购金额为 0.34 万亿，2015 年实现翻倍，增长至 0.71 万亿，2016 年为 1.28 万亿，2017 年达到 1.62 万亿元。这些尚未解除的质押都是实实在在的杠杆。如果股价跌到警戒线外，这些潜在的杠杆就会引发踩踏效应，这种现象 2018 年已经出现多次了。

二是 PE+ 上市公司。常见的手段是上市公司做中间或劣后级，银行理财资金通过嵌套资管计划认购优先级份额进入基金，获得相对稳定的收益。这种模式的实质是上市公司加了杠杆，银行获得担保，双方各取所需，PE+ 上市的模式迅速流行。但随着资管新规出台，银行的理财逐步回归本源，多层嵌套和通道业务受限，这种变相的杠杆也将难以为继。

所以现在 A 股市场面临的问题是明确的，2015 年股灾实现了资金端的去杠杆，2018 年 A 股市场要面对的是资产端的去杠杆。当业绩红利逐步退潮的时候，资产端的杠杆风险会逐步暴露出来。一方面，上市公司本身的现金流会受到影响，债务偿还能力变差；另一方面，上市公司的股价会受到影响，抵押融资能力弱化，再加上整个货币金融环境的收缩，资金链可能会吃紧。

总的来说，2018 年 A 股市场没有系统机会。很多人会反驳说现在 A 股市场估值并不高，基本已经回到股灾后的低点，这是犯了刻舟求剑的错误。便宜不是看多的理由，因为估值是动态的，现在看着估值并不高，但如果考虑到盈利还在下行，这个估值也并不算低。对于 A 股市场整体来说，2018 年指数大概率底部震荡，我们找不到系统性牛市的理由。而对个股来说，在盈利下滑和去杠杆的双重考验下，上市公司将出现大分化，局部性泡沫和局部性危机共存。

当然，以上都是常规场景的表现，实际上，在中美贸易摩擦不确定性增大的背景下，不光是 A 股，任何一个市场都应该谨防内外压力共振带来的尾部风险。从外部看，地缘政治博弈和中美贸易摩擦是最大挑战。如若按“以牙还牙，以眼还眼”的博弈策略，对市场的影响还会持续。中美贸易摩擦到底会如何收场，现在是不确定的。我们希望好转，但是，也要做最坏打算。从内部看，结构性去杠杆已经进入关键时期，金融去杠杆的过程也是一个市场出清的过程，2017 年以来，货币当局和监管层十分坚决，势必会导致流动性收缩、利率抬升、金融案件增多、违约事件频发、金融风险从点到面释放等现象的发生。

对投资者来说，首要的是规避风险。外部的客观因素无法改变，怨天尤人也没有必要。要重新审视个人所持有的资产及投资理念。2015 年股灾至今 3 周年，很多人没有吸取教训，不注重提升自己，这是应该反思的。人性从来如此，但投资一定是违反人性的。从另外角度说，股灾也给投资机构和投资者提供了机会，就是发现低价资产找到合适时机投资。选择价格和时机，需要我们进一步观察形势和市场走势本身。目前肯定还不是最好的时机，但经过这次股灾，未来仍有机会。

附录 3　房地产税大猜想：房价杀手真的要来了吗？①

近年来各种关于房地产税的消息层出不穷，近日国家统计局发言人再次提到要加快推进房地产税相关政策，引发热议。下面我系统分析一下房地产税的问题，主要是四个问题：什么时候征？难点在哪？怎么征？有什么影响？

第一个问题：房地产税何时全面开征？

房地产税作为一个新税种，开始全面征收前通常需要经过以下七步程序：一是起草法律草案；二是公开征求意见；三是国务院常务会议审议；四是全国人大常委会审议，一般要经过三审；五是全国人大常委会一审、二审后再次公开征求意见；六是专家评审；七是全国人大常委会或者全国人大表决，全部通过后付诸实施。

虽然目前官方尚未公布明确的房地产税立法时间表，但从各部委发言中可以初步推算大致的进程。2018 年全国两会期间，房地产税多次被提及，且越来越具体。李克强总理在《政府工作报告》里提出“稳

① 本文创作于 2018 年 7 月。

妥推进房地产税立法”，财政部副部长史耀斌表示“全国人大常委会预算工作委员会、财政部及其他有关方面正在抓紧起草和完善房地产税的法律草案”，全国人大发言人张业遂称“房地产税方案已在内部征求意见”，“对现行的税收条例修改上升为法律，力争在2020年前完成”。随后全国人大常委会发布2018年立法工作计划，房地产税法列入预备审议项目。从“完善”“内部征求意见”“预备审议”等字眼可以断定房地产税的法律草案轮廓已逐渐清晰，正处于后期完善阶段。但考虑到房地产税涉及面较广且相对敏感，预计会经过三审，周期较长。除了立法推进外，房地产税征收的技术基础也在不断完善，全国统一的不动产登记信息管理基础平台已经全国联网，不动产登记的技术前提已经解决。由此可见，虽然房地产税越来越近，但2018年应该不可能仓促出台，全面开征至少还需要两到三年的时间。

第二个问题：房地产税迟迟未能落地，难点主要在哪？

房地产税牵涉主体较多，需要协调推动，目前立法过程中主要有四个难点：一是税基问题。房地产税课税对象包括土地和房屋，随着时间的推移，土地升值，房屋贬值，税基难以统一。二是纳税主体问题。在我国，土地属于国有，房屋属于私有，如何对两个不同的纳税主体征收同一税种是又一个难点。三是土地所有制问题。我国土地所有制有两类，两种土地所有制下的房子性质完全不同，比如城中村国有土地上盖的房子与集体土地上盖的房子市价几乎没区别，该如何征收才能保证税收公平是一大难点。四是重复征税问题。对保有环节征税后，流转环节税费该如何调整也是难点之一。

第三个问题，如果房地产税全面开征会如何征收？

考虑到房地产税关系到千家万户的切身利益，所以目前征收细则还没有定论，各方还在博弈和商讨。2018 年两会期间财政部副部长史耀斌对房地产税进行了大致说明，明确房地产税性质为地方税，收入归地方政府所有，对所有的工商业住房和个人住房按评估值征收，存在一些税收优惠，但具体的标准和水平还未确定。

可以预想未来的房地产税大概率是以上海和重庆试点为基础，从中国的国情出发，根据各地实际情况因地制宜确定征收的具体办法。以下是上海和重庆房产税试点在征收对象、免税面积、税率、计税依据等方面的实施细则。

一是征收对象。上海侧重于对增量住房征税，没有涉及存量住宅；重庆则侧重于对高端住房征税，覆盖了存量独栋商品住宅。新出台的房地产税可能渐进式地扩大征收对象范围，从增量扩大到存量，从高档住宅扩大到普通住宅。

二是免征面积。上海以家庭为单位，但按人均 60 平方米扣除；重庆每个家庭只能对一套应税住房扣除免税面积，存量独栋商品住宅免税面积为 180 平方米，新购独栋商品住宅免税面积为 100 平方米。划定免征面积是房地产税立法的重点和难点，目前认可度较高且相对合理的办法是以户为单位，以人均为标准，对超出家庭（户）免征面积的部分，征收房地产税。

三是计税依据。上海试点初期以市场交易价格为计税依据，房地产税实际按应税住房市场交易价格的 70% 计算缴纳，后期参照市场价格确定的评估值征收，评估值按规定周期进行重估；重庆是以房产交易价为计税依据。新出台的房地产税将按照评估值征收，此处的评估值应指的是房屋市场价值，而非房产原值（即购房时价格），但由于近些年房价上涨较快，最终评估值可能会有折扣。

四是税率。上海房产税试点适用税率暂定为 0.6%，交易价格低于上年度新建商品住房平均销售价格的 2 倍（含 2 倍）的房子，税率暂减为 0.4%，重庆房产税试点也采用阶梯式税率，建筑面积交易单价在上两年主城九区新建商品住房成交建筑面积均价 3 倍以下的收 0.5%，3~4 倍收 1%，4 倍以上收 1.2%，总体来看重庆的税率略高于上海的税率，重庆调控房价的政策效果要明显好于上海，未来新出台的房地产税税率或给定地方政府一个合理的参考区间，由地方政府根据当地政策目标自行决定。比如，政府为实现调控房价的政策目标，可能会提高房价“非理性”上涨城市的房地产税税率。

第四个问题：房地产税出台后对房价的影响，会不会导致房价大跌？

我们的判断是不会有明显影响。首先，由于房地产税的受众广，政府在推进过程中较为谨慎，房地产税草案起草已耗时超过 1 年半，是一种典型的渐进式改革。其次，中国房价下跌有明显的制度瓶颈，土地制度决定的供给稀缺性始终存在。从国际经验看，房地产税最早起源于欧洲，现已被大多数国家采用，美国、日本等出现房地产泡沫的国家都有房地产税，但是并没有因征收房地产税抑制房价上涨。从国内经验看，上海和重庆自 2011 年推进房产税试点以来，房价不跌反涨，房地产税对房价的调控作用效果并不明显。这是因为房价变动主要取决于房地产市场的供求关系，房地产税主要是短期情绪冲击，尤其是对于人口集中、需求旺盛的城市，房地产税的冲击非常有限，归根到底，房地产税并不是决定房价的核心变量，我们判断房价还是要根据人口、土地和库存等因素进行分析。

附录 4　货币宽松之辩："放水"能拯救经济和市场吗？[1]

2018 年年中，中央要对下半年经济政策定调，在紧缩中吃尽苦头的各方不断给央行喊话。央行似乎有所松动，先是定向降准，然后定向 MLF（中期借贷便利），和 2014 年上半年类似。如果根据历史经验来看，接下来就是全面降准、降息，直到地产、财政、金融全面放松。上次从定向降准（4 月）到全面宽松（9 月刺激地产、11 月降息）用了半年左右，这次可能慢一些，但趋势已经越来越明显。

宽松似乎成了一种瘾，每隔三四年就会犯一次，一犯就要找央行求解药。第一次是 2008 年全球金融危机之后，央行 5 次降息 4 次降准。第二次是 2011 年欧债危机之后，央行 2 次降息 3 次降准。最近一次是 2014 年经济逼近 7% 之后，央行史无前例地 6 次降准 6 次降息。2018 年，我们似乎又要经历相同的故事，那么这将给我国经济和市场带来什么影响，我们认为这不能解决中国经济的根本问题，反而可能给未来埋下更大的风险。

过去一年多中央一直坚定地收紧银根，去杠杆、挤泡沫，如果现

---

① 本文创作于 2018 年 7 月。

在转向货币和信用的双宽松，基本上是前功尽弃、负向激励。货币紧缩，一定是行百里者半九十，而货币“放水”，也一定是一发不可收拾。上一轮货币宽松的伤疤还没好，难道我们就已经忘了疼？历史一次又一次地显示，货币宽松绝对不是万能药，把央行当“药神”是不公平，也是不现实的。

第一，货币宽松不能有效刺激实体，更多的是制造价格幻象

货币就像激素，GDP 就是人的身高，前三十年中国“年轻”（人口红利）的时候打激素可以长“高”，现在“青春期”已过（人口老龄化），激素只会让人虚胖。过去十年三轮大宽松，所产生的效果越来越弱，反应越来越迟钝。2008 年第一轮宽松，两个季度见效，GDP 从 6.4% 反弹到 12.2%，反弹 5.8 个百分点，持续 4 个季度。2011 年第二轮宽松，5 个季度见效，GDP 从 7.5% 反弹到 8.1%，反弹 0.6 个百分点，持续 2 个季度。2014 年上一轮宽松，8 个季度才见效，GDP 只从 6.7% 反弹到 6.9%，反弹 0.2 个百分点，持续 2 个季度。不是货币“放水”没有效果，而是效果都体现到了价格上，同期名义 GDP 从 6.9% 大幅反弹到 11.7%。中国经济缺的是改革和创新，而不是货币，仅靠“放水”并不能创造实体财富，只会带来虚拟的价格幻象。如果继续坚持货币宽松政策，见效时间会更长、反弹幅度会更弱、持续时间会更短。

第二，货币宽松可能会重燃资产泡沫，导致经济脱实向虚

中央经济工作会议把防范化解重大风险列为三大攻坚战之一，眼下金融风险越来越多，这也是很多人支持货币宽松政策的原因。但不要忘了，这些风险是怎么产生的。从 2014 年货币宽松到 2016 年底货币收紧，我国所有资产都被炒了一遍，2014 年是债券，2015 年是股票，2016 年是商品和地产。金融的过度繁荣让实体企业心痒难耐，上市公司甚至拿股东的钱投资理财，2017 年上市公司持有的理财产品超过 1 万亿，而 5 年前这个数字不到 100 亿。更危险的是，货币宽松下的牛市很大程度上都是泡沫，一旦泡沫破裂就会引发连锁反应，2015 年的股灾给我们敲响了警钟，金融危机其实并不遥远，以至于 2016 年政治局会议上直接点名"抑制资产泡沫"。目前这个任务还没有完成，商品和地产都还在高位，但实际需求并不支持。归根到底，实体经济已经承载不了这么大剂量的流动性，一旦放松，很可能又是脱实向虚，鸡犬升天。

第三，货币宽松可能让去杠杆前功尽弃，从而带来更大的金融风险

杠杆的风险无非是现金流覆盖不了利息，甚至本金。过去可以用货币宽松来稳杠杆，逻辑是货币宽松—实体复苏—企业利润改善—偿还债务，但现在货币宽松只会进一步恶化杠杆，因为单位债务创造的 GDP 越来越少。举个例子，投资者借给企业 100 元，利息是 8%，如果

企业能赚 10 元，那加杠杆合理，但如果企业只能赢利 1 元甚至还亏损，投资者投资的钱就只能替企业续命，而且续命的成本越来越高，一年无法偿还利息债务就会变成 108 元，再无法偿还就继续累积。对企业来说，杠杆风险会越来越大，对经济来说，银行坏账必然增加，直至引发系统性金融风险。

有人说货币宽松可以去杠杆，但过去十年的经验显示，这是不可能的。每一次货币宽松都会让杠杆上一个台阶。十年前全社会杠杆率只有 170%，2008 年货币宽松后上升到 190% 左右，2011 年货币宽松后上升到 210% 左右，2014 年这一轮货币宽松后最高达到 249%，而全球主要国家杠杆率都在 100%~120% 左右，最高的日本也只有 200%。2016 年货币政策收紧以来，去杠杆立竿见影。2016 年杠杆率降到 238%，2017 年虽然又有所上升，但并未超过前期高点，如果 2018 年再次宽松，全社会杠杆率超过前期高点只是时间问题。

第四，货币宽松不可能完全定向，也不可能解决结构性问题，反而可能加剧结构失衡

货币是自由流动的，而不是强制性规定走向的，它的选择和我们的意愿往往相反。我们不应该忘记上一轮宽松的教训。央行不断地降息降准松信贷，希望流动性能去支持实体产业，但结果流动性毫不犹豫地涌向了房地产，2016 年居民中长期贷款（以按揭为主）暴增 90%，在贷款中占比达到 45%，个别月份甚至新增贷款全部是住房贷款（7 月）。央行希望流动性能去消化三四线城市的房地产库存，但实际上流

动性毫不犹豫地奔向了一二线城市，这些本就没有太多库存、已经供不应求的城市房价一下子翻倍，这样不仅没有解决三四线问题，反而加剧了一二线城市的高房价。央行希望流动性能去支持中小企业、民营企业，但实际上流动性毫不犹豫地钻到了上市龙头、地方政府平台和大国企的保护伞之下，2015—2017 年国企利润暴涨 52%，而私企利润仅增长 2%，大量的上市公司利用货币宽松政策去投资理财。类似的教训太多，无法一一列举。可以确定的是，央行只能决定定向给到某些金融机构，但流动性经由金融机构去哪完全不是央行可以决定的。

第五，货币宽松会导致财产性收入远远跑赢劳动性收入，加大贫富差距

货币宽松时代，金融跑得比实体快，泡沫跑得比工资快，谁有资产、谁过去更有资本谁就赚得多，而不是谁努力谁赚得多，这样的结果必然拉大收入差距。在上一轮货币宽松中，拥有一套北京房子的人可以获得翻倍的收益，而努力工作的人工资可能只涨了 10%，甚至更少，这也是越来越多的刚需人口觉得买不起房的原因。

第六，货币宽松会扰乱社会预期，阻碍改革和转型

对企业和个人来说，资产泡沫不断出现，人心浮躁，各方都想着套利，无法静下心来修炼内功。很多企业甚至开始利用银行融资来炒股票、炒房、炒比特币等，这就脱离了实体经济的本源。对政府而言，

原本经济下行的压力正在倒逼地方转型，结果突然传统产业又振作起来，赢利更加容易，那么转型和改革的动力自然就不那么强了。

总的来说，货币宽松不能创造财富，只能孵化财富、维护财富。大水漫灌式的货币宽松不应该成为刺激经济的主要手段，经济最终是靠改革和创新，货币政策的作用更多的是相机抉择对冲风险，同时配合改革激活经济。眼下经济的确有压力，但这是我们必须经历的成长阵痛，如果我们用新的宽松去解决过去宽松留下的问题，只会让风险的雪球越滚越大。

附录5　P2P风险指南：教你识破那些常见的P2P骗局[①]

6年时间，P2P在中国经历了从天堂到地狱的轮回。2012年，第一批P2P开始爆发，不到3年的时间，中国的P2P平台就达到2 600多家，成为全球最大的P2P市场，平台数量全球第一，交易额是美国的几倍。但当2018年潮水退去时，“裸泳”的P2P平台开始一个个倒下。半年多的时间已经有700多家“跑路”，仅7月就有165家出问题，日均5家以上，维权事件频发，甚至产生一丝金融危机的味道。

为什么会出现这样的动荡？主要有两个原因：一是金融去杠杆，市场流动性收紧，很多凭借“借新还旧”的P2P平台资金链崩溃。二是实体经济下行，即便是规范的P2P平台，还款方的还款能力也是大幅下降，坏账增加。

以上都是表面的导火索，真正的深层次原因是P2P在中国被异化了。P2P是个舶来品，早在2007年国内就有了第一家P2P平台，但直到2015年才由银监会牵头正式将P2P纳入监管，而当时中国已经有2 600多家平台，也就是说，我们接触的大部分平台都是在监管真空的

---

① 本文创作于2018年8月。

时候诞生的。相比之下，美国等发达国家的P2P监管非常严格和成熟。所以没有监管，出现问题很正常，不出问题才奇怪。

但这种情况肯定是不可持续的，所以P2P市场经历一次迟到的出清在所难免。截至2018年7月底，现存正常运营的P2P平台已经骤降至1 645家，出现问题的平台累计已经4 740家，换而言之，74%的平台都出现了问题，尤其是2018年以来，有超过700家停业及问题平台，剩下的平台也还有问题，下面我们详细介绍一下如何识别常见的P2P骗局。

第一类是自融自保

自融自保是银保监会明确为P2P划定的红线，自融就是平台假借P2P之名给自己融资，自保就是平台自己为投资人提供本息保障，这完全背离了P2P平台信息中介的定位。P2P平台的本质是中介机构，作为第三方平台连接借款人和投资人，这道防火墙被打穿之后，后续资金的用途根本无法监控，甚至会出现虚构融资项目、伪造抵押担保等乱象，潜在风险极大。

这类自融自保骗局常见的漏洞有三点：一是虚构投资标的，多为高息、高额、短期，借款资料十分简陋，信息模糊甚至缺失；二是借款人数偏少，反复借款，且与平台方有关联，借款用途模糊不清；三是没有托管信息，不仅仅是P2P，任何一种规范的金融产品，资金都必须托管在银行等第三方，平台的账户和客户的资金账户绝对不能混为一谈。把资金直接打入平台自有账户甚至个人账户的，99%会有问题。

比如东方创投，该平台成立于2013年6月，虚构短期拆借、房产抵押、车辆抵押等借款标的，以保护借款人隐私为由，模糊资金出借信息，通过3.0%~4.0%的高额月息诱惑投资者，短短4个月，募集金额高达1.26亿元。实际上这些非法吸收的资金通过直接转款或第三方支付平台转至法人邓某的个人账户，具体由邓某自行支配，主要用于投资购买房产，然后再质押贷款，形成连环贷款，最终东方创投因投资者挤兑导致资金链断裂。

另一个案例是88财富，发布的产品大多涉及自融自保，比如一个名为“周盈宝0808”的产品，融资1 000万，投资期限7天，年化收益率6%，借款人为深圳市黄檀集雅二期文化产业投资合伙企业，募集资金用于当代青年艺术家扶助计划及推广，第一还款来源为画作保管展览、展示收益，第二还款来源为质押的12幅画作公开售卖或拍卖形成的收益，看似信息披露较为完善、有担保保障，实际上存在很大的漏洞：一是虚构标的，经向中国美术家协会求证，根本没有“当代青年艺术家扶助计划”；二是借款人只有黄檀集雅，而它和担保公司中科创融资担保公司都是平台的关联方，属于同一控制人，变相自融自保。

第二类是短期诈骗

由于中国P2P多定位为小贷公司，准入门槛低，诈骗成本低，所以部分P2P平台建立的目的就是短期诈骗，它们利用投资者赚快钱的心理，冒用投资背景包装平台，采用高额返现、“秒标”、“天标”等手段吸引客户投资，诈骗成功后就“跑路”。

P2P平台短期诈骗有两大常见特点：一是多为新设平台，成立时间短，尚未经过市场检验，缺乏历史业绩作为参考；二是经常出现“秒标”，部分平台为聚集人气偶尔发布高收益、超短期限的借款标的相对比较正常，但经常出现“秒标”，很有可能是虚构的借款标的，是平台方借机敛财。

如2012年6月3日上线的淘金贷，通过假造营业执照，大发收益奇高、期限超短的“秒标”，制造高收益假象骗取投资者争相投资，募集金额超过100万，6月6日，资金账户被限制交易，资金被全部支取，6月8日淘金贷网站无法登录，从上线到“跑路”只用了短短一周。

第三类是庞氏骗局

与短期诈骗不同的是，庞氏骗局通过借新还旧，存续期较长，融资体量较大，社会危害更严重。这类平台通常看起来较为正规，通过承诺高额收益吸引投资者，但实际投资收益无力覆盖投资者利息，只能用新增投资者的本金支付前期投资者的本息，一旦新增资金放缓或者停止进入，整个体系就会崩盘，投资者基本血本无归。

大部分P2P问题平台都有庞氏骗局的影子，其中有的甚至超过百亿规模，如e租宝、钱宝网、中晋、快鹿、善林金融等，庞氏骗局常见的特征有以下几点：

一是过度包装平台。普通投资者容易轻信所谓的官方宣传，但P2P鱼龙混杂，许多大媒体和大明星的背书并不代表什么，因为这东西他们也看不懂。有时候甚至可以逆向选择，越是有问题，越是大张旗鼓地宣传，比如善林金融，曾为中国女排高级赞助商，在央视黄金时间、各大卫视甚至纽约时代广场、伦敦希思罗机场都投放过广告，但实际上内部极其混乱。

二是虚构标的。为了能够持续募集资金，不少平台利用信息披露监管不严的漏洞，编造借款信息。如e租宝表面上是为下属的融资租赁公司融资，实际上超过95%的项目是虚假项目，不少项目反复融资，平台上公布的多为假项目、假三方的虚构信息，甚至有租赁物为价值4.5亿的翡翠原石等匪夷所思的投资标的。

三是高息诱惑。银保监会郭树清主席说收益率超过6%要打问号，超过10%就可能损失全部本金，许多庞氏P2P平台承诺的收益率远远超过10%，比如联璧金融的“零元购”模式年化收益高达31%，唐小僧的“平台返利”年化收益率高达40%~60%，钱宝网的“微商平台”年化收益率高达40%左右，雅堂金融的信用标收益率最高达到50%，如此之高的收益率根本不可能。

四是资金池运作。资金池是金融监管打击的重点。每一个合规的P2P，应该是借款人的债权和投资人的资金匹配对应，并进行第三方资金托管，P2P平台账户和资金账户隔离开来，而资金池是先将资金汇集到平台一个池子，然后通过“拆东墙补西墙”匹配投资项目，以短养长实现期限错配，以小拼大实现金额错配，很容易引发流动性危机，80%以上的问题平台都未经银行托管。如近期“爆雷”的唐小僧，自2015年5月成立以来，交易量高达800亿元，但并未进行银行托管。

以上主要介绍了四类典型的P2P骗局，尤其是庞氏骗局，日后我们需要明辨真假是非，不要被天上掉的馅饼迷惑，也不要犯类似的错误。

附录6　中国经济现在到底处于什么周期？[①]

从2014年到2018年，中国经济经历了一轮完整的经济周期。

先是衰退阶段。2013年底到2014年初，经济开始加速下行，实际GDP增速在一年的时间里从7.9%降到7.1%，下行了0.8个百分点，经济正式进入衰退阶段。叠加刚性兑付的打破，流动性出现衰退型宽松，金融市场出现股债双牛。为了保住7%的经济增长底线，政策从2014年11月降息开始升级到全面宽松，随后2015年开始十几次降准降息以及PPP和专项建设基金的大规模投资。

接下来是复苏阶段。在全面宽松和大规模投资的刺激下，经济从2016年开始逐步进入复苏阶段。需求侧房地产和基建投资持续回暖，带动2016年一季度名义GDP见底，三季度实际GDP见底。与此同时，2015年底提出的供给侧改革导致产能去化，微观市场的商品价格和房价开始上涨。

接下来是过热阶段。2017年初开始，宏观上的经济增速虽然还在回升，但幅度并没有前几轮刺激那么明显。与此同时，大剂量的货币

---

① 本文创作于2018年8月。

宽松开始推动资产价格泡沫化，一线城市房价几乎翻倍，迫使各地开始加大力度进行地产调控，货币政策也明显收紧。

接下来是滞胀阶段：在去杠杆的束缚之下，大规模刺激政策对经济的拉动作用逐步耗尽，经济增长的回升明显遭遇瓶颈。2017 年三季度经济增速重新下行，实际GDP下行0.1个百分点，名义GDP下行0.5个百分点。

从 2018 年开始，经济重新进入衰退阶段。2018 年一季度开始，实际 GDP 和名义 GDP 开始同步下行，单季度名义 GDP 下行 1 个百分点，经济下行压力明显加大。站在目前这个时点看，经济下行的下半场才刚刚开始。

第一个压力来自房地产。地产产业链对于经济的拖累效应将加速体现。2017 年“317 新政”之后，“房住不炒”的政策基调更加明确。近期房价虽然企稳甚至略有上涨，但并不意味着房地产行业会复苏。从长周期来看，人口老龄化，城镇化进入下半场，存量房时代开启，房价和房地产行业以及宏观经济的相关性越来越弱。房价涨，不意味着开工和投资会涨，也不意味着经济会复苏，相反，高房价可能会挤压老百姓的消费需求，现在大家所说的消费降级就是这个逻辑。短周期来看，2017 年“317 新政”以来政策一直是紧缩的，从历史来看，政策紧缩的效应只会迟到，不会缺席，接下来房地产行业的压力很难缓解。

从供给端看，房地产企业表内外融资受限，去杠杆压力加大。房地产企业主要融资渠道还是银行，而银行表内外融资都在压缩，表内因为非标转标信贷额度吃紧，房地产企业贷款出现 7.9% 的负增长，表外则受到资管新规的影响，很多通道业务无法继续进行。再加上债券发行、资本市场再融资难度加大，房地产企业的体外融资可谓腹背受敌，所以房地产企业只能越来越依赖以销售回款为主的其他资金，销售回款的占比高达 52.3%，碧桂园便是一个代表，它之所以要加快周转就是希望快点回收现金流，平衡去杠杆的压力。

各种融资渠道和回款渠道的收紧必然导致两个结果：一是房地产开发到位资金大幅回落，上半年同比增速从 11.2% 降至 4.6%，处于历史低位。二是房地产融资利率攀升。融资成本持续走高，比如 R 房企近期发行了一款私募产品，拟募资 5.5 亿元，期限 18 个月，预计收益为 9.5%~11.4%，算上管理费、销售费用等，融资成本高达 13% 左右，而去年融资成本在 8%~9%。资金收紧的结果是房地产投资承压。

从需求端看，在“坚决遏制房价上涨”的背景下，政策面相对偏紧，而政策永远是需求的领先变量，政策不宽松，需求很难起色。2018 年无论是房地产调控政策还是房贷政策都没有松动的迹象，对于调控偏严的一线城市，限购限贷依旧是常态。从 2017 年 3 月至今一线城市销售额累计同比持续负增长，京沪深三大城市中，除深圳 2018 年上半年成交额小幅上涨外，北京和上海均出现明显回落，其中北京降幅高达 39.27%。

第二个压力来自中美贸易摩擦。贸易不是中美两国的特例，而是全球性的孤立主义。这不是特朗普个人的短期选择，而是历史的长期选择，本质上是中国的快速崛起给以美国为主导的全球格局带来了越来越大的冲击。从经济上看，现在的中国与 30 多年前的日本相似，日本当时快速崛起，经济总量相当于美国的 1/3，美日贸易逆差为 462 亿美元，占据了美国贸易逆差的 33.9%，所以当时美日爆发了贸易战。而 30 多年后，中国快速崛起，比当时的日本离美国还要近，2017 年中国约相当于美国 GDP 总量的 61.67%，美中贸易逆差为 3 752 亿美元，在美国贸易逆差占比高达 66.29%，矛盾更为突出。

现在美国的逆全球化不仅是针对中国，而且是面向全球的，欧盟、加拿大、墨西哥、俄罗斯、土耳其等国家也未能幸免，全球贸易可能会经历一轮恶性竞争。

第三个压力来自基建。基建投资一直是稳增长的重要抓手，但 2018 年上半年的基建投资并不有力，甚至出现断崖式下跌，不含电力的基建投资累计增速从 2017 年的 21.1% 降至 7.3%。主要原因是地方政府的融资渠道被严重堵塞，自国发 43 号文和新预算法出台后，政府债券成为唯一可行的“前门”，但并没有起到很大作用。2018 年新增地方政府债券额度为 2.18 万亿，其中一般债 0.83 万亿，专项债 1.35 万亿，财政部对地方债的统筹安排于 5 月上旬公布相对滞后，导致 2018 年上半年地方政府债券发行滞后，共发行地方政府债券 1.41 万亿，同比下降 24.18%。而且新增债只有 3 300 亿，多为置换债和再融资债，很难满足地方政府新增融资需求。

过去常用的 PPP 和产业基金等方式也面临挤压。一方面，财政监管趋严，PPP 融资受限。92 号文下发后，规范 PPP 项目库管理，不合规 PPP 项目被清理，截至 2018 年 6 月底，累计清退项目 2 016 个，累计清减投资额 2.16 万亿。另一方面，在金融强监管背景下，大部分靠银行表外的明股实债融资的基建项目也难以为继。其中首当其冲的当属政府引导基金，随着资管新规的出台，资管产品只能有一层嵌套，且不得直接或者间接对优先级份额提供保本保收益安排，所以政府引导基金中通常采用的担保、差额补足和回购安排等明股实债形式无法继续，结果导致金融机构参与政府引导基金的热情迅速降温，基金募资难度加大，2018 年上半年仅新增政府引导基金 5 只，规模大幅萎缩。

综合房地产、外部贸易以及基建方面的压力不难判断，中国经济目前仍有较大的下行压力，从经济周期来说，我国经济还处于衰退的中段。衰退阶段的投资一定是避险为主，股票等风险资产的表现会明显弱于债券等无风险资产的表现。